LÍRIOS DE ESPERANÇA
Copyright © 2005 by Editora Dufaux
2ª Edição | 3ª reimpressão |Julho 2016 | do 44,5º ao 45º milheiro
Impressão sob demanda a partir de fevereiro de 2018

Dados Internacionais de Catalogação Pública [CIP]
Câmara Brasileira do Livro | São Paulo | SP | Brasil

DUFAUX, Ermance (espírito)
 Lírios de Esperança. Ermance Dufaux (Espírito): psicografado por Wanderley Oliveira.

Belo Horizonte, MG: Dufaux.

433 p. 16 x 23 cm

ISBN 978-85-63365-13-2
1. Espiritismo   2. Psicografia   3. Romance Espírita
I. Oliveira, Wanderley   II. Título
CDU 133.9

Impresso no Brasil   Printed in Brazil   Presita en Brazilo

EDITORA DUFAUX
Rua Contria, 759 - Alto Barroca
30431-028 - Belo Horizonte - MG.
(31) 3347-1531
comercial@editoradufaux.com.br
www.editoradufaux.com.br

 Conforme novo acordo ortográfico da língua portuguesa ratificado em 2008.

Os direitos autorais desta obra foram cedidos pelo médium Wanderley Oliveira à Sociedade Espírita Ermance Dufaux (SEED). Todos os direitos reservados à Editora Dufaux. É proibida a sua reprodução parcial ou total através de qualquer forma, meio ou processo eletrônico, sem prévia e expressa autorização da Editora nos termos da Lei 9 610/98, que regulamenta os direitos de autor e conexos.
Adquira os exemplares originais da Dufaux, preservando assim os direitos autorais.

"A igreja de Corinto começou, então, a produzir os frutos mais ricos de espiritualidade. A cidade era famosa por sua devassidão, mas o Apóstolo costumava dizer que dos pântanos nasciam, muitas vezes, os lírios mais belos; e como onde há muito pecado há muito remorso e sofrimento, em identidade de circunstâncias, a comunidade cresceu, dia a dia, reunindo os crentes mais diversos, que chegavam ansiosos por abandonar aquela Babilônia incendiada pelos vícios."

Paulo e Estevão, 2ª parte, capítulo 7, Emmanuel, psicografia de Chico Xavier.

"Todo o tesouro da literatura mediúnica produzida até hoje, apesar de sua excelsitude e valor, nada mais é que um mísero grão de areia na praia universal da imortalidade."

Ermance Dufaux.

"A questão mais aflitiva para o espírito no Além é a consciência do tempo perdido..."

O evangelho de Chico Xavier, item 17, Carlos A. Baccelli.

Sumário

Apresentação..11

Prefácio - Nos tempos de transição..............................15

Introdução - A quem vamos seguir?.............................25

1. Olhai os lírios..37

2. Convocação de Eurípedes.......................................45

3. Medidas inadiáveis..61

4. Novos colaboradores...81

5. Primeiras entrevistas..95

6. Encontro com Inácio Ferreira.................................105

7. Delicada cirurgia...113

8. Novas motivações...121

9. Ao encontro de si mesmo.......................................129

10. Os ovoides..147

11. Visão ampliada..159

12. Nossas obras..177

13. Técnica anímica..193

14. Cargos e responsabilidades.................................201

15. Projeto essencial...213

16. O servo de todos...227

17. Horizontes mentais...247

18. Obra de amor..259

19. Ala restrita..........277

20. Segundo andar..........305

21. Lição áurea..........321

22. Subsolo 2..........345

23. Tribuna da humildade..........359

24. Geração solidária..........387

25. Planos para o futuro..........407

Apresentação

Os apontamentos desta obra são inspirados em fatos reais e refletem um trabalho de equipe. Coube-nos a tarefa de organizá-los e enviar à Terra sob a chancela de Eurípedes Barsanulfo[1].

Enveredamos pela trama somente até o ponto de tornar compreensível a história, pois nosso objetivo é destacar as preciosas lições morais contidas nas experiências de vários corações. Para isso, dispomos da didática dos diálogos interativos, abdicando parcialmente do enredo romanceado que poderia nos desviar a atenção para o exterior, em detrimento das vivências interiores.

Esforçamo-nos, tanto quanto nos permitiram as condições, para retratar as peculiaridades de cada personagem, no intuito de reconstruir os fatos com realismo.

Em nome de nossa amizade, que a cada dia se consagra, e mantendo-me esperançosa em dias melhores para nossa humanidade, recebam a bênção fraternal em nome de Nosso Senhor Jesus Cristo, endereçada aos leitores e amigos.

Ermance Dufaux
Belo Horizonte, maio de 2005.

---

1 EURÍPEDES BARSANULFO (1880 – 1918). Nasceu em Sacramento-MG, Brasil. Foi, durante sua vida terrena, professor, jornalista e médium espírita brasileiro.

Prefácio

Nos tempos de transição

"Em verdade vos digo que não ficará aqui pedra sobre pedra que não seja derrubada." – Jesus.

Mateus 24:2.

Nos bastidores dos dramas sociais trava-se uma batalha decisiva do bem contra o mal. Tirania e indiferença tomam proporções incomparáveis, estabelecendo uma destruição moral sem precedentes. Em meio a essa atividade desonrosa, os verdadeiros discípulos de jesus são convocados à formação de alicerces resistentes, de amor incondicional, em favor da paz e do bem.

Não teremos regeneração sem retaguarda e defesa. Se existem os missionários do progresso, cuja função é criar o bem de todos, é necessário entender que, mesmo eles, somente terão êxito sob o regime de amparo e motivação. Enorme contingente de criaturas com tarefas definidas para o avanço social, em todos os campos das atividades humanas, tomba em armadilhas de perdição quando castigadas pelos verdugos que buscam, de todas as formas, reter o crescimento do planeta.

Muita ingenuidade acreditar que os inesquecíveis sustentáculos da ciência e da cultura, da política e da religião, agiram à mercê de cuidados espirituais especiais em suas missões. Quanta ordem e disciplina preenchem os caminhos dos que trabalham com a mente afinada ao progresso coletivo! Quanta atenção e interesse fraterno despertam os que abrem seus corações ao amor sem fronteiras! Como imaginar que Albert Schweitzer[2] e Gandhi[3] realizaram a colheita de bênçãos sem enormes medidas de segurança do Mais Alto?! Einstein[4] e Freud[5] foram assessorados ininterruptamente. Kardec recebeu de Jesus a autorização para medidas de proteção jamais utilizadas por nenhum missionário na face da Terra. O bem, para ser espalhado, não dispensa as eficientes fileiras de defesa. Vivemos e respiramos sob a proteção de uma rede de reflexos. Luzes que se acendem fortalecem toda a rede, porém, assim como uma oração, qualquer desordem é capaz de alterar nosso psiquismo.

Qualquer lampejo de paz atrai esfomeada multidão de espíritos atormentados sob o jugo de tiranos com uma longa trajetória de inteligência e perspicácia na perversidade. Esses espíritos, escravizados pela maldade, procuram agir como astutos vigilantes para arruinar todos os focos de luz sobre a Terra. Essa a razão dos golpes sucessivos às atividades-amor do Espiritismo cristão.

Face aos desafios da hora presente, apesar da luz dos conhecimentos espíritas, o tesouro espiritual das informações

---

2 Albert Schweitzer (1875 – 1965). Nascido na Alsácia, Alemanha, foi um teólogo, músico, filósofo e médico.

3 Mohandas Karamchand Gandhi (1869 – 1948). Conhecido popularmente por Mahatma Gandhi, foi o idealizador e fundador do moderno Estado indiano e o maior defensor do Satyagraha (a força da verdade) como meio de revolução.

4 Albert Einstein (1879 – 1955). Físico teórico alemão, radicado nos Estados Unidos, desenvolveu a teoria da relatividade geral, um dos pilares da física moderna.

5 Sigmund Schlomo Freud (1856 – 1939). Médico neurologista e criador da psicanálise.

não tem sido suficiente para despertar adeptos para uma nova ordem de atitudes e ideias.

O intercâmbio interdimensional nesse contexto, que poderia servir de fortaleza aos mais promissores projetos de liberdade e ascensão, em inumeráveis casos, não passa de enxada afiada em plena semeadura à espera do lavrador que a deseje manejar a contento.

A história é a mãe da cultura, e a cultura é o conjunto das noções que os homens aceitam como referências para se conduzir em seus grupos. A cultura espírita, em torno das questões mediúnicas, responde por uma mentalidade que inspira práticas e posturas nem sempre ajustadas aos chamamentos do tempo espiritual da transição, que é o tempo mental da renovação, é a hora do recomeço e da reavaliação, e será nesse tempo de contínuas mudanças que os aprendizes da mediunidade serão aferidos com rigor. Muita coragem e sacrifício serão exigidos de quem realmente anseia servir, sob novos e mais apropriados regimes.

É indispensável romper conceitos, vencer barreiras intelectuais e ter a coragem para esculpir os novos modelos de relação entre os mundos físico e espiritual, retirando a mediunidade do dogmatismo que aprisiona o raciocínio humano e da tristeza que ameaça e magoa o coração, como se os médiuns cumprissem severa sanção.

Sem exageros, vivemos um tempo em que as comportas mediúnicas, a despeito de estarem em plena movimentação, não permitem que a água cristalina da imortalidade transborde com a necessária abundância por suas frestas para dessedentar o homem aprisionado ao deserto das paixões materiais.

Vivemos uma nova proibição mosaica como a do Velho Testamento, porém, mais nociva que a dos velhos textos hebreus, porque não se faz por decretos formais, passíveis de serem revogados, mas sob a coação impiedosa do preconceito sutil, das convenções estéreis e de argumentos enganosos – hábitos de difícil extirpação da mente humana. É indispensável que haja um "Novo Tabor" em que Jesus, ao lado de Moisés e Elias, revogue a proibição da comunicabilidade dos espíritos com os homens.[6]

O espírito Charles Rosma e as irmãs Fox[7] protagonizaram o "Tabor da Era do Espírito". O drama de Rosma, assassinado há décadas na residência dos Fox, é o mesmo de bilhões de almas na humanidade à espera de quem lhes possa estudar a dor e amparar os caminhos, presas a grilhões de maldade e infortúnio ou em porões fétidos de amargura e dor. Só haverá renovação social quando houver limpeza psicosférica.

É hora de abertura e de desenvolvimento de parâmetros experimentais sem perder o caráter moral e educativo para o qual as atuais práticas de intercâmbio se destinam. Nesse objetivo se firma a autora espiritual Ermance Dufaux, sob recomendação do venerável sustentáculo do amor fraternal, Adolpho Bezerra de Menezes.

Há um clamor ao serviço abnegado e consciente na regeneração da humanidade em ambas as esferas de vida, na formação de frentes corajosas de amor, de tarefas maiores de libertação e asseio psíquico da Terra. Eis os desafios

---

6 O céu e o inferno, 1ª parte, capítulo 11, de Allan Kardec, Editora FEB.
7 A história do espiritualismo, capítulo 4, de Arthur Conan Doyle, Editora FEB.

delegados pelo Cristo a todos os que O amam, mas que, em muitas oportunidades, são dominados pela atitude impensada da acomodação.

Enquanto inúmeros aprendizes da mediunidade optam pelo fascínio da mordomia para servirem, preferindo o exercício mediúnico distante do sacrifício e nos braços do convencionalismo, Jesus conta com os destemidos, dispostos a caminhar a segunda milha das ações, que ultrapassam o comodismo inspirado na rigidez da pureza filosófica.

A atitude de amor sem limites de Eurípedes Barsanulfo deve ser exemplo inspirador para nossas ações no legítimo bem. Somente nesse clima de testemunho sacrificial encontraremos condições de plantio das sementes do mundo novo que sonhamos para o futuro da humanidade.

Ao enfocar a história de líderes cristãos tombados no remorso sob o castigo da negligência com a qual se conduziram durante a vida física, Ermance Dufaux abre mão da visão derrotista de falência e queda irremediável para alertar ao homem terreno sobre quanto lhe compete realizar no clima do sacrifício e da renúncia em favor de si mesmo, quando iluminado pelas bênçãos da Doutrina Espírita.

Seu enfoque é compassivo e pródigo de esperança ao destacar a extensão da tolerância ativa dos espíritos superiores para com nossas necessidades de aperfeiçoamento. Ao mesmo tempo, a autora nos convoca aos mais difíceis imperativos peculiares da transição. Digno de nota, igualmente, é o seu esforço sacrificial em manter fidelidade ao pensamento e às características de seus personagens, tarefa essa cumprida a contento segundo avaliação de nossa equipe espiritual.

O sentimento da imortalidade precisa ser construído na intimidade do homem reencarnado. É instrução a serviço da espiritualização. Essa instrução, no entanto, não possui aplicação prática que retrate quanto é possível a realidade imortal. Daí o imperativo de vivências mediúnicas incomuns, para além dos rígidos padrões de segurança e utilidade consagrados pela comunidade doutrinária. Um desafio de fé e investigação para dentro e para fora de si mesmo espera os servidores da mediunidade em tempos de transição. Nesses textos encontraremos uma preciosa reflexão a esse respeito.

Conscientes de que evolução é processo íntimo e gradativo, não há dúvida de que certos ensinos nem sempre acompanham o tempo psicológico e espiritual de alguns aprendizes. Estou convicta, porém, de que nessas linhas despretensiosas existem motivos de sobra para endossá--los como convite inadiável ao tempo de maioridade das ideias espíritas, independentemente de aceitação e acolhimento por parte de quantos se considerem os intelectuais do Espiritismo.

Perante a iniciativa dos discípulos sinceros ao mostrarem a estrutura do templo para Jesus, Ele declarou que não ficaria pedra sobre pedra que não fosse derribada. O templo material simbolizava a concepção encharcada de materialismo por parte dos que ansiavam seguir o Cristo.

Não descreiam dessa verdade! Os conceitos e as práticas se renovam celeremente. Descerra-se um horizonte novo e belo, educativo e libertador ante os que tenham olhos de ver e ouvidos de ouvir...

Da amante do bem e servidora do Cristo,

Maria Modesto Cravo.[8]
Belo Horizonte, janeiro de 2005.

---

8 Maria Modesto Cravo nasceu em Uberaba, em 16 de abril de 1899, e desencarnou em Belo Horizonte, em 08 de agosto de 1964. Uma das pioneiras do espiritismo em Uberaba, atuou com devotamento junto ao Centro Espírita Uberabense e ao Lar Espírita. Médium de excelentes qualidades, trabalhadora incansável do amor ao próximo e mulher de muitas virtudes, dona Modesta, como era conhecida, foi a fundadora do Sanatório Espírita de Uberaba, instituição voltada para o tratamento de transtornos mentais, inaugurada em 31 de dezembro de 1933 e em plena atividade ainda hoje. Foi nessa casa de amor que se tornou conhecido o valoroso companheiro Dr. Inácio Ferreira, médico psiquiatra e um baluarte do bem.

> "
>
> *Face aos desafios da hora presente, apesar da luz do conhecimento, o tesouro espiritual das informações não tem sido suficiente para despertar adeptos para uma nova ordem de atitudes e ideias.*
>
> "

Introdução

A quem vamos seguir?

"E Pedro o seguiu de longe até o pátio do sumo sacerdote e, entrando, assentou-se entre os criados, para ver o fim."

Mateus 26:58.

Em todos os tempos da humanidade, os cooperadores do bem e os missionários da vanguarda sempre contaram com retaguardas espirituais seguras para as tarefas que desempenharam, mesmo desconhecendo, muitas vezes, o amparo do qual eram alvos. Toda luz que se acende requer cuidados especiais na continuidade de sua expansão.

Uma escola ou um hospital, assim como qualquer instituição social do progresso, jamais se verão livres das crueldades do mal e da treva que tentam lhes apagar o brilho da bondade e do amor. É da Lei: os que avançam atraem para si quantos tentam lhe entravar a ascensão. O objetivo é a multiplicação do bem por meio da cooperação sacrificial na renovação de almas.

Uma educadora alinhada ou um aluno promissor podem trazer, no âmago, o peso cruel da "lama psíquica" em que se encontravam antes do renascimento, ligando-se aos expoentes do desequilíbrio. Assim sendo, a escola educativa passa a funcionar como posto de orientação de almas em crescimento, atraindo o grupo indisciplinado de desencarnados para dentro de suas portas.

Um médico carinhoso ou um paciente em convalescença podem carregar, na mente, os monstros da insensatez e da loucura em sintonia com os seguidores da impiedade e do ódio. Dessa forma, o lugar abençoado de recuperação torna-se, também, um celeiro de amparo a corações desorientados, abrindo campo para a ação dos oponentes da Verdade que infestam os seus corredores e dependências.

Em qualquer recanto da Terra, nos dias da transição, existe sede e fome, tormenta e dor esmolando mãos amigas e instrução correta em favor da libertação. Um encarnado representa as enfermidades ou as necessidades de uma multidão.

Nos bastidores imortais das tragédias e dramas da sociedade encarnada, encontramos fatores causas ou influentes na ação organizada da maldade. As raízes do mal se alongam do visível para o invisível e vice-versa.

O avanço tecnológico, a explosão da cultura e a busca de Deus no século 20 provocaram um desconforto nos abismos em forma de comoções ostensivas. Como se fosse um vulcão, a pressão exercida nas sombras expeliu para a superfície do orbe as larvas do desespero e da angústia, da maldade e da desobediência. A Ordem Divina é limpeza, regeneração, liberdade e paz.

Hoje, mais que nunca, o bem exige alicerces seguros e trincheiras eficazes. Essa a razão da oposição sistemática em relação aos esforços espíritas. Qualquer projeto de elevação e consolo é alvo de atenções ostensivas dos adversários da luz. É nesse contexto que podemos entender o valor inestimável das trincheiras de amor, construídas no desinteresse e na forja da coragem. Entre os homens, equipes que se amam e se respeitam. E, além da matéria, grupos socorristas que operem quais polos produtivos de legítimo serviço cristão em favor da libertação de consciências.

Inúmeras atividades e metas espíritas têm sido boicotadas ou mantidas em atraso por faltarem esses círculos vibratórios de proteção. Sem retaguarda espiritual, até para manter um estudo do Evangelho no lar, será exigido da família a movimentação de forças incontáveis.

Nessa hora grave de asseio da psicosfera, os grupos mediúnicos funcionam como salutares unguentos cicatrizantes ou medidas preventivas em favor da evolução e da ordem.

A superação de parâmetros na aquisição de conhecimentos novos pode ser acumulada pela implantação de iniciativas experimentais. As contribuições morais da compaixão e do desejo de auxiliar e de aprender são as únicas linhas morais a serem conservadas nessa modalidade de aprendizado. Quanto ao mais, bom senso, coragem, rompimento com padrões e muito diálogo serão os fios condutores de novos modelos de parceria entre os mundos físico e espiritual.

Os grupos conscientes do momento que atravessamos não devem se nortear pelas convenções aceitáveis na coletividade doutrinária que, quase sempre, mostram-se indispostas a andar a segunda milha e a trilhar novas vivências.

O preconceito e a descrença alheia costumam arruinar muitos planos do bem!

Jesus estabeleceu: "Não cuideis que vim destruir a lei ou os profetas: não vim ab-rogar, mas cumprir."[9]

---

9 Mateus 5:17.

A maioria das práticas de intercâmbio se orienta pelos textos. Poucos ousam a investigação, a observação, a experimentação fraterna. O apego à letra é um rigoroso processo de engessamento relativamente a questões essencialmente subjetivas, portanto, sem critérios definitivos de segurança. O estudo e a disciplina, conquanto imprescindíveis, não deveriam se converter em cadeados para a espontaneidade.

Sem produção de conhecimento novo sobre imortalidade, as práticas mediúnicas permanecem em lamentável processo de estagnação, isto é, uma rotina de ação que estanca a mais preciosa qualidade dos médiuns e dos grupamentos: a criatividade – única habilidade capaz de ampliar os horizontes de análise sobre a profundidade das questões invisíveis que cercam a matéria palpável. Esse conhecimento novo, entretanto, depende da aquisição de vivências novas, sem as amarras do convencionalismo.

Que motivos estariam impedindo a formação de trincheiras corajosas nos serviços de intercâmbio para além dos padrões? Ainda que essa não seja uma questão que merece minuciosas reflexões por parte dos companheiros de trabalho na vida física, deixaremos nossa colaboração incondicionalmente aberta a críticas, embora nutrida de clareza.

Além dos princípios preestabelecidos, tal ordem de fatos na seara desemboca na formação moral do próprio grupo. Nesta hora de transição, exige-se uma convivência muito cristalina e rica de confiança para que se ergam polos valorosos e destemidos de serviço com o Cristo.

Por sua vez, o paciente trabalho de tecer essas relações duradouras e autênticas na convivência pedirá algumas condições, costumeiramente desprezadas por variadas razões. Que conjunto doutrinário construirá um clima familiar de confiança e honestidade sem aceitar desafios em comum, além da própria tarefa mediúnica? Que comunidade conseguirá vencer as armadilhas da vida emocional sem aprender a dialogar em grupo sobre seus sentimentos, com isenção de melindres? Quais grupamentos conseguirão diluir seus papéis na equipe para agir como parceiros de uma jornada sem se desapegar de suas expressões de personalismo no dia a dia do centro espírita? Quantos companheiros terão suficiente dignidade para colocar suas dúvidas íntimas ou desconfiança em relação aos outros sem recorrer a terceiros, completamente de fora do ambiente experimental em teste no seu grupo? Quantas iniciativas serão formuladas no clima da pureza de corações nas quais médiuns ou dirigentes, por mais experiência que tenham obtido, disponham-se a rasgar suas folhas de serviço e recriar sempre o que aprenderam?

Imprescindível superar conceitos e barreiras culturais erguidas no valioso laboratório do intercâmbio entre os mundos físico e espiritual. Todo saber acumulado deverá conduzir a novas sondagens com propósitos educativos. Assim como Allan Kardec lançou-se na pesquisa honesta dos fenômenos, contrariando todas as opiniões a respeito de sua atitude, hoje, os aprendizes da mediunidade que almejam servir à causa do Cristo são convocados a indispensáveis discussões.

Até onde a cultura das convenções que dominou o psiquismo de inúmeros cooperadores na seara terá penetrado nesse campo sagrado da relação interdimensional? Os padrões estabelecidos como roteiros de segurança mediúnica não estarão, em verdade, constituindo fortes amarras ao progresso das práticas de intercâmbio? Que caminhos tomar para situar a tarefa mediúnica como laboratório educativo de almas, distante do dogmatismo? Como edificar grupos de servidores mais adequados aos imperativos da hora de transição? Como resgatar e como utilizar a espontaneidade? Que noções cristãs propor sobre educação mediúnica? Quais seriam os critérios na seleção dos componentes de uma frente de serviços mediúnicos em tempos de transição?

Sem a proteção espiritual do amor, o mundo padecerá ainda mais as dores da transição. O Hospital Esperança, essa obra de amor erguida pelo apóstolo da benevolência, Eurípedes Barsanulfo, constitui um dos mais avançados núcleos de defesa, orientação e abrigo para a comunidade espírita mundial. O Espírito Verdade, prudente em Sua tarefa de amor, projetou medidas preventivas para os desafios no transporte da árvore do Evangelho para o Brasil. A obra de Eurípedes é um exemplo vivo da bondade celeste em suas expressões de compaixão sem limites, uma fortificação do amor em favor da paz mundial.

Importa-nos indagar: "A quem seguiremos?" Ao Cristo e a Sua proposta ou ao estreito pátio das formalidades que tanto atraem as almas sem entusiasmo e acomodadas, frágeis e presas às ilusões das aparências?

Pedro, no instante crucial de sua decisão, preferiu camuflar-se entre os criados, amargando terrível culpa pelo resto da existência. Seguir Jesus de longe é fruir o clima das facilidades submisso à aprovação da coletividade. É gozar das concessões concedidas pelo Senhor, recebendo um talento sem a aplicação desejável.

Um novo "Tabor" apresenta-se aos lidadores da mediunidade. Nele transfiguram-se, além de inúmeros espíritos que representam os alicerces do bem no mundo, os gênios, antes tidos como perversos que, desconhecendo a vida espiritual enquanto encarnados, agora anseiam por auxiliar a extinguir o estreito limite entre as esferas de vidas física e extrafísica, cooperando com os planos do Mestre para o futuro da humanidade.

Artistas e expoentes da cultura, políticos e educadores, mulçumanos e evangélicos, índios e ecologistas, astrônomos e cientistas, poetas e escritores, economistas e pacificadores, todos eles têm procurado as tarefas de intercâmbio mediúnico sem serem ouvidos. Todos eles trabalham pela paz e pelo Cristo. O Céu está mais próximo da Terra do que se imagina e é imprescindível a abertura de mentes e conceitos.

Paulo Freire[10] e Tarsila do Amaral[11], Jacques Cousteau[12] e Charles Darwin[13], Albert Schweitzer e Osho[14], Tancredo

---

10 Paulo Reglus Neves Freire (1921 – 1997). Nascido em Recife-PE, Brasil, foi um educador, pedagogista e filósofo. É patrono da educação brasileira, considerado um dos pensadores mais notáveis na história da pedagogia mundial.

11 Tarsila do Amaral (1886 – 1973). Nascida em Capivari-SP, Brasil, foi pintora, desenhista e uma das figuras centrais da pintura brasileira e da primeira fase do Movimento Modernista no País.

12 Jacques-Yves Cousteau (1910 – 1997). Nascido em Saint-André-de-Cubzac, França, foi oficial da marinha francesa, documentarista, cineasta, oceanógrafo e inventor mundialmente conhecido por suas viagens de pesquisa.

13 Charles Robert Darwin (1809 – 1882). Nascido em The Mount, Shrewsbury, Reino Unido, foi um naturalista que alcançou fama ao convencer a comunidade científica da ocorrência da evolução e propor uma teoria para explicar como ela se dá por meio da seleção natural e sexual.

14 Osho originalmente é um título de reverência concedido a certos mestres na tradição Zen do Budismo. Atualmente, o título é mais comumente

Neves[15] e Joaquim Nabuco[16], Carlos Prestes[17] e Rousseau[18], Sri Aurobindo[19] e Elisabet D'Esperance[20], Einstein, Freud, Jung[21] e Pierre Janet[22] são alguns dos infinitos nomes de quantos estão recorrendo aos polos protetores das reuniões mediúnicas de vanguarda para buscar recurso e amparo às obras que edificaram ou para aquelas das quais se tornaram tutores. Vivem todos eles nesse ecossistema intercontinental como trabalhadores ativos dos tempos de

---

relacionado com o controverso filósofo indiano e líder religioso conhecido como Osho Bhagwan Shree Rajneesh.

15 Tancredo de Almeida Neves (1910 – 1985). Nascido em São João Del Rei-MG, Brasil, foi um advogado, empresário e político brasileiro. Foi eleito Presidente do Brasil em janeiro de 1985 pelo voto indireto, mas adoeceu gravemente em março do mesmo ano, véspera da posse, morrendo 39 dias depois de ter sido empossado, vítima de diverticulite.

16 Joaquim Aurélio Barreto Nabuco de Araújo (1849 – 1910). Nascido em Recife-PE, Brasil, foi um político, diplomata, historiador, jurista e jornalista, um dos fundadores da Academia Brasileira de Letras.

17 Luís Carlos Prestes (1898 – 1990). Nascido em Porto Alegre-RS, Brasil, foi um militar e político, secretário do Partido Comunista Brasileiro. Foi eleito um dos 100 maiores brasileiros de todos os tempos.

18 Jean-Jacques Rousseau (1712 – 1778). Nascido em Genebra, Suíça, foi um importante filósofo, teórico político, escritor e compositor autodidata. É considerado um dos principais filósofos do Iluminismo e um precursor do Romantismo.

19 Aurobindo Akroyd Ghosh (1872 – 1950). Nascido em Calcutá, Índia, mais tarde conhecido como Sri Aurobindo, foi um nacionalista, lutador pela liberdade, filósofo, escritor, poeta, iogue e guru. Ele se uniu ao movimento pela independência da Índia do controle colonial da Índia Britânica.

20 Elizabeth d'Espérance, nascida Elizabeth Hope, mas conhecida como Mme. D'Espérance (1855 – 1918). Nascida na Inglaterra, foi uma médium de efeitos físicos e escritora inglesa.

21 Carl Gustav Jung (1875 – 1961). Nascido em Kesswil, Suíça, foi um psiquiatra e fundador da Psicologia Analítica, também conhecida como Psicologia Junguiana.

22 Pierre-Marie-Féliz Janet (1859 – 1947). Nascido em Paris, França, foi um psicólogo e neurologista que fez importantes contribuições para o estudo moderno das desordens mentais e emocionais, envolvendo ansiedade, fobias e outros comportamentos anormais.

regeneração sob a tutela de espíritos nobres e mais elevados orientando-os na nova dimensão.

Além do Tabor, esse símbolo de abertura das trocas psíquicas, espera-nos os ativistas do mal, mas, igualmente, os mais gloriosos expoentes do bem, com tesouros de alívio e incentivo à extensa caminhada dos homens.

Trabalhemos sem cessar pela formação desses postos avançados de ligação com a vida extrafísica e um magnífico horizonte se abrirá aos nossos olhos. Somente então perceberemos com mais clareza a abundância da mediunidade e a interpretaremos como canal por onde flui a Excelsa Misericórdia em favor da Obra da Criação para o bem de todos.

Cícero dos Santos Pereira.[23]

Belo Horizonte, janeiro de 2005.

---

23 Cícero dos Santos Pereira - Nasceu em 14 de novembro de 1881, no povoado de Gorutuba, próximo à Diamantina, Minas Gerais. Além do exercício do magistério, foi guarda-livros, taquígrafo e bacharel em Direito. Foi presidente da União Espírita Mineira (1937 - 1940) e fundador de vários centros espíritas em Montes Claros e Belo Horizonte, entre eles o "Abrigo Jesus", instituição espírita de amparo à criança carente. Foi colaborador da imprensa espírita, especialmente "O Espírita Mineiro". Desencarnou na capital mineiro em 04 de novembro de 1948.

01
Olhai os Lírios

> *"A piedade é a virtude que mais vos aproxima dos anjos; é a irmã da caridade, que vos conduz a Deus. Ah! Deixai que o vosso coração se enterneça ante o espetáculo das misérias e dos sofrimentos dos vossos semelhantes."*

O Evangelho segundo o Espiritismo, capítulo 13, item 17.

A alta madrugada impunha silêncio. Sob o lençol branco, encontrava-se o fiel servidor. A tez desfigurada pela dor física alterou seus traços fisionômicos. Olhos semiabertos lutavam com a impiedosa epidemia de gripe que assolou o mundo naquele ano.

Era o primeiro dia de novembro, ano de 1918. No dia anterior, a despeito de seu torpor, já havia previsto seu desenlace. Uma lufada de forças sublimes tomou-lhe a cabeça, estancando o avanço acelerado da enfermidade. O doente, repentinamente, abre os olhos, recosta-se melhor no leito e observa uma luminosidade irradiante vinda do Alto. Mesmo abatido pela batalha física, emociona-se às lágrimas. Uma suave cantiga de sua predileção brotava-lhe na mente. As imagens inesquecíveis do coral entoando melodias... Recordava a inauguração do Colégio Allan Kardec. Sentia-se transportado ao vitorioso dia em que abriu aos caminhos humanos um significado novo para o ato de educar.

Seu mundo mental agora se confundia entre a realidade das estreitas percepções físicas e os sentidos da alma. Dilatava-se a visão.

Um vulto feminino desenha-se em meio ao clarão das energias restauradoras. Vestida com trajes típicos da era cristã primitiva, uma judia de olhos fulgurantes apresenta-se com ternura e serenidade:

— Eurípedes, servo do Cristo, sabe quem sou?

Surpreendentemente refeito, ele responde:

— És a Mãe Santíssima?! Tão jovial e bela?!

— Venho em nome de meu Filho amado.

— Maria... Maria... – o discípulo fiel balbuciou o nome entre incontidas lágrimas que lhe afogaram as palavras.

— Eurípedes, mestre de Sacramento e servidor do amor, Jesus convida-o a novos rumos. Uma classe de aprendizes insensíveis suplica educação e luz. Um submundo de atrocidades e loucura está à espera de serviços imediatos. Chega o tempo de expulsar a escuridão da Terra e separar o joio do trigo. Um chamado irresistível de paz desce das esferas maiores em direção aos pântanos da maldade. O Pastor convoca o seu coração generoso ao trabalho.

— Serva do amor, se posso auxiliar o Bem Maior, orienta-me!

— Este século será o tempo da libertação para a humanidade terrena. É inadiável e necessário, entretanto, salvar os escravos da ignorância e converter os senhores da perversidade. Uma fúria enfermiça lança-se nesse momento sobre o Consolador. A sociedade assiste, angustiada e estarrecida, aos efeitos da guerra cruel que vitimou o mundo na epidemia do medo e da insegurança, nesses primeiros vinte e cinco anos do século 20. Um império de trevas aguarda a luz da bondade... O Senhor prepara as trilhas para um porvir de glórias à Sua mensagem rediviva.

— O que fazer, Mãe Santíssima?

— Os pântanos da maldade estão repletos de espíritos fracos. São lírios encharcados pela lama apodrecida das imperfeições, mas não perderam o vigor e a exuberância. Não deixaram de ser lírios. Ali jazem, atolados nos lamaçais da insanidade, muitos laços de nossa trajetória pela cristianização nesse orbe. Vem, servidor do amor! Uma obra que você já iniciou na erraticidade aguarda-o! Um celeiro de esperança e promessa encontra-se à sua espera. O Senhor Compassivo, no entanto, permite-lhe a continuidade no templo corporal. Queres a cura ou aceitas a vereda da esperança?

— Mãe amantíssima – falou Eurípedes aos prantos –, faça-se em mim a vontade do Pai!

— Então, filho amado, receba a bênção prometida pelo seu Senhor. O Espírito Verdade lhe chama para o trabalho de implantação de Sua leira bendita. Nesta Terra abençoada, a mensagem do Consolador será a luz do mundo para o século. Auxilia, meu filho, na tarefa redentora do transporte da árvore do Evangelho. Vibram fortemente gritos de pavor e remorso nas grutas da miséria. Quais meninos atormentados, suplicam socorro e alívio ante as ameaças de sangue e dor.

— Mensageira bendita, quem são esses sofredores?

— Nos abismos encontram-se os lírios de Deus, aqueles que amam a mensagem do Cristo, todavia não souberam honrá-la. São os inúmeros espíritos rebeldes que amam a Cristo. Uma nação de exilados que o tempo não converteu. São lírios de esperança em pleno pântano de egoísmo. Olhai por esses lírios, meu filho. Jesus o chama para erguer abrigo acolhedor e oferecer-lhes descanso e elevação. Você se lembra por quem o Senhor chorou naquela noite de abençoado encontro?[24]

— Sim, digna Serva! Jesus chorou pelos que Lhe conhecem os ensinos e não os vivenciam na atitude.

— Esses serão seus novos filhos. De agora em diante, serás o apóstolo da esperança. Darás conforto educativo aos cristãos de todos os tempos, que foram atingidos pelo engano da negligência e pela tirania da ilusão. As ovelhas perdidas de Israel serão seus novos alunos. Ensina-lhes a pedagogia do amor. Restitui-lhes a herança divina de filhos de Deus. Assegura-lhes suficiente misericórdia para testemunharem o roteiro de meu Filho amado quando assegurou que Seus discípulos seriam conhecidos por muito se amarem.[25] Todos ainda vão florir, serão lírios nos campos da vitória. Vão embelezar os destinos da Humanidade.

O apóstolo foi novamente surpreendido por outra visitação. Maria, a Mãe das dores do mundo afastou-se de sua clarividência, e doutor Bezerra de Menezes surgiu-lhe aos olhos do espírito. Não contendo mais as emoções, Eurípedes chorou como criança, sem nada dizer. Bezerra, o destemido trabalhador do Cristo, estendeu-lhe os braços. Num abraço amoroso e com incomparável leveza e naturalidade, Barsanulfo desprendeu-se do corpo como se deixasse uma

---

24 *A vida escreve*. Hilário Silva (espírito), psicografado por Francisco Cândido Xavier e Valdo Vieira, Visão de Eurípedes.

25 João 13:35.

veste de panos. A testa empapada de suor lívido decretou-lhe falência instantânea. Eram seis horas da manhã do primeiro dia de novembro. Trinta e oito anos[26] na edificação de um monumento eterno...

Barsanulfo partiu para continuar, para servir com mais liberdade. A obra implantada na vida física teve continuadores honrosos. Seu desafio maior esperava-lhe nas esferas próximas ao orbe. Um enxame de doentes de outra natureza lhe bateria às portas; uma nova dimensão de dores se lhe apresentaria ao coração bondoso; uma nova ordem de lutas e armas a serem utilizadas; outro cortejo de aflitos para confortar; uma classe de doentes endurecidos suplicava-lhe a palavra salvadora, nos roteiros da educação, clamando por piedade e compaixão.

Passaram-se oitenta e dois anos desse momento glorioso na vida do apóstolo da esperança.

---

26 Eurípedes Barsanulfo (1880 - 1918).

> "
>
> O Espírito Verdade lhe chama para
> o trabalho de implantação de Sua leira
> bendita. Nesta Terra abençoada,
> a mensagem do Consolador será a luz
> do mundo para o século.
>
> "

02
Convocação de Eurípedes

"Essa a estrada pela qual temos procurado com esforço fazer que o Espiritismo enverede.

A bandeira que desfraldamos bem alto é a do Espiritismo cristão e humanitário, (...)"

O livro dos médiuns, capítulo 29, item 350.

Estamos nos primeiros dias do ano 2000. As atividades do Hospital Esperança intensificaram-se após ordenações maiores, apresentadas por Bezerra de Menezes em nome do Espírito Verdade. Sua magistral palestra Atitudes de Amor, proferida no mês de outubro de 1999[27], inaugurou um tempo de renovação e medidas promissoras para a causa do amor.

O movimento em torno das ideias espíritas, no plano físico e na vida dos espíritos, não foi mais o mesmo depois da palestra do destemido servo do bem. Fazia-se urgente uma nova ordem de medidas para o sacrifício incondicional de quantos nutrem o desejo de servir à obra regenerativa da Era do Espírito na Terra. O iniciar do novo milênio constituía-se em um apelo retumbante para o engrandecimento moral da Terra, perante a uniformidade das leis que regem o cosmo universal.

Eurípedes, por sua vez, recebeu diretriz urgente da Falange Verdade e convocou-nos sem demora. Nosso diretor já havia preparado, com antecedência, um encontro no qual os trabalhadores e cooperadores ativos do Hospital Esperança se reuniriam no salão principal para ouvir-lhe

---

27 Referida palestra está contida na obra *Seara bendita* – Diversos Espíritos, pela psicografia de Wanderley Oliveira e Maria José da Costa – Editora Dufaux.

as novas propostas. À noite, pontualmente às sete horas e cinquenta minutos, Eurípedes chegou, como de costume, acompanhado por dona Modesta.

Acomodamo-nos nas últimas fileiras, junto ao professor Cícero, apelido mantido na vida espiritual, e a Inácio Ferreira[28].

Dona Modesta, depois de sentida prece, notificou a todos, pela sua mediunidade, que a Equipe Verdade velava pelo nosso encontro. Sem formalidade de nenhuma espécie, o diretor se postou atrás de um singelo púlpito e iniciou sua fala:

— Amigos em Cristo, esperança em nossos corações.

Um fenômeno social irreversível vem ocorrendo nas relações em geral: a superação dos modelos verticais de convivência.

Contrapondo os velhos referenciais de autoridade para ditar o que fazer e como fazer, a família e a escola, a religião e a cultura, assim como todas as organizações humanas, são convocadas a repensar nas velhas formas de relacionamento. Ninguém estabelece normas, ninguém tem certezas ou verdades definitivas, pois estamos todos em busca de posicionamentos a partir de necessidades mais profundas. O caminho atual

---

28 Inácio Ferreira de Oliveira – (1904 - 1988). Foi um médico psiquiatra espírita brasileiro. Observou, sem ideias preconcebidas, os diferentes fatos neuropsíquicos relacionados com os enfermos internados no *Sanatório Espírita de Uberaba*, do qual seria diretor clínico por mais de cinco décadas, tendo verificado a eficácia da terapia espírita para a cura de distúrbios mentais e/ou obsessivos. Nesse trabalho, a médium dona Maria Modesto Cravo (mais conhecida como dona Modesta), o enfermeiro-chefe, Manoel Roberto da Silva, além de outros cooperadores, lhe foram de inestimável valia.

aponta para a criação de relações horizontais, para a diluição dos papéis e para a formação de grupos cooperativos. Os clamores da alma refletem no coração humano à procura de paz, equilíbrio, saúde e sossego interior. Um extenso labirinto apresenta-se, cujo percurso é individual e singular. É o caminho da alma em crescimento, eterna perseguidora da felicidade e das respostas para ser em plenitude.

Cartilhas e padrões, estatutos e regras sofrem golpes impiedosos. A nova ordem social conduz a uma decisiva queda na supremacia de velhos e gastos significados. É preciso dar sentido novo em direção a um porvir de esperanças e completude interior.

Encontramo-nos em meio a essa turbulenta gestação de ideias, valores e referências. A humanidade prepara-se para adotar um conceito sistêmico e solidário. Enquanto isso, desfazem-se todos os padrões em verdadeira destruição de acordos de supremacia. Os velhos parâmetros não atendem às necessidades do agora. Por outro ângulo, ainda não se formaram novos modelos de inspiração para que o homem se guie nas suas experiências e metas. O certo e o errado variaram totalmente seus sentidos, e ainda não se teve tempo bastante para estipular outros conceitos.

Portanto, nutrir muita certeza sobre algo, cultivar rigidez de entendimento é postura extremamente arriscada nessa fase de mutação. Não menos arriscado é assumir a desafiante atitude de "inventor" de novas formas de caminhar. Esse fenômeno social que nasce no mais profundo da alma exige juízo moral, responsabilidade individual e coragem. É algo bem diferente.

Antes se tinha alguém para ditar o caminhar, algum modelo, uma experiência em que se apoiar. Tornava-se cômodo responsabilizar o próximo ou alguma orientação institucional a fim de nos evadir ou esquivar dos efeitos nocivos de nossos atos.

Esperam-se mudanças para melhor na humanidade, todavia, poucos são os que perceberam uma realidade inquestionável: a Terra mudou rapidamente. Seus habitantes não conseguiram ainda avaliar a profundidade de tudo o que ocorreu nas últimas três décadas. Em trinta anos, efetivaram-se séculos de mudanças. Atordoada e aflita, sem direção e sem rumo, a humanidade debate-se à procura de bússolas que resgatem o sentimento de segurança.

Nesse cenário global, repete-se, no início do século 21, a mesma experiência do Espiritismo prático no alvorecer do século 20. Naquele tempo, as bússolas não existiam, foram criadas. Agora, somos chamados a recriá-las. A mediunidade e seu exercício obedecem a esse ciclo inadiável e dinâmico. Os seareiros do intercâmbio, em quaisquer patamares de conquistas, são convocados a construir sentidos novos na utilização das forças psíquicas e mentais que envolvem a relação interdimensional entre esferas de vida.

A diversidade, conquanto cause insegurança, é favorável à expressão da criatividade. Criatividade que deverá sempre ser regida pelos valores morais da sensatez, da responsabilidade e do amor.

Allan Kardec, o emissário da Era do Espírito, refere-se ao fermento da incredulidade que ainda tomaria conta da humanidade por duas ou três gerações.[29] Incredulidade em relação à imortalidade e à comunicabilidade do ser espiritual. Adentramos exatamente essa terceira geração, dividida em três períodos de setenta anos, a partir da chegada do Espiritismo.

É o período da sensibilidade, da fé que supera o medo humano de existir e progredir no bem.

Fé é a adesão espontânea da alma à busca da verdade. Mediunidade é o ventre sagrado do fervor. Por meio dela ocorre a sublime gestação do patrimônio da crença lúcida e libertadora.

Raciocínio é o gerador da lógica e do bom senso. Quando atacado pela rigidez emocional, converte-se em preconceito e estagnação.

Inúmeros grupos doutrinários transformaram o critério do raciocínio em medida prática de defesa para não ser enganados pelas bem urdidas mistificações. Com essa postura, se não são enganados nas suas produções mediúnicas, são ludibriados quanto ao significado abrangente das relações de amor entre os espíritos, circunscrevendo a prática de intercâmbio a expressões superficiais de conversão de desencarnados, com espaço acanhado para a manifestação livre dos benfeitores e aprendizes da erraticidade. Vigilância excessiva é um cadeado nas portas da sensibilidade, aprisionando os sentimentos aos severos regimes de descrença e engessamento mental. A cautela excessiva com a fantasia e o engodo imobilizaram inúmeros servidores.

---

29 *O livro dos espíritos*, comentário da questão 798, Allan Kardec, Editora FEB.

E o resultado mais infeliz de tanta censura é o enfermiço desânimo com as sagradas práticas de intercâmbio entre os mundos. O mais grave efeito do engessamento cultural das ideias espíritas é a paralisia da noção de imortalidade. Um plano espiritual estático e desconectado da vida na Terra.

Jesus, o modelo do Amor Universal, ao estabelecer por Sua atitude a era da ética aplicada e sentida, assegurou em suas palavras: "Não vim ab-rogar, porém, cumprir".[30] Que definição mais precisa se pode ter de uma transição? Quando se fala em novos significados, estamos, em verdade, referindo-nos ao ingente desafio de viver a mensagem esquecida do amor. Transição, portanto, muito antes que uma etapa que dá início ao novo, significa a sublime decisão de afinar-se com o bailado cósmico do amor, o ritmo pulsante de Deus desde a origem dos tempos infinitos.

No século 20, os espíritos procuraram os homens. Agora, os homens deverão ser os parceiros dos espíritos. Buscar-lhes para a vivência de uma relação mais consciente e educativa. O "telefone" tilinta daqui para lá, todavia, chega o instante de recebermos também os chamados do homem cujos interesses repousem na transformação de si mesmo.

A bondade celeste conferiu-me novos desafios nesta casa de amor. Imperioso refletirmos sobre o destino da mediunidade ante o clímax da transição espiritual do planeta. Nossa missão consiste em avaliar medidas promissoras a nosso alcance, que facilitem a consolidação dos planos do Espírito Verdade para a colheita espírita do mundo físico no século 21. Os primeiros

---

30 Mateus 5:17.

cem anos do terceiro milênio serão o alicerce da Era do Espírito.

Na condição de educadores do espírito, importa-nos reconhecer o exato valor das instituições humanas, jamais as adotando como expressões absolutas da verdade. Tradições e valores estão em acelerado processo de transformação. Estamos atravessando uma crise de referências sem precedentes na seara. O movimento espírita está sendo sacudido por um terremoto de diversidade. Contudo, convenhamos, é nesse cenário que vai emergir a rota da regeneração.

O Espiritismo não cria a renovação social. As necessidades do homem elegerão seus princípios como caminho indispensável. Não se deve deduzir, todavia, que seu perfil social servirá de modelo, porque a diversidade nesse terreno será devastadora, a ponto de diluir, apropriar e melhorar as características de suas práticas e conceitos. Ante essas mutações necessárias, os discípulos aferrados a modelos serão convidados a sofrido teste de desapego.

A ciência e a religião, a arte e a filosofia serão caminhos propulsores da força do pensamento espírita, sobrepujando o materialismo que se espalha. Nenhum deles, no entanto, servirá de via preferencial. Por essa razão, urge desenvolver um novo significado para a comunidade adepta da verdade consoladora em face do predominante caráter religiosista.

Religião com religiosidade. Religião com educação. Se a religião não educar, ficará retida no dogmatismo. Se a ciência não educar, será avareza. Se a filosofia não educar, se transformará em matéria de vaidade. Se a arte não educar, constituirá um palco para exibicionismo. O momento converge todas as conquistas humanas para a espiritualização da criatura e para o desenvolvimento de seus valores nobres e divinos.

Amigos e trabalhadores, nessa hora tão decisiva, os médiuns maduros revestem-se de importância singular.

O primeiro século de mediunidade orientada pelas luzes da doutrina; desde as reuniões realizadas nos núcleos familiares, ensejou um nível de intercâmbio entre os mundos físico e espiritual jamais provocado em qualquer tempo da história da Terra. Apesar disso, somente ao nos libertar do corpo averiguamos claramente quão rude ainda são nossos contatos com o mundo físico. Por esse motivo natural, não será exagero afirmar que o século 20, no que tange à mediunidade, foi o período de ensaios promissores, tendo em vista o futuro glorioso que espera o homem psíquico do século 21. Os médiuns mais consagrados de nossa seara fizeram-se canais abençoados para que a água pura da Divina Providência jorrasse sobre o mundo. Eles próprios, contudo, sabem que estamos, indubitavelmente, na infância dos contatos entre as esferas física e espiritual.

O século 20 foi uma farta semeadura. Os grãos deram uns a trinta, outros... Outros foram sufocados, pisoteados. Que o otimismo e a bondade não entorpeçam nossa visão quanto às infelizes ciladas da maldade. Em meio à farta semeadura de bênçãos nascidas do intercâmbio mediúnico, desenvolveu-se lastimável semente de joio.

O que era apenas uma ameaça ao intercâmbio mediúnico responsável, regido pela espontaneidade, hoje se concretiza como autêntico impedimento criado por padrões rígidos e institucionais nas fileiras de serviço. Tais padrões, a princípio erigidos como estacas de segurança, transformaram-se em cartilhas por sugestões de corações bem-intencionados, porém desprevenidos quanto ao significado da singularidade nos assuntos metafísicos. Além disso, a existência dos "mentores culturais" de aparentes verdades, em ambos os planos, multiplicou as noções inconsistentes absorvidas pela comunidade em suas práticas e conteúdo. O resultado inevitável é a limitação, ainda maior, das manifestações do céu para a vida terrena.

Chega a hora de um novo chamado!

A hora que atravessamos é similar à da Parábola das Bodas, narrada em Mateus, capítulo 22. Os convidados do rei não compareceram ao evento. A eles foi destinado o convite, a oportunidade lhes pertencia, entretanto, por motivos pessoais, não compareceram. O rei, perante a ocorrência, manda seus servos às aldeias e aos campos a chamar quantos se apresentassem ao festim.

O tempo e a aquisição do conhecimento têm causado perturbadora sensação de grandeza a muitos aprendizes das frentes de labor mediúnico. Desse modo, afastam de si mesmos os convites ininterruptos aos novos trabalhos que a cada época são dirigidos à vida física, destinados a promover o progresso e o amadurecimento de nossas relações interdimensionais.

Não se trata de criar novidades nas laboriosas frentes de intercâmbio, e sim de resgatar a linfa cristalina da produção mediúnica, exonerando-a dos pedregulhos e impurezas provenientes dos "entulhos culturais" a ela infligidos. Em verdade, propomos um retorno ao exercício mediúnico conforme as propostas do Cristo de Deus.

Somente a poder de núcleos produtivos, implantados em solo brasileiro no início do século 20, foi possível ampliar o raio social de ação do pensamento espírita. De tudo fizeram os vales da sombra e da morte com fins hostis a esse projeto. As tarefas socorristas constituíram-se em válvulas de alívio às pressões ininterruptas e incansáveis. Passaram-se cem anos nesse campo de lutas acirradas.

Ao penetrarmos esse terceiro período de mais setenta anos na busca da maioridade das ideias espíritas, urge algumas medidas salvadoras. A vitalidade do movimento em torno dos postulados espíritas dependerá de uma nova ordem cultural em todos os seus setores de ação, especialmente na sementeira da mediunidade.

A solidez da investigação fraterna requisita das equipes cristãs o gosto pela crítica, sincero apoio ao crescimento de todos, honestidade emocional em relação uns aos outros, tratamento responsável com todas as dúvidas. Somente nesse clima de relacionamentos sinceros e leais, amparados pelo desejo de aprender e servir, a luz da misericórdia celeste brilhará, transformando a fragilidade humana em abundante celeiro de imorredouras venturas.

Existem servidores sérios e vigilantes na seara experimentando o açoite da calúnia de trabalhadores incautos e orgulhosos. O tempo indica aos tais servidores do amor a discrição a fim de não terem seus ideais esmagados pelo peso do desprezo alheio. A impostura não merece resposta. Compete-nos destinar a eles, servos destemidos, um alerta para que, nesse momento, não declinem da oportunidade de colocar a luz onde possa ser vista por todos, no velador. São as bússolas indicadoras para os caminhos do Cristo ante os tempos novos.

O século 21 será o tempo do sentimento, e até as esferas abissais do planeta vivem esses momentos. Antes, dominavam pelas ideias; agora, com o avanço da ética e da cidadania, não conseguem usurpar, com a mesma facilidade, a inteligência humana, no entanto agridem o homem pelo coração. A inteligência avançou, mas a emoção humana, com raras e honrosas exceções, estagia no instinto!

É assim que atuam os hábeis manipuladores dos sentimentos perturbadores de desmerecimento e inferioridade. Fazem esquecer as conquistas para exacerbar a indignidade. Uma análise cuidadosa do comportamento humano nos apontaria a intensidade com a qual as estruturas religiosas e políticas, de todos os tempos, exploraram a "cultura da indignidade" como instrumento de domínio. Os líderes das regiões abismais utilizaram de semelhante expediente na gestação desse estado lamentável das agremiações doutrinárias do Espiritismo no que diz respeito às relações extrafísicas.

Que esse foco não entorpeça nossa razão, por se tratar de realidade previsível, considerando o caminhar lento, mas progressivo da humanidade.

Incentivemos os caminhos novos aos nossos parceiros no mundo físico! Os médiuns que melhor vão retratar as mensagens celestes são os que educarem seus sentimentos.

As bússolas serão encontradas. É lei. O longo percurso de descoberta e criatividade solicita a aplicação de atitudes de amor condizentes com os novos tempos. Assinalemos algumas delas no intuito de estudar e debater as sendas da mediunidade em tempos de transição:

• valorosa noção e aplicação do "espírito" de equipe;

• desapego de concepções;

• coragem para experimentar;

• adesão afetiva e espontânea na participação de novas vivências;

• investigação das conquistas da ciência;

• acendrada postura de despretensão ante as vitórias com as novas práticas;

• incansável abertura mental para ouvir, alterar, avaliar e discutir em clima de aprendizado e fraternidade;

• superação dos limites filosóficos doutrinários em busca de conceitos universais aplicáveis à mediunidade.

Nessa altura da palestra, Eurípedes alterou perceptivelmente o tom de voz. Uma luz de intenso brilho envolveu todo o seu corpo. O apóstolo parou de falar e fechou os olhos. Em meio à luminosidade, quase não podia mais ser percebido. Eurípedes transfigurou-se e surgiu um vulto de mulher. Uma judia de roupagem similar ao cetim, com detalhes em azul-claro. Rosto cândido e olhos verdes. Cabelos aos ombros. Uma paz indefinível tomou-nos. Olhei para o professor ao meu lado e notei as lágrimas descendo pela sua face. Doutor Inácio, em ato reflexo, trouxe as mãos à boca, recordando um menino surpreso. Uma voz terna, como se penetrasse nosso espírito como um todo, dizia:

— Filhos do amor! Perseverai nas veredas que meu Filho amado vos conclamou! Exultai em serdes os servos benditos do último instante, chamados à gloriosa missão! Recordem Seu chamado quando ao Seu lado se encontravam Moisés e Elias: "Levantai-vos; e não tenhais medo".[31] Sede solidários com a excelsa obra da regeneração humana. Dizei aos homens que Jesus está na Terra e convocai seus servidores ao ministério do amor incondicional, interligando dimensões, enaltecendo a vida!

Dona Modesta, guardando equilíbrio e sensibilidade, descreveu, pela clarividência que percebia, um enorme painel acima do Hospital Esperança.

Era um retrato trazido por espíritos angelicais que reproduzia a cena do lava-pés[32] conforme o acontecimento original narrado no Evangelho.

O encontro foi encerrado em clima de extrema sensibilidade e sentimentos elevados.

Em poucos minutos, nosso diretor sintetizou uma previsão sobre o que será o século 21 no que tange aos rumos da espiritualização, e Maria abriu-nos as portas do coração como a nos preparar para as aspirações da hora nova.

A ocasião foi um clamor do Mais Alto em favor do Espiritismo cristão e humanitário.

---

31 Mateus 17:7.

32 João, 13:1-17.

"

Ninguém estabelece as normas,
Ninguém tem certezas ou verdades
definitivas.
Todos em busca de posicionamento
a partir de suas necessidades mais
profundas.
O caminho atual aponta para a criação
de relações horizontais, a diluição
dos papéis a formação de grupos
cooperativos.

"

03

Medidas Inadiáveis

"Ora, assim como, numa cidade, a população não se encontra toda nos hospitais ou nas prisões, também na Terra não está a Humanidade inteira."

O Evangelho segundo o Espiritismo,
capítulo 3, item 7.

A palavra sábia de nosso diretor revestiu-se de caráter emergencial. Os cooperadores do Hospital Esperança receberam-na como uma convocação para medidas inadiáveis.

A hora presente reclamava maior soma de informações sobre a natureza das provas depois da morte. Diversas equipes se mobilizaram ante os alvitres de Eurípedes para traçar planos.

Após o término da inspirada explanação, dona Modesta convidou o professor Cícero e o doutor Inácio ao seu gabinete particular, a fim de se organizarem.

— Inácio, creio que acabamos de obter endosso a velhos anseios! – abriu o diálogo dona Modesta.

— Modesta, você sabe há quanto tempo espero para levar ao plano físico um noticiário franco e destemido sobre a situação dos espíritas nesta casa. Adoraria assustar um bocado de gente.

— Chega de sustos, Inácio! O momento nos pede clareza, entretanto, com objetivos puramente educativos. De nada nos valerá surpreender e não educar.

— Jamais deveremos esquecer esse foco – atalhou o professor.

Nossos confrades na Terra, especialmente os operários da mediunidade, precisam de apontamentos sobre mediunidade e transição. As colocações de Eurípedes foram decisivas. Imperioso oferecer-lhes mais vasta noção sobre o momento que atravessamos. De fato, as cartilhas e os mentores culturais de sofismas somente deixarão de existir quando promovermos a lucidez pelo bom-senso.

— Continuo intrigado sobre como escalar essa montanha de condicionamentos sem dinamitá-la.

— Sim, Inácio, sua afirmação não deixa de ter fundamento – aclarou dona Modesta –, desde que apliquemos farta dose de lógica e instrução moral juntamente com as novidades contundentes que detonam os padrões.

Entre uma xícara de chá e outra, os três seareiros continuavam a conversa. O professor, sempre muito ponderado, procurava oferecer um roteiro para as medidas da hora.

— A evolução é uma Lei Natural norteada por ciclos. Homens e instituições, ideias e fenômenos da natureza obedecem ao sublime princípio da "emancipação ordenada". Nascer e renascer, infância e maturidade, semeadura e colheita.

O Espiritismo alcança seu período de maioridade. É a etapa na qual ocorre a ceifa. Instante divino de definições, tendo em vista o futuro de expansão e glória a que tudo e todos se destinam na vida. Esse ciclo da colheita orienta-se pela separação do joio e do trigo. Após crescerem juntos, é necessário perceber para que servirá o fruto da plantação.

Após mais de um século de Espiritismo prático em terras brasileiras, desponta o momento de avaliação diante dos horizontes novos que se descortinam para nossa abençoada seara doutrinária. Hora de pesar as conquistas e construir princípios adequados às necessidades do momento presente. Espiritismo é dinamismo e ação. Somos todos conclamados a dar novo significado, repensar, avaliar e edificar.

Desde o surgimento do Guia dos Médiuns e Experimentadores – *O livro dos médiuns* – lançado em janeiro de 1861, o mundo ganhou o mais lúcido roteiro de condução das forças psíquicas. Inspirados em suas abordagens profundas e seguras, médiuns e doutrinadores lançaram-se ao exercício. As conquistas foram ilimitadas. Mais de um século de vivência com o mundo espiritual, por meio das célebres reuniões mediúnicas, foi suficiente para consolidar uma noção clara e consciente de imortalidade entre os encarnados. Embora acanhados para um orbe que passou milênios na ignorância intencional sobre as realidades extrafísicas, esses foram passos muito significativos.

A hora da maioridade é, no entanto, uma chamada à mais vasta investigação nos domínios da vida futura.

Imprescindível superar conceitos e barreiras culturais erguidas no valioso laboratório do intercâmbio entre os mundos físico e espiritual. Todo o saber acumulado deverá conduzir às novas sondagens com propósitos educativos. Assim como Allan Kardec lançou-se à pesquisa honesta dos fenômenos, contrariando todas as opiniões a respeito de sua atitude, hoje, os aprendizes da mediunidade que almejam servir à causa do Cristo são convocados a imprescindíveis discussões.

Até onde a cultura das convenções que dominou o psiquismo de inúmeros cooperadores na seara terá, igualmente, penetrado nesse campo sagrado da relação interdimensional?

Os padrões estabelecidos como roteiros de segurança mediúnica não estarão, em verdade, constituindo fortes amarras ao progresso das práticas de intercâmbio? Que caminhos tomar para situar a tarefa mediúnica como laboratório educativo de almas, distante do dogmatismo? Como edificar grupos de servidores mais adequados aos imperativos da hora de transição? Como resgatar e como utilizar a espontaneidade? Que noções cristãs estabelecer sobre educação mediúnica? Quais seriam os critérios na seleção dos componentes de uma frente de serviços mediúnicos em tempos de transição?

— Excelente reflexão, professor! – manifestou dona Modesta.

— Sem dúvida, essas indagações são pertinentes ao contexto de muitas histórias que conhecemos neste Hospital! – exclamou o médico uberabense. Daí, por que não oferecer aos companheiros encarnados uma nova série de obras que retratam os sucessos e insucessos dos espíritas?

— Não só dos espíritas, mas dos amantes da mensagem cristã.

— Que seja, Modesta. O que importa é o casuísmo. Para mim, os escritores espirituais foram muito generosos poupando notícias nesse particular – asseverou, com sua típica sinceridade, o doutor Inácio.

— Generosos, não, Inácio! Foram compassivos – retrucou o professor.

— Pode ser! Ainda assim o momento pede um susto – insistiu o doutor.

— Tenho a certeza, Inácio, de que sua ligação com o médium uberabense será o caminho certo para os recados mais diretos. Essa será uma vertente a seguir. Por outra análise, Eurípedes tem demonstrado enorme esforço na formação de trincheiras do amor cristão e humanitário. Fale-nos um pouco mais de sua experiência no assunto, professor – solicitou dona Modesta.

— Em todas as épocas, os inventores e descobridores, cientistas e expoentes da cultura, educadores e religiosos tiveram a proteção de frentes atenciosas e generosas, a fim de exercerem suas missões e compromissos. Fortalezas de amor sempre foram organizadas em torno de quantos acalentaram e viveram pelos sonhos de progresso e amor. Se esse é o dinamismo do Mais Alto em favor de quantos cuidam do avanço linear do planeta, que se dirá daqueles cuja tarefa é abrir os olhos dos homens, verticalizando a mentalidade e a ação para os destinos além da matéria? Os vanguardeiros da espiritualização sempre são alvos da Misericórdia Celeste no cumprimento de seus deveres.

Por essa razão, nossa fala se direciona para um apelo clamoroso e urgente na formação de núcleos de amor para o planeta. Tais medidas fizeram-se indispensáveis e, algumas vezes, insubstituíveis para com os projetos de caridade e resgate em tempos de transição planetária.

Os serviços defensivos do bem, nessa etapa de transformações, são imprescindíveis. Urge a criação de polos de retaguarda e refazimento espiritual. Toda pequenina luz que se acende no bem é tremendamente procurada pelo movimento das trevas densas. Difícil avançar na direção da luz sem inspiração e equilíbrio. E, sem imunidade, não garantimos por muito tempo as aspirações nobres.

Os ataques e a criatividade dos gênios da perversidade nunca foram tão poderosos. Essa é a lei. É preciso que o inferno procure o céu para exterminá-lo e acabe concluindo sobre a conveniência de aceitá-lo.

Pesada nuvem se adensa na psicosfera terrena, proclamando a decisiva hora do ajuste. As espessas crostas do mal são cuspidas dos abismos e sobem à superfície em regime de higienização psíquica do planeta. Uma marcha, jamais vista em todos os tempos, movimenta as regiões abissais da erraticidade. Tempo de transição!

Uma semicivilização se esconde nas profundezas da subcrosta. Por lá, infestam a vida em estágios de precariedade e sordidez. São nossos irmãos. Nossa família.

Nossas notícias não devem, porém, ser analisadas sob um foco apocalíptico de decadência e ruína. Muito ao contrário! Se a humanidade atrai a sua parcela enfermiça "para cima", é porque adquiriu os recursos preventivos para se curar. Essa é a ordem. Esse é o ciclo pelo qual passamos nesta Casa de Esperança chamada Terra.

Nos compromissos da espiritualização, despedem-se do mundo físico os desbravadores da Era do Espírito para que assumam os operários destemidos da regeneração. Somente com muita coragem e desprendimento de convenções e padrões rígidos seremos capazes de estabelecer ambientes para as sentinelas vigilantes do amor nesse turbilhão de lutas e conflitos.

O espírita, nesse cenário, é convocado a severo chamado. "Muito será pedido a quem muito recebeu."[33] Hora de romper com as amarras do receio e, a exemplo do senhor Allan Kardec, em plena Paris da cultura e do saber, lançar-se ao trabalho.

Decerto todo espírita consciente, por fazer parte da sociedade encarnada, deverá agir como um cidadão cuja tarefa é realizar seu papel responsável na eliminação dos males coletivos em todas as esferas. Grande engano, todavia, será ignorar que a origem de todos os males humanos, em todas as épocas, sempre teve como raiz os sítios da perversidade, organizados há mais de dez mil anos nas profundezas abissais da vida espiritual.

Ninguém, em são juízo, vai querer resolver os problemas do mundo dentro de uma reunião mediúnica de amparo, descuidando da tarefa de responsabilidade social. Mas nosso apelo dessa hora é para a formação de grupos conscientes, dispostos a cooperar em uma

---

33 Lucas 12:48.

das mais árduas medidas de saneamento e solução, ante os destinos novos da humanidade.

Há vida nesses antros fétidos e nauseantes. Cabe-nos enxertá-los de esperança para recobrarem a lucidez.

Há vida nesses pântanos de amargura, compete--nos nutri-los de carinho para sentirem que podem recomeçar.

Nesses pântanos de dor existem lírios exuberantes capazes de refletir a luz do sol. É nossa família que ficou no tempo, mendigando nosso amor. Apresentam-se iludidos pelo orgulho e fazendo-se de fortes e vingativos, entretanto, amam e amam muito. Nosso desafio é amá-los ainda mais para descobrirem o quanto vale a pena viver plenamente e retomar o caminho para Deus. Busquemos os nossos lírios.

Depois de uma pausa em que se mostrava, sobremaneira, emocionado, continuou o professor:

— Nossos números de censo são muito próximos do censo humano.

No período da vinda do Cristo à Terra, a faixa estimativa populacional girava na ordem de 300 milhões de almas reencarnadas. Nessa ocasião, os censos do Mais Alto notificavam que, entre encarnados e desencarnados, a Terra possuía uma população geral na ordem de 20 bilhões de espíritos. Nunca aconteceram tantas reencarnações na humanidade até essa época. Depois houve um declínio acentuado, em virtude da precária condição de vida na queda do Império Romano, reduzindo a população humana a menos de 200 milhões de criaturas no corpo. Somente no segundo milênio da

Era Cristã a população voltou a crescer vertiginosamente, atingindo pouco mais de 500 milhões de almas reencarnadas até o século 15. Em 1900, o contingente girava em torno de 1,6 bilhões. Mas somente após 1950 encontramos o período decisivo da humanidade. Viramos o milênio com a estimativa da população terrena de 6,5 bilhões de espíritos no corpo e uma população geral de 30 bilhões de criaturas.

Essa projeção nos auxilia a concluir que, em certas épocas, os serviços socorristas realizaram-se totalmente na vida espiritual, considerando ser impossível efetivá-lo com a participação humana. Depois da Doutrina Espírita e da experiência adquirida em mais de cem anos de atividades mediúnicas, o cenário é outro. Hoje são mais de seis bilhões de espíritos no corpo, e nunca a Terra passou por tão diferenciado processo de migração e emigração de espíritos entre o mundo dos sentidos físicos e extrassensoriais.

A senhora tem reflexões mais claras, dona Modesta, sobre o significado desses dados!

— É verdade, professor. Venho analisando-os para ter uma noção mais fiel da extensão do trabalho que nos aguarda, neste século, junto aos servidores da mediunidade em ambas as esferas.

Informações atualizadas dos censos espirituais nos dão notícias de que o planeta Terra tem aproximadamente 35 bilhões de espíritos. Sete bilhões deles estão na vida física e 28 bilhões nas diversas faixas espirituais próximas ao planeta, divididos em vários estágios de evolução e aprimoramento. Conforme os censos do Mais Alto, chega à faixa de 30 bilhões de criaturas atraídas pelo magnetismo e lutas do planeta.

Do contingente geral, temos vinte por cento dos habitantes reencarnados. O que possibilita pensar em quatro espíritos de cá para cada um na vida física.

Por meio de controles bem mais elaborados e sem margens de falhas, as equipes de celestes sociólogos, que orientam os destinos dos continentes, destacam que quatro bilhões desses seis bilhões reencarnados são almas doentes que purgam dolorosos processos de reeducação. Os outros dois bilhões são corações na busca ostensiva de sua recuperação, entre os quais, pouquíssimas vezes, encontramos os chamados missionários coletivos ou encarregados de outorgas específicas que venham a corroborar com o planejamento do progresso e bem-estar social.

Algo muito similar sucede com os outros 24 bilhões da população terrena na erraticidade. Temos 12 bilhões de desencarnados em patamares de luta e sofrimento, seis bilhões de espíritos medianos que já cooperam eficazmente na tarefa regenerativa de outros, e mais seis bilhões de condutores elevados, entre os quais se encontram os "avatares" que velam pelo grande plano do Cristo para o orbe, missionários, guias espirituais, guias que avalizam as reencarnações, espíritos superiores, auxiliares galácticos. A maioria deles liberada da reencarnação, ou ainda inúmeros homens e mulheres comuns que venceram as provas expiatórias no suceder das reencarnações.

Algumas conclusões tornam-se necessárias para que possamos apresentar propostas de serviço e cooperação inadiáveis aos amigos encarnados. Somando-se à aglomeração de seres em franca condição de dor e doença, temos um total de 16 bilhões, em ambos os planos de vida, distribuídos em quatro bilhões no corpo e mais 12 bilhões nas regiões de pavor e desequilíbrio de nosso plano. Uma média de três espíritos desencarnados em crise para cada um em tormenta na vida física, totalizando pouco mais de cinquenta por cento da população geral do orbe.

Desses 16 bilhões encontramos quatro bilhões de espíritos, apesar de enfermos, em franca busca do bem. Outros quatro bilhões são criaturas perversas que deliberadamente agem no mal. Os oito bilhões restantes se encontram em postura de indiferença ou indecisão, com fortes apelos para a apatia e o desânimo. Esses 12 bilhões de enfermos trazem, em comum, a falta de idealismo superior e o apego às questões materiais, dois traços que se distribuem de conformidade com a individualidade, seus pendores, seus valores e sua cultura. E daqueles quatro bilhões de irmãos nossos que gerenciam o mal por meio da perversidade, temos hoje nada menos que um bilhão deles em plena sociedade terrena, destilando o fel da cultura nociva e da atitude insana, enquanto outros três bilhões ainda guardam os postos mais elevados nas ordenações infernais juntos às esferas extrafísicas.

Imaginem uma casa terrena com cinco membros na família e considerem que, no mínimo, mais 20 entidades ali transitam quase que diuturnamente. O critério que define essas aproximações são variados e multifacetados, criando as mais infinitas formas de interação e convivência.

Tomando por base a colocação de *O livro dos médiuns*, item 232, temos:

"Consideremos agora o estado moral do nosso planeta e compreenderemos de que gênero devem ser os que predominam entre os espíritos errantes. Se tomarmos cada povo em particular, poderemos, pelo caráter dominante dos habitantes, pelas suas preocupações, seus sentimentos mais ou menos morais e humanitários, dizer de que ordem são os espíritos que de preferência se reúnem no seio dele."

O Brasil insere-se como grande polo magnético que renova e alivia as dores humanas pela força natural que irradia de seu povo e de seu solo. Fé espontânea e natureza rica são fontes inesgotáveis de atração para quantos se encontram sem norte na vida espiritual. Razão pela qual esta pátria tem funcionado como um centro de gravidade para todas as questões que dizem respeito à história e aos caminhos da Terra.

Nessa etapa, chamada transição, torna-se imprescindível alargar os horizontes dos depositários da revelação espírita, a fim de não reduzir, em míseros informes literários, a complexidade das operações de que se revestem esses períodos decisivos para o futuro.

Transição é o período que separa dois ciclos. Passamos, neste instante, pela transição do ciclo provacional-expiatório para o ciclo regenerativo.

Além de fatores sociopolíticos e econômicos, o traço fundamental dessa transformação é, antes de tudo, espiritual. Os caracteres do homem civilizado são claros, conforme a questão 793 de *O livro dos espíritos*:

"Todavia, não tereis verdadeiramente o direito de dizer-vos civilizados senão quando de vossa sociedade houverdes banido os vícios que a desonram e quando viverdes como irmãos, praticando a caridade cristã. Até então, sereis apenas povos esclarecidos, que hão percorrido a primeira fase da civilização."

Homens civilizados, na acepção integral da palavra, são aqueles que integram moral e inteligência a serviço do bem de todos.

A moralização do planeta é condição essencial para que se instale a Era da Regeneração.

— Esses dados deveriam ser os primeiros a ser revelados ao plano físico! – intercedeu doutor Inácio. — Somente estando por aqui para se ter noção do significado de uma tarefa de intercâmbio nesse cenário de lutas globais.

— Exatamente, Inácio. Esse é um foco importantíssimo!

— Volto a insistir...

— Lá vem o cabeça-dura! – descontraiu dona Modesta.

— Você já sabe, Modesta...

— Claro que sim! Você adoraria dar notícias sobre os infernos.

— Que sabem os espíritas sobre dragões, as sete organizações do mal, a origem de Lúcifer, a influência das falanges perversas na raiz do mal? Que noções possuem sobre a antropologia da maldade organizada no planeta? Será que já ouviram sobre as escórias, o vampirismo assistido e os vibriões? Quem revelou algo sobre os sete vales da perversidade e o cinturão vibratório que agasalha a humanidade? Quantos conhecem sobre as relações entre religião e as ordenações das hostes do mal? Quais informações possuem sobre a vida social nessa semicivilização? Que conhecem além do umbral?

— E acreditariam? – aparteou o professor.

— Certamente teriam dificuldade. Se eu mesmo, estando aqui, ainda me assusto com o que vejo, que se dirá no plano físico! Apesar disso, a hora chegou e estamos convocados a novos procedimentos.

— Inácio tem razão, professor! Eurípedes referiu-se à Parábola das Bodas. Não podemos pensar naqueles que são considerados os aprovadores da pureza doutrinária se desejamos servir ao Cristo. Se nossos propósitos forem honestos e consistentes, serão ouvidos pelas almas livres de amarras culturais e dispostas a dilatar sua visão espiritual. Só não podemos ser ingênuos – concluiu dona Modesta.

— Nossa coragem não pode ser ingênua! Nisso concordo – completou doutor Inácio.

— E o professor, o que pensa?

— Realmente compete-nos informar sobre a extensão do mal para chamar os homens a dimensionar o serviço que nos aguarda. Entretanto, haveremos, igualmente, de noticiar sobre as medidas salvadoras do bem a fim de incentivar o otimismo.

O excremento mental de expressiva parcela da humanidade, decorrente de hábitos primitivos e de atitudes perversas, contamina a psicosfera terrena com espessa nuvem bacteriana capaz de provocar desequilíbrios de variados matizes.

Organizações que envelheceram nas técnicas do mal e da sordidez, da crueldade e da inteligência que incita à guerra, mais que nunca, agitam seus "bastonetes de ódio" contra as felizes investidas do Mais Alto em seus túmulos de maldade.

Essa matéria mental, por si só, representa pesado ônus para o psiquismo humano, que, para se ver livre de seu contágio, carece de severo regime de asseio nos pensamentos, nos costumes, na oração defensiva, na meditação e na ação benfazeja.

Estamos todos, sem exceção, a serviço do programa regenerativo da humanidade, planejado pelo Cristo para a instauração da Era do Espírito na Terra.

Os corações apaixonados pelos interesses maiores assumem espontâneos retornos à vida material no desafio dos testemunhos. Outros tantos, que já se encontram nos ofícios de espiritualização, são convidados a trabalhar pela escória das trevas em ambos os planos de vida.

Uma encarnação nesse clímax vale por mais duas, considerando o aproveitamento que se fará.

Essa é a mensagem contida no Evangelho quanto aos trabalhadores da última hora, que recebem salário igual, mas que suam com mais intensidade no esforço ativo de seus membros no trabalho árduo.

Quem desdenhar semelhante quadro aqui apresentado por nós, certamente estará optando pela ilusão que prefere nos tirar a chance de enxergar e vislumbrar o desafio mais difícil e doloroso, em detrimento das fileiras confortáveis de labor, assemelhando-se ao lavrador que, pretextando prudência, não sai ao sol, nem vai aos campos, aguardando farta colheita de frutos somente porque tem em seus celeiros os divinos grãos do espiritismo.

Mensagens como essas ainda não devem ser dirigidas a uma comunidade que não se sente sensibilizada por trocar horas de lazer pela edificação moral. Se muitos aprendizes ainda vacilam em acreditar que as trevas podem, com grande mestria, reencarnar os verdugos do vício e da vaidade, como acreditarão em propostas voltadas para o sacrifício e o desprendimento? Se muitos médiuns ainda vacilam em deixar seus prazeres de fim de semana, como receberão semelhantes notícias?

Certamente, nesses casos, os velhos chavões funcionarão como escape e justificativa: Por que mensagens tão desastrosas quando o espiritismo deve confortar? Por que notícias tão tristes quando a função da Boa Nova é dar a boa notícia? Outros mais dirão: A que pode nos conduzir essas ideias senão ao medo e ao terror? Ainda outros vão questionar: Com que fim algum espírito do bem trataria desses assuntos?

As perguntas se multiplicarão, embaladas pelo desculpismo e pela invigilância dos que se acostumaram aos regimes de "dever cumprido" no limite das folgas.

Contudo, aos que destinamos essa convocação em regime de urgência será pedido muito equilíbrio ante o medo de dar novos passos e a prudência que, nós próprios, os conclamamos para não se perderem nos labirintos da fascinação e do fanatismo.

— Tomaremos, portanto, medidas no intuito de apressar a formação de novos horizontes para os trabalhadores espíritas no que diz respeito à mediunidade. Que cada qual reúna sua equipe e defina os passos – arrematou dona Modesta.

"

Uma encarnação nesse clímax vale por mais duas, considerando o aproveitamento que se fará. Essa é a mensagem contida no Evangelho quanto aos trabalhadores da última hora, que recebem salário igual, mas que suam com mais intensidade no esforço ativo de seus membros no trabalho árduo.

"

04
Novos Colaboradores

"Aliás, que importam algumas dissidências, mais de forma que de fundo!

Notai que os princípios fundamentais são os mesmos por toda parte vos hão de unir num pensamento comum: o amor de Deus e a prática do bem."

O livro dos espíritos, conclusão, item 9.

Era chegado o momento de levarmos ao mundo físico um novo conjunto de reflexões acerca das relações interdimensionais. Todas as atividades do Hospital, especialmente as alas destinadas a médiuns e dirigentes, passariam por avaliações profundas no intuito de melhor atenderem aos desígnios dos Planos Maiores. Entre nós, os desencarnados, havia muito a ser feito.

No dia posterior à palestra, reunimo-nos com o professor Cícero Pereira. Discutimos algumas medidas para as tarefas de rotina junto ao pavilhão dos dirigentes espíritas. Seria de bom proveito ampliar o raio das discussões, oferecendo maior liberdade aos recém-ingressos no Hospital. Suas impressões, ainda carregadas do teor das ideias geradas no plano físico, constituem farto material educativo.

Nas atividades matinais, cujo objetivo é realizar o processo gradativo de adaptação e desilusão após o desencarne, reunimos pequeno grupo de líderes espíritas recém-chegados e passamos ao labor. O professor Cícero fez breve resumo da palestra Atitudes de Amor, de Bezerra de Menezes, passando, em seguida, a debater a seguinte questão: Que dizer aos amigos encarnados no campo de trabalho espírita sobre imortalidade neste momento de transição?

Uma servidora consciente destacou:

— Professor, de minha parte, creio ser urgente deixar claro aos companheiros reencarnados o significado do período de maioridade no qual adentra o Espiritismo, conforme a fala amável de Bezerra de Menezes. Como sabemos, muitos idealistas ainda estão subjugados por noções ilusórias acerca da expansão das ideias espíritas. Muitos chegam mesmo a ponto de acreditar que toda a humanidade se tornará espírita. Não concebem a urgência de o centro espírita se deslocar para os meios sociais em regime de participação e responsabilidade social. Em vez disso, aguardam a sociedade bater às portas dos núcleos de amor.

— Concordo! – asseverou um colaborador. — A palestra de Bezerra, sem dúvida, é um marco na história do movimento espírita de ambos os planos. Será oportuno aos homens encarnados saber que o Espírito Verdade continua com um programa bem definido para o futuro da doutrina.

— De minha parte – atalhou outro integrante do grupo –, além dos dados preciosos sobre a fala do benfeitor, creio que devemos mostrar aos amigos de doutrina os efeitos da negligência e do descaso com os recursos concedidos pela Divina Providência. Raros de nós escapam dessa aferição.

— Permita-me discordar! – disse um dos integrantes que fora presidente de centro espírita por 46 anos consecutivos. — Para mim, a melhor advertência destina-se ao problema dos cargos. Quem sabe um estudo sobre o poder e o apego?

As falas multiplicavam-se conforme as visões pessoais quando o professor, inspiradamente, ofertou-nos precioso foco condutor das ideias.

—Amigos, inegavelmente todas essas propostas são valiosas. Podemos utilizá-las com enfoque mais abrangente e profundo.

— Como? – interrogou o jovem Lisandro, trabalhador da cidade do Rio de Janeiro, recém-chegado ao Hospital.

— Convém-nos usar as vivências pessoais sempre em função da obra do Cristo, e não apenas para noticiar efeitos de nossos desacertos ou transmitir informes reveladores ao mundo terreno.

Lisandro, não satisfeito, voltou a se expressar:

— Explique melhor, professor!

— Nossos equívocos são diferentes quanto à forma, entretanto, quase sempre trazem origens morais similares. Seria oportuno adequar todas as ideias expostas a um tema geral que auxiliasse mais claramente na identificação das causas das lutas humanas. Assim contribuímos para a formação de uma coletividade espírita mais ativa e consciente de seus deveres sociais e humanitários.

Existe um velho tema que merece toda a atenção dos trabalhadores do Cristo. A mensagem do Evangelho, em todos os tempos, vem sofrendo o golpe dos "inimigos do Cristo", que obscurecem a verdade. O objetivo deles sempre foi reter a Terra na ignorância sobre as luzes espirituais como sendo a mais eficaz estratégia de domínio.

— E qual tema é esse? – insistiu Lisandro.

— As nuances da imortalidade. É hora de rasgar o véu, tornar conhecido o plano espiritual. Mostrá-lo como ele é. Ajudar nossos companheiros no corpo a entender a vida dos espíritos sem o dogmatismo com o qual ainda teimam em pintá-la, com as cores dos velhos condicionamentos religiosos. É comum ouvirmos os espíritas dizer que o plano terreno é uma cópia daqui. Apesar disso, com raras exceções, ainda enxergam o mundo espiritual através das lentes das tradições religiosas. Torna-se urgente eliminar os mitos acerca da erraticidade e desmistificar a realidade das esferas evolutivas vizinhas à vida material. Os adversários da causa sabem que não podem mais esconder a imortalidade da alma, porém, trabalham muito para tentar turvá-la e subjugá-la a malfadados regimes de ameaças e penitências do céu e do inferno, agora conhecidos, por lá, como umbral e Nosso Lar, desde o surgimento da literatura mediúnica subsidiária.

O professor mal terminou sua fala e foi interrompido por um doutrinador de grande cidade do Estado de Goiás. Visivelmente incomodado, embora sincero, assim pronunciou Marcondes:

— Estará o meu irmão fazendo uma crítica velada às obras de André Luiz, que explicam em detalhes o plano espiritual?

— Não se trata de crítica, Marcondes. Você está chegando agora ao nosso plano e, tanto como nós, verá que muito temos a aprender e a repensar sobre as noções trazidas da vida física acerca do plano espiritual.

Comumente, carregamos para cá conceitos e pontos de vista individuais talhados pela cultura da comunidade doutrinária. Tudo muito natural! No entanto, o meu amigo terá tempo bastante para descobrir que o farto material sobre vida imortal destinado aos homens por André Luiz representa minúsculo grão de areia na praia infinita das verdades espirituais.

— Essa colocação é um reducionismo ao nobre guia! Que autoridade tem o senhor para essa afirmativa sobre ensinos tão completos?! – desabafou o dirigente.

— Reducionismo em que sentido?

— O senhor, dessa forma, diminui o significado da excelsa obra mediúnica de Chico Xavier. Para mim, essas obras constituem a quarta revelação. Que mais precisa um homem saber além dos ensinos enviados por André Luiz? Além do mais, quem pode questionar a literatura do médium Xavier?

— Não tenciono diminuir. A excelência desse nobre guia se manterá para a eternidade. Ele próprio, todavia, nunca assumiu, assim como seu medianeiro, a condição popularizada de nunca cometer erros ou se enganar. Se encontrar por aqui com André Luiz, verá que ele mesmo gostaria de complementar seus apontamentos, alguns deles atualizados pela ciência. Suas percepções, irmão querido, ainda estão marcadas pela natural influência de acanhadas impressões da cultura terrena. Os livros desse mensageiro são como capítulos bem escritos no grande livro da verdade. Muitos capítulos os antecedem e vários outros o sucederão. Teremos a quinta, a sétima, a milionésima revelação e ainda haverá o que ser revelado. Quanto a questionar médiuns e os frutos de sua lavra, é questão merecedora, igualmente, de muitas considerações. Nesse campo, infelizmente, ora os homens têm sido ingratos e antifraternos, ora idólatras e crentes demais.

— Com o conteúdo desses livros, temos material para quatro reencarnações ou mais. Então, que ideia é essa de enviar mais novidades mediúnicas? Com qual finalidade? – falou o líder, já com certo grau de irritabilidade.

— Sem dúvida, essa série mediúnica será material para muitas encarnações, se estivermos falando do fundo moral que as compõe. Entretanto, meu companheiro, com referência a novidades e revelações, André Luiz ainda tem, ele próprio, muito a dizer em acréscimo ao que já escreveu. Parece-nos, infelizmente, que os médiuns se sentem indignos de sua companhia. Eis um dos problemas muito explorados pelas trevas. Os núcleos do amor cristão no planeta precisam tomar consciência dessa ocorrência. Urge rasgar véus...

— Estaria, porventura, afirmando que existem outros médiuns em condições de receber André Luiz pela mediunidade?

— E por que não? Não só André Luiz, mas todo o céu está à procura da Terra. É de se lamentar a crença difundida entre os médiuns espíritas sobre a distância na qual se encontram os bons espíritos. Mais sofrível, ainda, é o conceito que possuem sobre mentores espirituais e espíritos superiores, como se fossem espíritos eleitos e infalíveis, vestidas de túnicas brilhantes, com linguagem empolada, as quais só seriam vistas, sentidas ou entendidas quando os médiuns vencessem todos os seus vícios e se tornassem criaturas virtuosas. Os opositores desencarnados não conseguiram impedir a difusão das ideias doutrinárias, todavia, causaram-lhe extrema deturpação, atrasando, sobremaneira, o alcance da maioridade do Espiritismo e a maturidade dos espíritas. É de todos os tempos essa cultura de inferioridade. Muito agrada aos líderes da perversidade a ideia de que o Cristo e seus enviados estejam muito distantes das nossas necessidades, inatingíveis por criaturas como nós. Com essa cultura da indignidade, atingiram alvos fundamentais.

Evidentemente, será mais difícil para André Luiz obter os resultados excepcionais por intermédio do médium que não saiba conjugar os verbos servir e aprender, acrescidos da atitude do sacrifício. O problema não é a suposta distância na qual estejam os espíritos sublimes em relação aos homens, e sim a atitude enfermiça de apatia que preferem manter os homens relativamente aos espíritos sublimes. Eis a razão de se rasgar o véu e apresentar, aos nossos parceiros de causa, o mundo espiritual despido de inverdades alimentadas pela obsessão da ignorância e do preconceito que ainda carregam. É urgente levar-lhes a mensagem de que as esferas de vida imediatas à morte não são tão diversas quanto se imagina, na qual os efeitos de nossas ações se prolongam natural e claramente em regime de continuidade. Bilhões de espíritos de nosso plano vivem como se na Terra estivessem. Ainda há muito a ser dito sobre essa interação interdimensional.

— É difícil acreditar que seja dessa maneira. Prefiro não ouvir mais nada. Não foi nada disso que aprendi nos livros confiáveis da doutrina... Gostaria de me retirar da reunião, Ermance! Posso?

— O meu irmão é livre para retornar ao seu quarto. Seria melhor ficar e acompanhar o desfecho de nosso encontro. Depois falaremos em particular. Faz parte de seu novo aprendizado.

— Não sei se devo continuar a escutar essas inovações, pois tenho minhas próprias visões. Minha formação doutrinária não condiz com essa linha excessivamente inovadora. Depois de servir ao Espiritismo por tantos anos, já começo a me decepcionar com o ato da morte. Desde quando cheguei aqui, nada é como esperava – externou o dirigente com um mal súbito. — Amiga, não sei se quero aprender ouvindo o que não agrada a mim! Creio não merecer isso depois de tanta luta no corpo.

— Sim, compreendo seu desgosto!

Para corações como Marcondes, é muito constrangedor despir-se de preconceitos enraizados no mundo físico, simplesmente em razão de não se adequar ao dinamismo da troca e da abertura mental para reciclar as concepções e posturas. Ele foi um bom homem, no entanto, descuidou da edificação do reino espiritual em seu sentimento, restringindo-se a manter grande volume de informações cerebrais, o que lhe dificulta a adaptação após o desencarne. Elegeu o conhecimento como sinônimo de autoridade e, em verdade, mesmo dizendo ouvir a todos, preferiu sempre seus pontos de vista pessoais. A morte, no entanto, convida-o a ter de ouvir o que deve, por não querer ouvir o que precisava quando na vida corporal.

Refeito o mal-estar, que quase se instalou entre todos, o professor Cícero continuou sua explanação.

— Também tive meus desacertos e compreendo sua indisposição, amigo querido. Faça um esforço para superar, pois quanto mais rápido se lançar a esse trabalho, menos doloroso se tornará o processo da desilusão. E digo mais: bom que sua desilusão comece aqui entre amigos, porque, no meu caso... Aqui no Hospital, cada contato, cada encontro fraterno, cada ocasião se tornará um convite de elevação ao qual o espírito não tem como resistir. Agora que nos libertamos do corpo físico, falta libertarmo-nos de nós mesmos. O meu relato não é uma inovação. São fatos e vivências. O amigo terá chance de presenciar com os próprios olhos. Necessário deixar claro que, quando falo em rasgar o véu, falo de meus próprios fracassos, os quais poderiam ter sido evitados, caso tivesse noções mais claras sobre as célebres questões: De onde viemos? Para onde vamos? O que fazemos no corpo?

Procurando aprender um pouco mais, assim apresentou-se Anita, experiente trabalhadora da oratória:

— Estou aqui há menos de duas semanas. Meu desencarne foi muito doloroso em razão da doença lenta e progressiva. Sinto-me como se tivesse renascido depois da morte, e, mesmo com tão pouco tempo nesse outro lado, já percebi muita coisa que jamais li nos livros mediúnicos. Fico deveras entusiasmada com a iniciativa de levar aos confrades no corpo informações novas sobre os fatos presenciados na vida extrafísica.

— Fico feliz com sua contribuição, Anita! – atalhou o professor. — Nossa tarefa, contudo, não pode se limitar ao mero ato de fazer revelações sobre o que vemos ou a forma como vivemos nesse outro lado da existência. Os espíritas, nesse sentido, já estão demasiadamente enriquecidos de notícias. A revelação deve ser poderosa ferramenta que os auxilie a medir os resultados de nossas escolhas e condutas para além das percepções sensoriais. Sabe-se muito sobre o que ocorre por fora em matéria de morte. Agora é necessário tecer mais considerações sobre seus efeitos em nossa intimidade.

Quando o explanador terminou de falar, Marcondes, imediatamente, levantou-se da cadeira e disse, inconformado:

— Para mim, chega! Com licença. Não quero ouvir tanta distorção da verdade. Deve estar havendo algum problema com vocês. Isso não é Espiritismo, é "achismo", pontos de vista transgressores da pureza doutrinária – e saiu furioso da sala.

Logo após a saída de nosso irmão, outro fato inusitado veio da parte de experiente líder espírita, cujo desencarne tinha se dado havia alguns dias. Assim expressou-se Selena, líder influente em Minas Gerais:

— Perdoem-me, tenho de falar, senão vou explodir! Estou muito decepcionada com tudo o que presenciei aqui. Acreditei que a morte me livraria desse mau humor de alguns espíritas de topete. Minha mente está muito confusa e não gostaria de escutar mais nada. Chego a pensar se não foi uma grande ilusão ser espírita. Com licença, tenho de repousar.

Outros encontros que fizemos com várias pequenas equipes de recém-desencarnados trouxeram farto material para pensar. Presenciamos muitos comportamentos agressivos e arrogantes e, poucas vezes, algumas expressões de alegria e cooperação com a tarefa em curso. Entretanto, nada constituía obstáculo ou aflição para nós. Era uma rotina nos inúmeros serviços de adaptação e aprimoramento. Em verdade, tais ocasiões revestiam-se de valores para todos e, para alguns, era o início de um despertamento longo e doloroso.

Ouvir a palavra daqueles que chegavam ao nosso plano, ainda tomados pelas ilusões mundanas, revestia-se do valoroso aprendizado de contextualizar nossa linguagem de espíritos à linguagem dos homens, dando o colorido mais próximo da realidade terrena quando nos serviços da escrita mediúnica.

Ante as reações de Marcondes e Selena, a fala fraterna de Eurípedes na noite anterior ecoava em nossa lembrança. Quanto a ser feito pela criação de polos genuinamente cristãos de serviço e amor! Quanto a realizar para definirmos nossas relações de concórdia em torno do amor a Deus e da prática do bem!

Nossos irmãos seriam convidados a encontros particulares para o dia posterior.

05
Primeiras Entrevistas

*"O orgulho vos induz a julgar-vos mais do que sois;
a não suportardes uma comparação que vos possa
rebaixar; a vos considerardes, ao contrário, tão acima
dos vossos irmãos, quer em espírito, quer em posição
social, quer mesmo em vantagens pessoais, que o
menor paralelo vos irrita e aborrece."*

Um Espírito protetor. (Bordéus, 1863.)
O Evangelho segundo o Espiritismo, capítulo 9, item 9.

Logo pela manhã, no dia seguinte, solicitamos a presença de Marcondes em nossa sala. Ao chegar, o dirigente cumprimentou-nos:

— Bom dia!

— Como está, Marcondes? – respondeu o professor com amabilidade.

— Estou confuso e insatisfeito!

— Por qual razão? – indagou o professor. — Tem algo a ver com a reunião de ontem?

— Não só por isso. Tenho sido tratado como se algo grave houvesse ocorrido comigo. Medicações, repouso, pouca atividade. De fato, passo por uma zonzeira inexplicável. Os incômodos da doença pela qual desencarnei não cessaram integralmente, mas exigirão tantos cuidados médicos?

— É temporário! Trata-se de adaptação gradativa.

— Já são três semanas e nada!

— Têm lhe faltado carinho e atenção por parte de nossos colaboradores?

— Não.

— Então do que se queixa?

— Não queria ser tão paparicado assim, queria mesmo trabalhar. Quando poderei usar minha experiência doutrinária?

— Qual experiência, Marcondes?

— O senhor tem informações sobre minha bagagem com doutrinação de espíritos?

— Sei que foi muito dedicado.

— Pois saiba que tenho 45 anos de vivência! Espero, com isso, merecer dar continuidade a meus ofícios neste plano – expressou-se com evidente prepotência.

— O que gostaria de fazer com sua bagagem? – indagou o professor, habituado a utilizar desse expediente devido aos efeitos psicológicos positivos sobre o recém-desencarnado.

— Ingressar nos abismos e conhecer de perto essas criaturas que sempre doutrinei. Poder continuar a libertá-las dessas regiões infelizes.

— Muito nobre seu anseio. Creio, porém, que antes disso terá longos estágios.

— Estágios? Gostaria de partir agora mesmo para os abismos e trabalhar. Afinal de contas, 45 anos não são 45 dias!

— Marcondes, costumamos usar a simbologia de uma árvore para explicar a questão dos atendimentos aos sofredores desencarnados. A copa da árvore trata-se dos espíritos tombados pela culpa, comandados pelos exploradores espirituais. Os galhos e o tronco são os hipnotizadores e dominadores de todo porte, organizadores de falanges e grupos do mal. As raízes são a origem da maldade no mundo, os corações endurecidos pela perversidade.

— Lutei com todos eles durante essas décadas!

— Equívoco de sua parte, Marcondes!

— Equívoco? – indagou contrariado.

— Você nem sequer atingiu a copa da árvore. Nunca esteve com nenhum espírito dos abismos. Pelo menos na doutrinação.

— O senhor deve estar caçoando, professor Cícero. Não é esse o seu nome?

— Sim, é esse mesmo o meu nome e não estou caçoando, estou afirmando. Você ainda vai conhecer alguém no Hospital que realmente caçoa – olhamo-nos, o professor e eu, por saber a quem ele se referia.

— Com base em que faz essas afirmações? Quem teria autoridade para afirmar isso sobre minha tarefa exercida com amor?

— Seu tutor espiritual.

— Meu tutor?!

— Veja com seus próprios olhos nas anotações contidas aqui nesta ficha de suas tarefas doutrinárias.

O professor passou às mãos do dirigente para que ele mesmo pudesse lê-las.

— Não posso acreditar nisso! – exclamou depois de breve leitura.

— É a pura verdade! Devolva-me a ficha, por favor.

— Que mentor é esse que nem se dignou a se apresentar depois de vários dias por aqui? Qualquer um poderia ter feito essas anotações. Isto tudo é muito estranho para mim! Por que não me lembro do passado? Conforme o que aprendi nos livros, ao largar o corpo, passaria por uma regressão! Quando ocorrerá?

— Você teve. Apenas não se lembra. Sofre de amnésia intermitente.

— Tenho esquecido muitas coisas, realmente.

— Será assim por mais alguns dias. Bem, vamos encerrando nossa entrevista! Nosso tempo se esgotou por hoje!

— Mas eu ainda tenho infinitas questões a tratar! Muitas dúvidas. Por que só agora me chamam para uma entrevista?

— Lamento, Marcondes. Nossas entrevistas não excedem dez minutos. Você será encaminhado à ala específica sob os cuidados de excelente cooperador. Começará amanhã bem cedo. Suas dúvidas devem ser encaminhadas a ele. Tomaremos as providências.

O dirigente não manifestou entusiasmo com nossa atitude. Saiu taciturno e sem despedir-se. Selena, que já aguardava lá fora, entrou sorridente.

— Olá, Ermance! Como vai, professor?

— Vejo que está feliz, Selena!

— Estou começando a gostar deste lugar. Pude sentir, nesta manhã, uma incomparável sensação de liberdade do corpo físico.

— Boa notícia, querida amiga! O nosso irmão Cícero vai conduzir sua primeira entrevista.

— Que alegria poder estar com o senhor! Em Minas Gerais, seu nome é sempre lembrado.

— Felicita-me a lembrança – externou sempre humilde.
— Quer nos falar sobre sua trajetória espírita?

— Com prazer! Presidi o Centro Espírita Paulo e Estêvão por mais de três décadas com muita devoção. Para falar a verdade, não assumi essa missão por vontade própria. Ninguém queria se empenhar quanto exigia a tarefa.

— Que avaliação tem você de sua participação nesses 30 anos?

— Muito positiva. Realizamos muito. No início, foi bastante tumultuado, até percebermos que nosso problema era a mediunidade. Tomamos algumas medidas corajosas, e o resultado vocês devem conhecer.

— Como você acredita que ficará a instituição agora, depois de sua passagem?

— O senhor tocou em um ponto que me preocupa. Meu pensamento é assaltado por ideias que desconheço a origem. Sinto-me insegura em relação ao que ocorrerá por lá. Angélica, meu braço direito na tarefa, é uma mulher muito depressiva e temerosa. Certamente, será minha substituta na diretoria, no entanto, apesar de tê-la orientado, não sei o que poderá ocorrer.

— Você gostaria de presenciar a reunião de diretoria que ocorrerá dentro de algumas semanas, na qual decidirão o futuro do centro?

— Adoraria! Será que suporto? Ainda tenho algumas dores no peito. O senhor sabe, o coração me demitiu da matéria. Será possível, professor, essa alegria?

— E por que não? Sua liberdade mental permite-lhe tal oportunidade sem maiores dificuldades. Quanto às dores, creio que haverá tratamento para o seu caso.

— Se é assim, não vejo a hora!

— Ficamos, então, combinados, minha filha. Vamos avisá-la na hora adequada. Tomaremos as providências para a visitação.

— E o movimento espírita, Selena?

— Nem me fale em movimento, professor! Afastei deliberadamente nossa casa dos conflitos da unificação.

— Por quê?

— Muita falsidade e pouca utilidade. Quando paramos de nos envolver com essas questões administrativas de movimento, nossa casa passou a produzir mais e todos nós ficamos mais gratificados pelo trabalho.

— Compreendo seus motivos. Teremos tempo para mais detalhes oportunamente.

— Esse assunto não me encanta nem um pouco!

— Quero aproveitar para me desculpar com vocês dois. Ontem fiquei muito chateada com aquela reunião. Como disse, tenho aversão a esses espíritas arrogantes que acham que podem controlar tudo. Jamais imaginei que os encontraria depois da morte. Deparei-me com o tal senhor – referindo-se a Marcondes – aí fora, e ele nem sequer me cumprimentou.

— Essa a razão de nossas discussões, Selena. Rasgar véus significa deixar mais claro aos homens os acontecimentos que cercam a morte. Analisar as lutas que carregamos para cá.

— Tenho deparado com muitas surpresas neste Hospital. Começo a compreender a razão de notícias detalhadas ao mundo físico sobre a situação dos espíritas depois da morte.

— Muito bem! Por hoje é só. Apresente-se bem cedo, amanhã, em sua nova ala de serviços preparatórios.

— Obrigada, professor. Obrigada, Ermance. Sinto-me muito bem entre vocês!

— A alegria é nossa, minha filha. Jesus a abençoe nos novos passos.

Selena e Marcondes seguiam a trajetória da grande maioria nos serviços de adaptação. Novas e mais profundas experiências os aguardavam. A nova ala de serviços seria o ponto de partida deles para vastas novidades e aprendizado.

06
Encontro com Inácio Ferreira

> *"Os Espíritos que conosco simpatizam atuam em cumprimento de missão?*
>
> *Não raro, desempenham missão temporária; porém, as mais das vezes, são apenas atraídos pela identidade de pensamentos e sentimentos, assim para o bem como para o mal."*

O livro dos espíritos, questão 513.

Ambos os dirigentes chegaram na hora prevista, acompanhados dos auxiliares de suas respectivas alas. Ao se avistarem, destacou-se nítida indisposição de Selena em relação a Marcondes. Ambos compartilhariam a tutela do mesmo orientador.

Era um consultório simples e bem arejado, com largas janelas, das quais se viam exuberantes flamboyants nos jardins bem cuidados do Hospital. Professor Cícero, que aguardava na antessala, convidou-os:

— Venham! Quero lhes apresentar o doutor Inácio Ferreira.

— Aquele de Uberaba? – perguntou Selena, espontaneamente.

— É ele mesmo.

— Vejo que temos muitos mineiros aqui! – referiu-se Selena às origens do professor.

— Mais do que você imagina!

Batemos à porta e fomos atendidos pelo coordenador daquela ala.

— Doutor Inácio, estes são os novos estudantes.

— Alegria em recebê-los. Já os aguardava. Venham, vamos nos acomodar!

Assentamos em algumas poltronas dispostas em círculo.

— Meu nome é Inácio Ferreira. Na prática, sou chamado de doutor Inácio. Temos, sob nossa responsabilidade, esta ala destinada a médiuns e doentes de natureza psíquica. Estive lendo a ficha dos amigos e, se desejarem fazer algum questionamento...

— Eu quero – respondeu Marcondes, antes que doutor Inácio terminasse sua fala.

— Fique à vontade!

— O que faço neste Hospital? Não deveria estar em alguma colônia em tarefa? – expressou com severidade e rancor.

— Aqui é um sanatório, companheiro!

— Eu sei disso.

— Se o senhor sabe, então deveria saber também a razão de sua presença aqui – utilizou-se o médico uberabense da franqueza como recurso educativo.

— Ninguém me notificou nada até este momento. Como poderia saber?

— É fácil deduzir. O que é um sanatório, Marcondes, senão um local para recuperar a sanidade? Aqui todos estão em recuperação da saúde mental.

O paciente não gostou do que ouviu.

Selena observava o diálogo com certo constrangimento. O professor e eu, habituados a semelhante cena, mantínhamo-nos na certeza de que se aproximava um momento delicado.

— Recuperando de quê, doutor Inácio? Porventura me confundem aqui com algum doente da cabeça?

— O senhor vai descobrir por si mesmo.

— O senhor quer me ofender?

— Por enquanto, não.

— Mas não é o senhor que é médico aqui?

— Até que me demitam!

— Então, por que não fala o que ocorre? Que espécie de médico é o senhor?

— Façamos desta forma: eu vou lhe fazer algumas perguntas no intuito de auxiliá-lo.

— Está bem! Comece.

— Como o senhor se sente em relação à sua experiência reencarnatória?

— Como um vitorioso. Cumpri minha missão.

— Qual missão?

— Suportei médiuns indisciplinados, espíritos renitentes e cooperadores vacilantes durante mais de quatro décadas.

— Em seu trajeto, ao longo desse tempo, aconteceu muita rotatividade em suas atividades?

— Sempre! Sabe como são as pessoas, não é mesmo?! Houve muita deserção.

— Sei! E a que o senhor atribui esse giro contínuo de trabalhadores e tantas deserções?

— Pura falta de vigilância.

— E se eu lhe dissesse que muitos deles, em verdade, não o suportavam. Vai acreditar em mim?

— Absolutamente, não!

— Não é o que consta em sua ficha.

— Esta ficha novamente! – e olhou com desagrado para o professor que acompanhava o diálogo.

— Aqui constam várias anotações sobre resultados infelizes de suas atitudes arrogantes, afastando excelentes trabalhadores.

— Arrogância? Então ser convicto e determinado é ser arrogante? Era só o que me faltava! Até no plano espiritual vou ter pendengas e críticas!

— Quer ler as anotações de seu mentor?

— Quem é essa criatura que nem sequer se apresenta pessoalmente para falar o que pensa sobre mim?! Que mentor é esse? Será que esse mentor ignorado não anotou nada de bom sobre mim?

O dirigente mostrava-se visivelmente alterado.

— Claro, Marcondes! Claro que sim! Existem muitos valores destacados em sua folha espiritual.

— Por que, então, esse enfoque pessimista?

— Mudemos um pouco o assunto! Fale-me algo sobre sua família e sua vida privada.

— Família? Vida privada?

— Lembra-se de Eulália?

— Mas isso é um interrogatório policial ou que é isso? Quero... – e alterou-se por completo.

Quando desejava continuar a extravasar, Marcondes teve uma crise de vertigem tão forte a ponto de tombar no chão em súbito desmaio. Doutor Inácio e o professor ajoelharam-se para levantá-lo e recostá-lo no sofá. Pedimos agilidade por parte dos enfermeiros no posto de atendimento em sala contígua. Com rapidez, foi levado para o núcleo de urgência. As entrevistas foram interrompidas. Selena voltou ao seu aposento. O episódio era esperado por nós a qualquer instante, e nos destinamos a acompanhar o caso. Portanto, deliberamos algumas medidas previamente acertadas no bloco cirúrgico.

07
Delicada Cirurgia

"Muito variável é o tempo que dura a perturbação que se segue à morte. Pode ser de algumas horas, como também de muitos meses e até de muitos anos. Aqueles que, desde quando ainda viviam na Terra, se identificaram com o estado futuro que os aguardava, são os em quem menos longa ela é, porque esses compreendem imediatamente a posição em que se encontram."

O livro dos espíritos, questão 165.

A ação eficiente dos enfermeiros durante o transporte de Marcondes não o poupou de dores intensas. Embora em estado de inconsciência passageira, ele se contorcia na maca, a caminho do centro de urgência, recordando os quadros comuns de parto iminente nos hospitais terrenos. Atravessamos vários corredores até chegarmos à sala cirúrgica. Empapado em suor e exalando um odor desagradável, foi completamente despido e acomodado na mesa de operações.

Doutor Inácio convocou a presença de dona Maria Modesto Cravo ao bloco. Ele próprio tomaria as medidas de socorro e amparo, em posse de instrumentais avançados, guardando certa similaridade de funções com as pinças e fórceps terrenos. Dona Modesta entrou na sala de forma discreta, já devidamente informada sobre o caso, e oramos em conjunto. Tomamos as vestes adequadas ao momento, e Marcondes foi literalmente anestesiado.

Doutor Inácio colocou a médium uberabense, dona Modesta, com as mãos estendidas sobre a genitália do paciente. Orientada a tocar a bexiga, ouvimos um sonido como se algo vivo se movimentasse por baixo da pele do paciente. As mãos da medianeira funcionavam como se fossem potentes aspiradores de sucção. Serviço lento e de muita concentração. Enquanto isso, doutor Inácio esquadrinhava com profunda atenção a medida em curso. Após dez minutos, uma coloração arroxeada formou-se em torno das mãos de dona Modesta. Uma mutação energética desenvolvia-se com rapidez a ponto de dar liquidez àquela matéria, que começava a escorrer pelas virilhas de Marcondes como uma cera aquecida. A médium acentuou seu poder clarividente e informou que foi um sucesso a operação. Os auxiliares, atentos, limpavam-no com incomparável zelo e respeito. Subitamente, observamos a formação de um enorme inchaço à altura da bexiga urinária. Doutor Inácio assentou dona Modesta em cadeira próxima para recuperar o desgaste, enquanto aplicávamos passes dispersivos em sua aura.

Oramos novamente em conjunto, suplicando o amor paternal em favor de nosso irmão. O silêncio era quase absoluto no bloco operatório. O inchaço atingiu vasta proporção. Com habilidade e demonstrando segurança, foram chamadas duas integrantes da equipe que traziam um recipiente qual um pequeno berço, na proporção de uma caixa de sapatos. Era uma incubadora móvel. Então assistimos a um fenômeno singular. Seria belo não fosse a causa geradora. Com pequeno e certeiro corte na altura da bexiga, como se procedesse a uma cesariana, foi cuspida uma forma ovoide para as mãos de doutor Inácio, como se Marcondes a desalojasse de suas entranhas por ato inconsciente. Era do tamanho e formato de um abacate e de cheiro repugnante. Uma matéria viscosa com coloração esverdeada envolvia todo aquele ser. Para quem olhasse, tornava-se difícil acreditar que um espírito pudesse se encontrar naquelas condições.

Imediatamente acomodada na incubadora, a criatura de aspecto repulsivo foi levada com atitude maternal e sagrada pelas companheiras das alas do subsolo do Hospital. Olhamos para dona Modesta, que deixava escapar algumas lágrimas de alegria. Ela sempre diz que, apesar da dramaticidade da cena, Deus é tão bom que nos faz sentir como se estivéssemos em uma sala de partos, dando vida e luz a espíritos que se iludiram no cadinho das provas. É um parto para a vida, para o recomeço.

O paciente não dava mostras de consciência. Sangrava intensamente. Doutor Inácio tomava as medidas para estancar a hemorragia que, além do líquido, expelia formas de vida não inteligente em condição larvária. Aparelhos de cauterização com recursos naturais e passes de sopro foram usados durante alguns minutos. Logo se constatava que a organização perispirítica de Marcondes, pelo automatismo adquirido nos milênios, cessava o processo de expurgar aquilo que não serviria mais ao objetivo da evolução.

Ao todo, a operação durou 60 minutos. Agradecemos em prece. Logo após, o dirigente, ainda sem consciência, foi transferido para a ala restrita dos pavilhões inferiores no subsolo. Doutor Inácio aparentava exaustão, entretanto, sua vivacidade peculiar ainda se pronunciava com uma ou outra pitada de humor para com todos.

Somente depois de três horas, aproximadamente, nos informaram que nosso irmão havia recobrado os sentidos. A pedido de doutor Inácio, fomos à ala restrita.

Passando pelo corredor repleto de casos iguais ou mais graves, ouvíamos os gritos de dor lancinante. Quando chegamos, o paciente acabara de balbuciar as primeiras palavras.

— O que aconteceu? – falou com dificuldade e lentidão – Quanta dor! Quem é o senhor?

— Aquiete-se, Marcondes. Você acabou de passar por uma delicada intervenção cirúrgica – manifestou doutor Inácio.

— Cirurgia?

— Isso mesmo! Fique tranquilo. Tivemos sucesso integral. Esta é Rosângela, a enfermeira que vai cuidar de você – e apresentou a jovem cristã, devota às fileiras das igrejas evangélicas na Terra.

— E essa dor? Não vai passar?

— Vai ser assim por algumas horas. Mas tenha certeza de que não será como a dor que teve no corpo físico.

— Corpo físico? Então eu já morri?

O estado de confusão do paciente era imenso.

— Depois falamos. Procure se aquietar.

Saímos e deixamos o paciente a cargo de Rosângela e alguns médicos da ala restrita.

A ala restrita do Hospital Esperança abriga casos gravíssimos de espíritos com extremo apego às sensações físicas ou recém-resgatadas de vales e regiões abismais. São três andares de subsolo, que chegam a estabelecer elos muito próximos com as vibrações terrenas. São macas e alojamentos adequados a casos de delírios e estados mentais de desequilíbrio intenso. A atmosfera ambiente, até mesmo para os trabalhadores do Hospital, é de difícil absorção. As luzes são apropriadas aos casos em tratamento. Cada ambiente é devidamente acústico, em face dos gritos ou gemidos em altos brados, que tornaria impossível o êxito da recuperação; é também arejado o suficiente para impedir as conhecidas contaminações viróticas que ocorrem com frequência nesses estágios de dor.

Após mais algumas horas, em plena noite, doutor Inácio foi chamado pelo interfone na sua mesa:

— Doutor Inácio! É Rosângela quem fala! Marcondes iniciou um intenso processo de purgação pela região do umbigo. Devemos utilizar os aparelhos de absorção induzida?

— Rosângela, o que dizem os médicos da ala?

— Eles aconselharam a esperar mais algum tempo. No entanto, Marcondes está com as lembranças do passado em estado muito acentuado. Não para de pronunciar o nome Eulália e já esteve em várias fases de sua vida pregressa.

— Tem febre?

— Muita.

— E o odor?

— O senhor quer saber se atingiu o estágio enxofre?

Rosângela era detentora de excepcional capacidade olfativa e havia feito cursos sobre como reconhecer os estágios de recuperação de tais casos por meio do odor.

— Isso mesmo!

— Começo a sentir, junto aos líquidos em expulsão, um início de mutação gasosa para o enxofre.

— Então tome as providências imediatamente. Peça aos nossos companheiros para provocarem a drenagem e, em seguida, aplicarem elevada dose de morfina homeopática.

— Está bem, doutor Inácio. Logo retorno com outras notícias.

Passadas dezesseis horas da cirurgia, ele apresentou os primeiros sinais de estabilidade. Dormiu sossegado por longo tempo.

08

Novas Motivações

"Sois chamados a estar em contato com espíritos de naturezas diferentes, de caracteres opostos: não choqueis a nenhum daqueles com quem estiverdes."

Um Espírito Protetor. (Bordéus, 1863.)
O Evangelho segundo o Espiritismo, capítulo 17, item 10.

Dois dias depois, Marcondes encontrava-se lúcido. Não precisava de cuidados especiais. Rosângela já não estava mais ao seu lado. Doutor Inácio passou para uma avaliação de rotina e, como de hábito, cumprimentou com graça e inspiração animadora:

— Olá, Marcondes! Vejo que sobreviveu!

— O senhor é o doutor Inácio? – recordou ainda com certa dificuldade.

— Sim, sou eu mesmo em carne e osso, digo, em espírito!

— O que aconteceu comigo, doutor Inácio? Por que me encontro nesta sala sozinho? Porventura, meu câncer não acabou?

— Calma! Vamos por etapa. Não é bem isso. Digamos que a causa do câncer continuava! – e apontou com o indicador a região genital do paciente com várias suturas.

— Mas como pode? Não deixamos as doenças no corpo quando desencarnamos?

— Nem sempre é assim, amigo! Eu mesmo tive um terrível enfisema e estou tossindo até hoje. E veja que já morri há mais de 15 anos.[34]

Como sempre, em tom de humor, o médico uberabense alegrava Marcondes com sua fala descontraída.

— Mas o corpo não é um mata-borrão, como ensina a doutrina?

— O que os espíritas não sabem é que o perispírito é mais mata-borrão que o próprio corpo. Tem até morte por aqui.

— Doutor Inácio!

— Certamente o senhor não acredita, não é mesmo?

— Não li nada a respeito nos livros espíritas.

— Ah, os livros espíritas! Sempre os livros espíritas!

— O que há de errado com eles?

— Não é com eles o problema! Os espíritas estão os transformando em "bíblias sagradas", como se possuíssem a última palavra em matéria de Verdade.

— Tenho opinião divergente da do senhor!

A perspicácia do médico era ilimitada. Divergir significa interessar-se pelo tema. Ele percebia a atração do paciente para o diálogo e via nisso uma terapia. Já o vimos dialogar horas a fio com alguns pacientes que se entretêm com a prosa e esquecem suas dores. Divagar, entreter com assuntos nobres, em algumas situações, tornava-se terapêutico.

---

34 Inácio Ferreira de Oliveira desencarnou em 27 de setembro de 1988.

— Os livros são ótimos, mas as interpretações dos espíritas, com raras exceções, deságuam no religiosismo. Estão sacralizando livros que deveriam ser estudados, meditados e pesquisados. Chamo isso de "dogmatismo psíquico", uma doença incrustada na cabeça da maioria de nós, que peregrinamos pelo igrejismo.

— O que o senhor acha, por exemplo, de André Luiz?

Marcondes lembrou-se da reunião de que participara dias antes no Hospital e desejava voltar ao assunto.

— André Luiz é uma contribuição ímpar. E você, Marcondes, o que pensa de André Luiz?

— Não existe nada melhor para mim! Queria mesmo saber se poderei ler a sua obra aqui na vida espiritual.

— Aqui você terá acesso a livros bem mais completos e reveladores.

— Imagino que devam ser livros bem fiéis à pureza doutrinária, certo?

— Achei que você estava melhorando! – disse, caçoando, o médico.

— Bem que me disseram que acharia alguém que adora caçoar por aqui!

— Minha vida é caçoar e comprazer-me com as diferenças de todos nós! Não se espante!

— O senhor ainda não me respondeu sobre a pureza doutrinária.

— Marcondes, você não está mais no seu mundo espírita imaginário, gestado pelas estreitas concepções dos cinco sentidos. Isto aqui é realidade, e não o que a pureza doutrinária lhe ensinou. Os problemas dos companheiros de ideal com o livro espírita começam exatamente neste tema. O que é puro? O que é Verdade? Quem a pode decretar? Quais os limites da sensatez em matéria de filosofia da imortalidade? Amigo, vou lhe dizer uma verdade sobre a Verdade: os espíritas estão doentes de soberba ao imaginarem que sabem tudo sobre vida espiritual.

— Começo a perceber, doutor Inácio! Começo a perceber! Nisso concordamos – expressou Marcondes, demonstrando alegria.

— Você tem noção de quantas semanas se encontra no Hospital?

— Pouco mais de quatro semanas em meus cálculos. Estou certo?

— Sim, está! Quanta diferença o senhor presenciou aqui que nunca leu nos livros doutrinários?

— Nem sei como responder. Tudo é bem diferente do que imaginei. Quando olho meu corpo e vejo estes curativos, este odor, esta sala, a sua conversa, este Hospital, aquela reunião de debates e outras tantas coisas, começo a pensar que não sabia nada sobre a vida imortal.

— Bom sinal, Marcondes! Bom sinal!

— Doutor Inácio, posso ser franco?!

— Admiro pessoas francas!

— É que passam algumas ideias pela minha cabeça e...

— Fale logo, homem, porque senão vou ler seu pensamento!

— Tem hora que o senhor me deixa dúvidas sobre seu comportamento.

— Em que sentido?

— Nunca conheci um espírita tão franco.

— O senhor quer dizer mal-educado e irônico. Não se acanhe de falar!

— Confundo-o com um mentor, ou um...

— Um capeta? – expressou-se o psiquiatra com seu irremediável bom humor.

— É! É isso mesmo!

— Não tenha dúvidas de que sou! Digamos que sou um "bom capeta"!

— Jamais imaginei um espírita com suas características!

— O que faz o senhor pensar que sou espírita?

— E não é?

— Não! Na minha avaliação sincera, nunca me vi plenamente espírita.

— Então o que o senhor é?

— Alguém à procura de si mesmo. Um sujeito "meio louco"!

Marcondes sorriu prazerosamente, embora com muita limitação.

— Agora vou me retirar. Volto assim que puder para jogarmos uma conversa fora!

—Antes de ir, uma última pergunta: por que gosta tanto das pessoas francas?

— É muito fácil gostar de pessoas iguais à gente. Entendeu?

—Acho que sim! Obrigado, doutor Inácio!

—Agradecer é um ótimo sintoma de melhora. Gostei da atitude. Por isso vou lhe dar um prêmio.

— Prêmio?

— Estarei liberando visitações para você a partir de amanhã. Até!

—Até!

Antes de deixar a ala, o psiquiatra prescreveu algumas medidas para os atendentes no posto. A dor modificara, sensivelmente, o coração do doutrinador. E por um desses caminhos singulares da vida, doutor Inácio, com seu temperamento ímpar, despertava-lhe um sentimento de admiração. Novas motivações começavam a tomar conta de suas emoções. A gratidão e a admiração pelas diferenças alheias constituem excelente recurso de avanço para as criaturas habituadas à arrogância. Marcondes iniciou sua educação emocional sem ter noção abrangente do que significou aquele momento espontâneo de interesse pelas palavras do médico.

09
Ao Encontro de Si Mesmo

"Examinai o que pudestes ter obrado contra Deus, n depois contra o vosso próximo e, finalmente, contra vós mesmos. As respostas vos darão, ou o descaso para a vossa consciência, ou a indicação de um mal que precise ser curado."

Santo Agostinho.
O livro dos espíritos, questão 919/a.

Com pouco mais de quarenta e oito horas após a cirurgia, a cicatrização era completa. Seu estado de ânimo era dos melhores. Reunimo-nos ao professor para visitá-lo. Convidamos Selena para nos acompanhar. O episódio do desmaio havia lhe despertado compaixão em relação ao nosso irmão. Ao longo dos corredores, nas alas restritas, a dirigente mostrou-se assustada e compadecida pelas dores que presenciava. Solicitamos a ela que entregasse alguns lírios ao convalescente, em nome de Eurípedes. Com carinho, ela os ofertou nestes termos:

— Senhor Marcondes, como tem passado?

— Estou bem. Desculpe-me, mas não me recordo quem seja a senhora!

— Sou Selena, uma amiga. Já estivemos juntos em reuniões nesta casa.

— Perdoe-me não ter a lembrança. Ainda estou um pouco confuso.

— Não se preocupe! Tenho aqui este ramalhete de lírios, um presente do senhor Eurípedes, que lhe entrego em nome do professor e de Ermance.

— Eurípedes Barsanulfo?

— Ele mesmo!

O dirigente acolheu as flores ao peito, sensibilizado. Por sua vez, o professor provocou o diálogo.

— Amigo, como está se sentindo?

— Estou me sentido leve como uma pluma e muito emotivo. É como se tivesse me livrado de enorme pressão interna. Não me lembro de ter experimentado este estado íntimo quando na Terra. Começo a me sentir muito só neste quarto. Gostaria de sair desta ala. Andar, conhecer melhor o Hospital. Chega de doença!

— Estamos providenciando algumas medidas nesse sentido. Fique tranquilo.

— Quando poderei saber com mais detalhes o que aconteceu comigo, professor? Doutor Inácio disse-me algo sobre a causa do câncer.

— Você passou por uma cirurgia de extirpação.

— Seria um tumor?

— Não é bem isso. Era a causa matriz de sua enfermidade na próstata.

— Foi bem-sucedida a cirurgia?

— Graças ao exímio cirurgião, tivemos excelentes resultados.

— Quem terá sido esse hábil cirurgião?

— Filmamos nossas cirurgias com fins terapêuticos e educacionais. Tenho permissão para disponibilizá-la ao seu conhecimento. Gostaria?

— Agora mesmo! Seria possível?

— Então, vamos lá!

O professor ligou o sistema de vídeo.

— Apenas peço sua permissão para que Selena acompanhe, já que nós outros estivemos presentes ao ato cirúrgico.

— Não vejo nenhum problema!

Marcondes e todos nós assistimos às cenas atentamente. Selena demonstrou pavor ao ver as mãos arroxeadas de dona Modesta.

Quando foi feita a cisão, ambos impressionaram-se sobremaneira. Finda a amostragem, a mente do dirigente fervilhava de indagações. Todavia, preferiu o velho hábito de opinar sem conhecer para defender-se do sentimento de vergonha.

— Não imaginei que as doutrinações pudessem causar semelhante enfermidade! Acho trágico e injusto, após tantos anos de devoção, ter sido prejudicado dessa forma. Agradeço por me livrarem desse terrível mal.

— Retifique sua visão, caro irmão! – falou o professor com firmeza. — Ter respostas para tudo é um hábito enfermiço de graves proporções. Aprenda a dizer "não sei" e a perguntar com humildade e desejo de aprender. Absolutamente isso não foi resultado do trabalho de amor aos desencarnados.

— Que mais poderia provocar o alojamento desse ser indesejável em minhas entranhas?!

— Nada lhe ocorre na lembrança?

— Não!

Ao responder, Marcondes passou rapidamente o olhar por todos nós. Era perceptível que havia recordado algo grave. Com astúcia psicológica, o professor pediu licença a Selena e a mim, a fim de travar um diálogo íntimo com o paciente. Retiramo-nos da sala para algumas visitações na ala. O doutrinador estava sendo estimulado a tratar de lutas muito árduas e íntimas.

— Seja franco, caro amigo – insistiu Cícero Pereira – você se encontra no mundo da verdade. Chega o instante de olhar-se sem as máscaras enfermiças que costumamos usar para ocultar nossos conflitos. Arranque de si mesmo o sentimento de vergonha e fale sobre seus segredos sem medo. Tenha disposição de trazer à tona as mais secretas revelações de sua vida a bem de sua própria paz. Sua permanência neste leito é sintoma de carência.

— Desculpe, professor, mas os assuntos pessoais lhe dizem respeito e não pretendo nem posso dividi-los com qualquer pessoa. Desculpe-me!

— Marcondes, o mal que guardamos na vida íntima jamais é assunto pessoal, e sim conta coletiva pesada que tentamos pagar sozinhos tão somente em razão da imagem soberba que construímos sobre nós mesmos. O orgulho tem o poder de nos enlouquecer a tal ponto que imaginamos ser melhor a dor do segredo que o alívio da sinceridade e do autoperdão. Fique sabendo, porém, que nosso papel nesta casa corretiva não se restringe à alegria de nos fazermos amigos uns dos outros. Compete-nos o papel de educadores do espírito junto ao extenso leque de necessidades de quantos aqui aportam como enfermos. Sendo assim, se necessário for, contarei eu mesmo o que relata sua ficha reencarnatória, conquanto, a partir de então, seus méritos fiquem diminuídos ante o convite à libertação.

— Porventura, estará me ameaçando, professor?

— Seu entendimento, meu filho, está perturbado pelas lutas e vícios humanos. Na minha posição, não posso mais lhe permitir avançar em direção ao velho homem manipulador e prepotente. Se, na sua cegueira, a minha palavra fraterna representa uma ameaça, então considere-se intimado a dizer a verdade.

— Isso é demais. Jamais imaginei ser tratado desta forma e...

Quando se preparava para continuar sua defesa, o professor falou com determinação:

— Conte-me sobre Eulália e pare de se defender! Liberte-se dessa culpa, meu irmão!

— O que o senhor sabe sobre Eulália?

— Tudo.

— Então por que me pergunta?

— Para que você mesmo descubra a extensão dos reflexos de seus atos em si mesmo.

— Certamente o espírito que chamam de meu mentor anotou isso também na minha ficha!

— Fez parte de seu aprendizado terreno.

— Vocês, realmente, adoram mostrar as nossas faltas por essas paragens.

— Para quem passou a vida inteira tentando fugir, nada mais justo.

— Eu não quero falar sobre o assunto. Onde fica meu livre-arbítrio?

— Seu livre-arbítrio foi cassado, meu filho, desde o momento em que a insanidade formalizada tomou conta de sua vida. Para os que conheceram as verdades espíritas, espera-se o tributo da autenticidade e da honestidade consigo mesmo, sem os quais, dificilmente a criatura conseguirá vencer o velho hábito da ilusão. E a ilusão nada mais é que loucura.

— O senhor me chama de louco?

— Qual de nós não o é? Deixar de seguir o bem e o dever é a maior loucura do homem.

— Pois fique sabendo que me recuso a falar.

— Marcondes, se eu sair desta porta para fora, só retornarei aqui depois de dois dias. Tenho dezenas de casos graves a acompanhar ainda hoje. Sua vida mental, extremamente sensível como se encontra, ficará como uma chaleira prestes a explodir. Mais algumas horas, caso você não a alivie, tenho péssimas previsões para seu quadro, que começa a se estabilizar graças a medidas a que você mesmo acabou de ver no vídeo. Saia desse circuito enquanto é tempo e encoraje-se a dizer o que não gostaria. É para seu próprio bem. As medidas exteriores só terão valor se optar por cuidar de suas feridas interiores.

— O senhor está me forçando! Isso é um desrespeito! É muita pressão! Tenho medo de dizer...

— Por que o medo?

— Que farão comigo, quando eu confessar?

— Nada, amigo! Absolutamente nada será feito por nós. O trabalho é todo seu. Experimente livrar-se dessa culpa que o atormenta. Fale, Marcondes!

— Está bem! Está bem! – manifestou irritado. — Chega de pressão, eu não aguento mais! Isto é pior do que a culpa que sinto!

— Fale!

— Eulália foi minha amante. Minha mulher preferida! Está satisfeito com a confissão?

— Sou seu amigo, e não confessor. Tranquilize-se. – disse o professor com humildade. — Não há razões para ofensa.

— Não há razões? O senhor...

Quando Marcondes preparava uma nova ofensa, o benfeitor cortou sua fala e revelou:

— O ovoide que você viu na fita veio dela, meu filho!

— O ovoide veio dela? De Eulália?

— Sim, veio.

— Pelo amor de Deus! Vamos parar por aqui!

O professor, notando o desejo de fuga da conversa, teceu algumas considerações sobre o caso para despertar interesse. Envolvendo-o afetivamente por meio das informações, acalmou o paciente que, por fim, curioso, mas ainda muito constrangido, solicitou:

— Se assim deve ser, explique-me com detalhes!

— O sentimento de culpa forma um campo vibratório dinâmico e receptivo na criatura. As ações que colidem com nossa consciência, especialmente aquelas que são praticadas em milênios de repetição, consolidam os tumores energéticos na vida mental, que se irradiam por todo o corpo físico e perispiritual em forma de ondas potentes de atração e retenção. Semelhante teor de energias desenvolve o sistema ecológico vibracional do homem, agasalhando formas de vida correspondentes à natureza de suas emissões. A análise microscópica do corpo humano revela bilhões de seres vivendo em regime de coabitação, um autêntico ecossistema na massa corporal. Bactérias e fungos, vírus e milhares de micro-organismos trabalham incessantemente formando uma extensa fauna e flora celulares. O perispírito, igualmente, é um sistema organizado que reflete a vida mental da criatura. Eulália carrega várias formas ovoides em seu útero, que a ela renderam o câncer fulminante. A origem das provas de Eulália está em vidas anteriores, nas sucessivas e impiedosas atitudes abortistas.

— Mas como essa coisa passou para mim, professor?

— Não trate como coisa um espírito nessas condições, meu filho! Os ovoides, a despeito de sua condição repugnante, são seres que um dia amaram e foram amados. A negação da culpa adotada para nos defender dos efeitos de nossos erros cria abscessos energéticos. Você os agasalhou no sistema genital em razão da sublime lei universal de solidariedade.

— Mas eu não pedi isso. Muito injusto! Não fiz nada por mal!

— Não precisa pedir. É cláusula da lei natural. O homem é o único animal pensante, portanto, com capacidade de escolher. Sua escolha, porém, implica igualmente responsabilidade por seus atos. Pode optar pela vida livre ou pelos regimes de escravidão, jungindo-se aos processos retardatários do sofrimento para crescer. Ao decidir-se pelos caminhos em desacordo com a lei divina, está automaticamente assumindo para si mesmo os efeitos naturais de seu arbítrio. Mesmo nos caminhos inferiores da leviandade ou do mal pulsam os estatutos da cooperação iniludível e da evolução em sinergia. Cada criatura, por deliberação consciente ou por injunções decorrentes de sua insanidade, vive em regime de troca e apoio, submetendo-se aos imperativos da natureza.

— Por que não me livrei disso, quer dizer, dessa criatura, com a morte?

— A morte nem sempre é alforria. Muitos morrem, mas não desencarnam. Permanecem com as lutas do corpo. Tudo depende de como vivemos a vida para que a morte seja luz e paz em nossos caminhos. O que são os ovoides e outras tantas expressões das malformações de vida senão irmãos nossos que perderam temporariamente a razão e a consciência? Quem são os corações aviltados pela zoantropia nos pátios infernais, senão espíritos sensíveis que tombaram na culpa? Quais movimentos obedecem às formas vivas não inteligentes acomodadas ao corpo material, senão a atração para a evolução à qual, igualmente, encontram-se submissas? Só mesmo a soberba humana poderia imaginar uma caminhada livre de semelhantes desígnios do crescimento. Evidentemente, o homem, único depositário do pensamento contínuo, é convidado a outro gênero de caminhada, conquanto ainda se posicione como quem prefere os transtornos e obstáculos do instinto, atraindo um contingente de dores voluntárias para si mesmo.

— De que me valeram mais de quatro décadas devotadas à causa espírita? Que sentimento de arrependimento o meu! Então sou um falido? Era essa a conclusão a que o senhor queria que eu chegasse? Qual o tamanho de minha queda?

— Marcondes! Marcondes! Trajetória igual à sua é rara entre nós. Pouco mais de um mês para se libertar de efeitos que costumam exigir séculos de reparação. Você já começa a registrar uma profunda alteração na sensibilidade. O ovoide, em seu caso, era uma manifestação viva do tumor emocional da prepotência e da culpa, um fator de obstrução do afeto. Devido a créditos auferidos no serviço do bem, chegou seu instante de libertação dessa prova voluntária. Existem muitos casos que renascem com o ovoide implantado.

— Foi uma prova voluntária?

— Exatamente. Para Eulália, era um programa previamente acertado para o renascimento. Para você, foi um ônus adicional. Naturalmente obedecendo à lei da causalidade.

— Causalidade?

— Você também tem seus laços com a história de Eulália, conquanto dispusesse de outras alternativas de quitação e não as utilizou.

— Portanto, o câncer que me vitimou foi um suicídio?

— Quase isso! Devido aos seus trabalhos de amor, conseguimos prolongar sua vida até o tempo previsto de sua partida. Contudo, seus últimos vinte anos tão sofridos com a doença poderiam ter sido evitados, caso sua escolha fosse outra.

— Afinal! Sou um falido ou um vitorioso?!

— O que você acha?

— Não sei, professor! Sinceramente não sei de mais nada!

— É assim mesmo, meu bom amigo! Quase sempre, ao ultrapassarmos os portais da morte, mesmo guardando extenso conhecimento espiritual, sentimo-nos sem respostas, sem referências. Somente o tempo responderá a essa indagação. O trabalho e o estudo lhe ensinarão a aferir melhor as sutilezas do templo sagrado de sua consciência. Por agora, acredite que sua situação não é das piores. Apenas isso.

— Ajude-me a entender melhor minha dúvida, por caridade.

— Meu filho, não existe falência, existe resultado, efeito. Sob análise de seu projeto reencarnatório, pode-se afirmar que houve desvio, tamanha a extensão das oportunidades que desperdiçou ou não soube aproveitar. Sob o enfoque das leis divinas, avançou, considerando o passado torpe pertinente à grande maioria de nós. Em síntese, evitou quanto pôde o mal do qual se encontrava avisado, mas não criou todo o bem que poderia. Eis o problema: pura negligência!

Frequentemente, os dramas do arrependimento tardio são adquiridos nos caminhos infelizes da negligência e da indiferença aos deveres conscienciais. Optamos por aceitar os encantadores convites do desejo inferior em prejuízo da oportunidade redentora da superação.

— Estou me sentindo envergonhado!

— Bom começo! Mas não fique nisso. Há muito o que fazer por sua recuperação. Quem converte a vergonha do remorso em humildade aprende a se sentir pequeno sem se punir. Olhe os lírios que Eurípedes lhe endereçou – e apontou para a cabeceira da cama. — Nestas flores há uma mensagem de esperança do apóstolo para sua caminhada.

— Qual é a mensagem, professor Cícero?

— Eurípedes foi chamado por Maria, a Mãe Santíssima, para uma tarefa inigualável em todos os tempos da humanidade. A tarefa de colher os lírios que florescem em pleno pântano. Socorrer os cristãos falidos de todos os segmentos. Ao erguer essa obra de amor, o mensageiro da esperança recebeu uma outorga do Espírito Verdade. Os que conheceram a mensagem de Jesus e não conseguiram, ou desejaram, ser fiéis às determinações de sua consciência, são os espíritos mais atraídos e seduzidos pelos mandatários da perversidade. Utilizando-se dos dramas emocionais da culpa e do desamor a si mesmo, esses destruidores da paz alheia os aprisionam e flagelam sem piedade. A mensagem de nosso diretor é iluminar a vida com esperança em quaisquer condições.

— O senhor me orientará?

— Você está sob responsabilidade de Inácio Ferreira nesta casa. Ele será seu tutor temporário.

— Doutor Inácio! Quem diria! Como quero agradecer-lhe pela cirurgia. Com que carinho me tratou! Ele esteve aqui e nada mencionou sobre o fato de ter sido o cirurgião. Que humildade!

— Amanhã ele virá vê-lo.

— Professor, perdoe minha intransigência! Perdoe-me. Estou confuso.

Marcondes não resistiu ao volume das informações e à ternura de Cícero Pereira, deixando escorrer algumas lágrimas.

— Acalme-se! O choro lhe fará enorme bem. Assuma sua condição de paciente em tratamento e tudo ficará bem.

— O senhor conhece Eulália? – falou o dirigente um pouco refeito em sua fragilidade.

— Eulália está aqui no Hospital. Quando sair desta ala, certamente os passos de vocês se cruzarão novamente.

— Ela sabe que estou aqui?

—Acompanhou tudo pelos vitrais da sala cirúrgica, orando a Jesus para que pudesse, fora da sala, receber em seus braços a pequenina incubadora com aquele ser desprovido e deformado.

O dirigente não suportou a notícia. Mãos aos olhos, teve prolongada crise emocional. Seu pranto, seguido de suspiros de dor, lhe banhava o espírito em novas esperanças.

Disse em voz alta e sofrida sobre o quanto se arrependia. Vez por outra, retirava as mãos com as quais tentava segurar as lágrimas e olhava o professor que lhe afagava a cabeça. Por fim, ele se abraçou ao seu tutor como uma criança, rendendo-se ao perdão e ao sossego íntimo. Após algum tempo, no intuito de recompor o companheiro, disse o professor:

— Posso chamar novamente nossas companheiras Ermance e Selena para o diálogo?

— Sim, sim! – e limpou suas lágrimas com um lenço ofertado por Cícero Pereira.

> **"**
>
> *Meu filho, não existe falência,*
> *existe resultado, efeito.*
>
> **"**

10
Os ovoides

"Quais os sofrimentos maiores a que os Espíritos maus se veem sujeitos?

Não há descrição possível das torturas morais que constituem a punição de certos crimes. Mesmo o que as sofre teria dificuldade em vos dar delas uma ideia. Indubitavelmente, porém, a mais horrível consiste em pensarem que estão condenados sem remissão."

O livro dos espíritos, questão 973.

Fomos, então, convidadas a regressar ao quarto. Percebendo-lhe os olhos marejados, a fim de não sermos indelicadas, Selena pronunciou:

— Irmão Cícero, gostaria de fazer algumas questões sobre o vídeo da cirurgia, desde que não cause constrangimento. Posso?

— Estamos em visita de amor e aprendizado, minha irmã, fique à vontade! Não se preocupem com Marcondes. Em verdade, seu estado é sintoma de melhora. Nesta casa de amor, as lutas de uns e de outros são lições vivas para a caminhada de todos. Não se acanhe em indagar. Quanto mais, melhor!

— Enquanto fazíamos as visitas na ala, Ermance explicava-me detalhes da história espiritual do nosso querido companheiro. Também tive minhas histórias afetivas e...

— Seja bem clara, Selena! – interveio o professor. — Nós quatro, nesta singela reunião, formamos a escola espontânea da vida. Não será justo com a misericórdia celeste, tão abundante conosco, adiarmos mais as lições de que necessitamos. Basta a fuga que empreendemos enquanto na carne.

— Não sei se serei inconveniente. Posso utilizar a história de Marcondes para minhas indagações?

— Marcondes, responda você mesmo.

— Só agora começo a perceber a natureza de minhas faltas e o bem que me faz colocá-las sob a luz da Verdade. Creio, Selena, que suas indagações ajudarão o meu raciocínio, ainda intimidado pelo remorso.

— Embora não conheça, o nome Eulália calou-me fundo no íntimo. Perguntar sobre ela não lhe causará incômodo?

— São as perguntas que mais anseio saber nesta hora – respondeu o dirigente algo entristecido e saudoso.

— Qual a situação espiritual de Eulália neste drama vivido pelos nossos irmãos, professor?

— Eulália foi uma abortista repetente. Adquiriu contas extensas nas questões afetivas, em inúmeras vivências levianas. Com esse comportamento, adotado em sucessivas oportunidades corporais, consorciou-se com as falanges desencarnadas da depravação no mundo – pregadores da alucinação dos prazeres em prejuízo das alegrias da alma. Foi uma fria destruidora de lares. Não acreditava nos laços de família, uma vez que sua história, a essa época, foi vivida nos tristes cenários da Veneza das cortesãs, no ano 1315. Na sucessão dos atos tresloucados, exauriu suas forças ao longo da vida, passando a colher os frutos de suas malfadadas decisões. Foi na França, no ano de 1574, que ela se atolou em lamentável história de devassidão. Preparada para renascer, depois de resgatada das malhas obsessivas de impiedosos vampiros, receberia vínculos do coração cruelmente lesados por sua insânia. Corações que caminhavam para os labirintos sombrios da deformação perispiritual, depois de séculos no ódio desenfreado.

— Eulália os receberia como filhos? – indagou Selena, tomada pela curiosidade.

— Ela receberia oito laços afetivos que tomavam o caminho da ovoidização, conquanto, guardando ainda algum lampejo de consciência.

Todos seriam creditados à sua maternidade para reerguimento moral pelo acolhimento afetivo.

— Ela conseguiu? – indagou novamente Selena.

— Infelizmente, não! Abortou todos.

Diante da resposta, Selena teve um mal súbito, como se a história lhe calasse fundo no ser.

— Está tudo bem, Selena?

— Sim! O assunto me toca profundamente. É só isso!

— Tome um pouco de água.

Selena suspirou para continuar, quando Marcondes exclamou:

— O senhor disse que foi nessa época a sua grande queda.

— A lei tem códigos que não estão sujeitos a modificações. O circuito de forças gerado pela maldade tem vida específica. Eulália, nessa época chamada condessa Isabelle Pyrré, de família nobre na corte francesa, trazia a marca psíquica da mulher de muitos crimes ocultos. Sua constituição perispiritual adaptou-se vibratoriamente ao campo de forças de retração, ou seja, uma teia psíquica na qual são capazes de permanecer longamente os efeitos de suas atitudes irresponsáveis. Foi assim que os oito filhos expulsos se agregaram ao seu psiquismo em regime de vampirismo espontâneo. Passaram a viver nove espíritos em um só corpo.

— Professor, mas e a interferência dos espíritos amigos? – interrompeu Selena.

— Como disse, Eulália era repetente obstinada. É da lei que, depois de todos os recursos da bondade, cada alma seja entregue às suas obras, em regime expiatório, sob aprovação e reconhecimento da dor corretiva.

— Isabelle desencarnou nessas condições?

— Ao longo desse condomínio psíquico, seus desafetos entraram automaticamente em processo de ovoidização depois dos abortos. Tudo era previsível segundo os técnicos da reencarnação. Ou reencarnavam ou se acoplavam à mãe. Um quadro expiatório cujos limites estavam todos superados em razão do descaso obstinado do coração leviano de Isabelle. Ela passou para a vida dos espíritos carregando em si os efeitos desastrosos de suas decisões. Socorrida e amparada novamente, já era seu terceiro retorno nessas condições. Teve oito ovoides alojados em seu útero até a pregressa experiência como Eulália.

— Mas é possível, professor? – perguntou Marcondes — Tenho dificuldade em assimilar essas ocorrências.

— Por qual motivo?

— Parecem-me injustas!

— Somente quando estamos prontos para olhar o passado e analisar a trilha sanguinária do mundo, da qual raríssimos de nós escapamos, poderemos entender as razões de semelhantes tragédias da caminhada. O que falta ao homem espírita é visão sistêmica, processual. Desconhecendo detalhes da trajetória de Eulália-espírito fica difícil compreender o resultado infeliz de suas atitudes. A lei natural é a mesma em qualquer circunstância. Não lhe passa na mente o sentido divino dessa experiência?

— Nem imagino! – respondeu Marcondes com sinceridade.

— Eulália abriga, na sua intimidade, oito espíritos dilacerados pela maldade. Não lhe ocorre que, nessa condição desditosa, ela é a mãe em regime de expiação? Não lhe passa pela mente a ideia de que o ventre de nossa irmã é visto pela celeste misericórdia como uma acolhedora incubadora defensiva? O que seria desses oito enfermos se estivessem à solta nas mãos criminosas dos vampiros inteligentes? O que seria da própria mãe na mão dos gênios da maldade? A situação de Eulália é a da sanção corretiva. Dor-resgate, dor--evolução. Suas enfermidades dolorosas foram freios contra a loucura desenfreada. Suas energias físicas foram mantas psíquicas para os filhos implantados. É a lei de solidariedade em níveis inferiores. A cada qual segundo suas obras.[35] Eulália foi gerada em tumultuada gravidez. Aos três anos de idade, apresentou a primeira anomalia, um corrimento com constituição sanguínea. Aos seis, seu abdômen era tomado por inchaços intermitentes. Raramente, ela conseguia se ausentar do corpo com facilidade para o sono refazente. Aos nove, teve seu primeiro ciclo menstrual, anovulatório. Aos onze, teve um quadro semelhante a uma gravidez tubária, porém sem relacionamentos sexuais, experiência que se repetiu formas monstruosas eram geradas sem cópula. Cistos e miomas, rins e vesícula alterados em seu funcionamento. E, por fim, o câncer destruidor. Todo esse conjunto de dores foi alvo das mais diversas formas de abrandamento em favor de nossa irmã. Entretanto, a dor-sentimento, aquela que retumbava na sua intimidade consciencial, constituía prova na qual nenhum de nós tinha o direito de interferir. De longe, as dores físicas poderiam ser comparadas às lutas de depressão e solidão vividas por Eulália. Já imaginou o que significa para uma mulher sentir a desesperadora sede afetiva de acalentar um filho e não consegui-lo? Nossa irmã, em razão de seu quadro, carregava mais grave prova. Sentia que tinha os filhos no próprio ventre, embora não soubesse explicar a raiz de tal emoção. Em face disso, psiquiatras eminentes catalogaram-na como candidata a psicoses graves. Seus sonhos eram povoados de crianças que lhe agrediam o corpo com golpes dilacerantes. Acordava com insônia persistente, acariciando o abdômen como se estivesse grávida para, depois de

---

35 Apocalipse 20:12.

alguns segundos, despertar completamente da miragem e entregar-se à tristeza. Vezes sem conta, ouvia rumores estranhos e sons agudos, acreditando-se louca. Eram expressões sonoras das formas desumanizadas que portava em si mesma.

Marcondes ouvia a tudo como se fosse narrada sua própria história. Ensimesmado, com o olhar fixo no professor, parecia distante no tempo. Repentinamente, tomado de muita emoção, se expressou:

— Aquele ser que saiu de mim é meu filho!

— Marcondes, está tudo bem? – perguntou o professor.

— Vejo cenas na minha mente. Uma mulher parisiense muito bela. É Isabelle Pyrré. Meu Deus! Que nitidez das visões! Nunca experimentei algo assim! Ela é linda! Ela é linda! Que saudade, professor!

Num átimo, o professor Cícero pediu-lhe que fechasse os olhos e colocou a mão direita no centro frontal de Marcondes, como fizesse leve massagem no sentido horário. O dirigente recobrou sua lucidez e mostrou-se enfraquecido em razão da experiência. Refeito, depois de instantes, ele indagou:

— Sou o pai de um daqueles oito?

— Sim, Marcondes. Seus laços com Eulália ultrapassam a fronteira do tempo presente. Sua história transcende o eventual encontro extraconjugal da recém-finda vida corporal.

— Deus! Tem piedade de nós!

Novo pranto tomou conta de Marcondes, emocionando, igualmente, Selena e a nós.

—Acalme-se, amigo! Sua experiência com Eulália, conquanto o adultério infeliz, não significa falência e queda. Seu caso é de negligência e adiamento a que, descuidadamente, muitos companheiros de lide doutrinária têm se entregado.

— Não consigo mensurar a extensão de minha falta, professor!

—Agradeça a Deus, meu filho, por estar nesta casa de bênçãos. Não queira saber o que acontece com irmãos da doutrina que fazem o mesmo trajeto acrescido da leviandade no coração. Aqui você terá tempo e ocasião para realizar o serviço de reerguimento que o aguarda. Por isso, renuncie, enquanto é tempo, à prepotência que vem tomando conta de muitos corações sinceros de nossa seara em razão do orgulho do saber.

— Tudo me parece muito trágico e sublime ao mesmo tempo! Que diferença há entre um ato de negligência e leviandade? Não teremos sido levianos, Eulália e eu?

— O bem e o mal se confundem. O que é o mal senão o desejo do bem interpretado sob fascínio do egoísmo? Os negligentes são aqueles que poderiam, mas não quiseram, vencer o mal em si mesmos. São mais descuidados que irresponsáveis. Os levianos são aqueles que nem sequer desejaram tentar a melhora, optaram pelo caminho do erro, apesar de conhecerem a Verdade. Imagina onde estariam você e Eulália se estivessem entregues aos despenhadeiros da leviandade incontida nesta hora?

— Mas e nossa atitude? Não devíamos... Eu aceitava com tanta lealdade as minhas tendências nessa área.

Esforcei-me, com sinceridade, para não tomar esse caminho, a despeito dos impulsos enfermos que carregava. Não sei explicar como cheguei a esse ponto.

— Não basta aceitar as imperfeições. É necessário senti-las a fim de reeducá-las com sucesso. Há muitos companheiros de ideal repetindo frases, acerca de si mesmos, sem internalizá-las realmente nas fibras do sentimento. Quando sentimos o dever, somos impulsionados aos mais amplos voos de elevação.

— Que consequências existem para um negligente, professor? São menores que para um leviano?

— As consequências são claras: culpa, morte, doença, remorso tardio. O preço está sendo pago. Contudo, não é da lei que o homem seja punido, e sim que tenha chances de se resgatar, quando apresente as mínimas possibilidades para esse objetivo. É o seu caso e de Eulália. Quanto aos levianos, chegará o momento em que você poderá comprovar, por si mesmo, os efeitos de suas ações. Nesta casa, temos milhares deles. Futuramente, em visitações fraternas, verá com seus próprios olhos.

— Como está Eulália hoje?

— Bem melhor. Trabalha ativamente na câmara dos ovoides nesta casa e se tornou, por seus méritos, a responsável por alimentá-los e realizar tarefas somente afeitas a técnicos muito experientes.

— Não poderia vê-la agora?

— Para o seu próprio bem, esse reencontro se dará na hora oportuna. Espere um pouco mais.

— E quanto a mim? O que farei pela minha paz?

— Um futuro de esperanças o aguarda. Acredite em doutor Inácio, na sua experiência, e confie-lhe o seu coração.

— Farei isso.

— A propósito, Marcondes – interferiu Selena, que acompanhava tudo atentamente – dentro de alguns dias visitarei o meu grupo espírita em companhia de doutor Inácio e dona Modesta.

— Aquela senhora no vídeo da cirurgia? – indagou Marcondes.

— Ela mesma. Estou exultante com a oportunidade!

— Fico feliz por você, Selena. Pelo visto, seus caminhos como espírita não foram tão infelizes quanto aos meus!

— Tive minhas lutas, mas encontro-me em paz.

— Fico pensando, se tivesse a coragem de confessar meus segredos...

— Pegando um gancho nessa fala de Marcondes, professor, esses segredos estão sendo muito comuns entre os amigos espíritas? – interferiu Selena.

— Fale por você, querida amiga!

— De minha parte, creio ter sido sempre muito transparente.

— Nem sempre isso vem ocorrendo. Infelizmente, o movimento espírita está tomado por uma crise epidêmica.

— Crise epidêmica?! – mostrou-se curiosa a dirigente.

— A mesma que atacou Marcondes.

— Que epidemia é essa? – manifestou Marcondes.

11
Visão Ampliada

"Confessai as vossas culpas uns aos outros, e orai uns pelos outros, para que sareis."

Tiago 5:16.

— Você foi vítima da epidemia de sigilo – destacou o professor.

— Epidemia de sigilo?

— É a atitude de conveniência que sustenta uma espécie de acordo de omissão coletiva. Fenômeno sutil da vida interpessoal. Uma vez assumidas as responsabilidades doutrinárias, seja em que nível for, muitos companheiros têm confundido quantidade de tarefas com elevação espiritual. Assumem cargos, varam os anos em experiências e sentem-se importantes, grandes em espiritualidade, refletindo velhas tendências religiosas dos postos beatificados de outros tempos. Evidentemente, aqueles que aparentam grandeza espiritual têm de mantê-la, por isso evitam tratar, a qualquer tempo, das lutas interiores que, segundo imaginam, os diminuiriam no conceito coletivo da seara. Grave ilusão! Não dispondo de franqueza suficiente para tratar de seus conflitos íntimos com naturalidade, emudecem quaisquer referências às tormentas pessoais e deixam de ser sinceros consigo mesmo e com os outros. Passam a vida mantendo aparências de iluminação e deixam de cuidar de assuntos essenciais para seu equilíbrio e sua felicidade, nutrindo infundado receio de perderem a autoridade que supõem possuir.

O dirigente ruborizou-se ante a fala do professor. Sua vontade foi utilizar a rispidez ante o incômodo na intimidade. Apesar do impulso, recobrou a lucidez e resolveu indagar:

— Estamos evitando dialogar sobre nossas necessidades profundas? É isso?

— Exatamente. Fala-se muito sobre o que se deve fazer nos ambientes doutrinários, mas não tem havido o espaço desejável para tratar e sanar os conflitos pessoais, as angústias ocultas. A vergonha e a culpa têm afastado muitos corações bem-intencionados da atitude de lealdade consigo mesmos. Há pequena parcela de honestidade emocional e de transparência nas relações. Pense e reflita se não deixou de tratar temas que lhe oneravam as emoções no terreno secreto de sua mente aflita e sobrecarregada.

Bastou o abnegado servidor mencionar semelhante questão, e a mente de Marcondes seguiu por vastos assuntos que não teve coragem de dividir com ninguém enquanto no corpo. Agora, inevitavelmente, teria de olhá-los de frente, acrescido do prejuízo de ter perdido o tesouro do tempo para solucioná-los na vida física. E, como se o professor ouvisse as mentalizações de Marcondes, comentou:

— Dificilmente o homem na Terra assume a tarefa de sua transformação definitiva para melhor. Os espíritas não escapam dessa situação. Avançam lentamente no terreno da melhoria espiritual. A proposta da doutrina é resgatar o ser humano pela realização do autoencontro. Nesse circuito fechado de sigilo sobre as questões essenciais do autoaprimoramento, os problemas ficam maiores e as pessoas passam a imaginar: "Ah!

Se as pessoas soubessem o peso de minhas provas!" Julgam-se sob pesados carmas e entram nos caminhos da autopiedade e do cansaço, cedendo à pressão de condutas de fuga e desculpismo. Neste mecanismo defensivo, desenvolvem a crença de atenuar débitos ante a extensão de suas expiações. Encontram nas tarefas doutrinárias a sua penitência de remissão no alívio das culpas. Assumem uma "dupla personalidade", em crescente incoerência com os princípios renovadores da doutrina. No silêncio em que se mantêm junto a seu grupo doutrinário, encontramos o que nomeamos de solidão em equipe, uma prova voluntária e nociva ao crescimento de todos.

— Poderíamos chamar essa postura de hipocrisia? – intercedeu Selena com curiosidade.

— Em alguns casos encontramos a mentira intencional. No entanto, esse processo tem se tornado uma questão cultural. Um comportamento que permanece do religiosismo que impera nas mentes. Assumem-se valores exteriores como sinônimos de santidade na alma. São os velhos costumes hierárquicos enraizados no psiquismo humano.

— Isso estaria ocorrendo também nos campos da administração do movimento espírita? – e indagou Selena, que guardava muitas mágoas em relação ao assunto.

— É um mal da comunidade doutrinária que tem atingido grande parte dos seareiros. Precisa ser debatido e eliminado. É esperado que as células do Cristianismo Restaurado imitem a Casa do Caminho no cultivo da franqueza edificante. As atividades sagradas do movimento espírita têm sofrido com intensidade essa epidemia. O sentimento tem sido uma moeda de pouco ou nenhum valor nas iniciativas administrativas, quase sempre recheadas de formalismos e cerimoniais, calando enriquecedoras ideias que vêm do Mais Alto, que seriam temperos de revitalização do afeto, da solidariedade e da concórdia.

— Além da ausência de sinceridade, haveria outro efeito nocivo dessa atitude de omissivo silêncio sobre nossos problemas? – continuou a dirigente com sua perspicácia.

— O prejuízo mais nocivo dessa postura coletiva se verifica no campo íntimo daqueles que se acostumam com tais convenções, porque se adaptam a um processo doentio de negação dos sentimentos, em contraposição às propostas claras da consciência. Semelhante quadro da vida mental, embora seja muito comum entre os homens, opera desagradáveis desarmonias no campo psíquico e se torna um pasto fértil para a obsessão pacífica e sutil, como você terá oportunidade de verificar em suas futuras atividades de visitação fraterna neste Hospital. Para os espíritas, iluminados com o clarão das verdades imortais, o desafio é ainda maior, considerando a extensão dos apelos expedidos pela consciência.

— De minha parte, só posso defender-me, porque não tive em quem confiar! – afirmou Marcondes em profundo tom de lamento.

— Confiança, amigo querido, é virtude que se constrói.

— Bem que ansiei por alguém para me ouvir e confessar! Contudo, como confiar segredos e perder a autoridade perante os companheiros?

— Que autoridade, Marcondes?!

— A autoridade da experiência.

— Amigo, existem dois tipos de homem. O homem experiente, aquele que edifica habilidades no esforço nobre e perseverante em favor de seu crescimento; e o homem sábio, aquele que aprendeu a fazer uso da sua experiência pelo bem da maioria. Muitos de nós nos apegamos ao histórico de serviços prestados na seara, enredamo-nos em desprezível atitude de autoridade.

— Estará afirmando, professor, que devemos negar o que já aprendemos? Igualarmo-nos a quem sabe menos? Isso é falsidade, em meu entendimento.

— Desapego da folha de serviço não implica negar a bagagem. O que importa é não transformá-la em troféu de presunção. Ninguém e nenhum grupo, a pretexto de abafar o individualismo, deverão proceder em campanha ao descrédito ou à indiferença dos mais vividos. De quem mais tem, mais se espera. Esperam-se apenas mais comprometimento, humildade e melhor uso do tempo. Essas são algumas expressões de autêntica grandeza moral, quase sempre esquecida.

— Mas como ficam os expoentes consagrados da coletividade espírita nesse enfoque?

— Um dos traços mais vacilantes para os alicerces da regeneração espiritual da Terra é a consagração ilimitada aos expoentes da cultura, aos médiuns ou às organizações espíritas históricas. Observa-se um nocivo e sutil costume, em nossa seara, de conferir privilégios aos mais experientes por parte dos que os amam e a nociva atitude de líderes em se julgarem credores de tais atitudes. Poucos são os que desenvolvem a criatividade que lhes proporciona renunciar às posições de destaque sem ferir a admiração alheia. Ninguém necessita negar nem rejeitar o reconhecimento e a consideração alheios. A questão é dos excessos decorrentes do hábito humano de entronizar "pequenos deuses" em seu caminho com os quais quer contar para fugir ou abrandar o volume de suas próprias lutas.

A conversa fluía espontânea quando Selena, que absorvia os ensinamentos do professor, resolveu participar novamente:

— Este Hospital atende alguma especialidade no tratamento dessa epidemia de sigilo?

— Temos desenvolvido técnicas terapêuticas com esse fim. Oportunamente, vocês participarão desses encontros salutares com dona Modesta na Tribuna da Humildade. Uma ocasião para tratar abertamente de suas lutas mais íntimas. Um confessionário público.

— E no seu aspecto mais abrangente, qual é o objetivo desta casa? – perguntou Selena, ampliando os horizontes da conversa.

— Problemas da mente e do ser, as dores do espírito. Tratamos diversas alienações nas quais, comumente, envolvemo-nos nos desafios da vida corporal.

— Se este Hospital atende problemas como alienação, posso inferir que estou enquadrado como um doente mental, conforme já me disse o bem-humorado doutor Inácio? – indagou Marcondes.

— A doença mental, para os planos espirituais, tem dimensão infinitamente versátil. Seu quadro pode ser considerado um transtorno mental não classificado nas fileiras humanas da ciência. Chamamos de autossuficiência espiritual. São delírios de supremacia evolutiva que nos levam a acreditar ser quem não somos, conduzindo-nos a uma recusa crônica do afeto espontâneo. Essa ação mental gera um desastre de proporções incalculáveis no sistema da afetividade, no qual se encontram as autênticas matrizes daquilo que somos. Uma permanência prolongada no personalismo, seguida de bloqueios do afeto. Tudo começa no orgulho – doença mental original – atingindo o sistema afetivo do ser, deixando-a em frangalhos em razão da rejeição infligida aos impulsos do coração. O orgulho é o sentimento de superioridade pessoal refletido no estado mental em forma de ilusões. É a maneira desenvolvida por nosso egoísmo para camuflar a realidade do que somos, a fim de vivermos a fantasia do que gostaríamos de ser. Em palavras singelas, é o uso do cérebro com negação dos sentimentos.

— Terei negado a minha própria realidade durante a reencarnação, é isso?

— Tomou contato superficial e insuficiente com sua verdade pessoal.

— Pelo simples fato de negar sentimentos?

— Não é tão simples assim!

— Por quê?

— A maioria dos habitantes no corpo vive suas relações dessa forma.

— Posso concluir, então, que todos os que conhecem a doutrina passarão por dramas como o meu?

— Formou-se, no mundo físico, a cultura de que certos sentimentos são traços de fraqueza, sendo rejeitados a pretexto de se manter uma imagem, um padrão, uma fachada. No entanto, se não pulsarem para fora, haverão de pulsar para dentro, ocasionando lesões afetivas profundas. Enquanto no corpo, semelhantes lesões podem ser percebidas por meio de manifestações sutis e perfeitamente controláveis no campo mental. São os súbitos remorsos que brotam na tela mental. Raramente, admitimos aferi-los com lealdade, desconsiderando-os com total inaceitação. Assim, de negação em negação, o equilíbrio do campo afetivo é perturbado, reduzindo a sensibilidade para o exterior, ganhando poder e espaço a personalidade institucional, ou seja, um amante de formalidades evoluindo para o perfeccionismo. Depois da morte, semelhantes pulsões não são mais controláveis, vindo a desenvolver os mais variados quadros, dependendo da gravidade alcançada no âmago da consciência. Daí surgem o monoideísmo, as fixações no campo da memória, o sono prolongado, o coma mental, o estado de confusão das idealizações, a ausência de controle sobre o pensar, os remorsos depressivos, o escoamento da matéria afetiva bloqueada e muitas outras formas de

manifestações íntimas cuja melhor definição é a auto-
-obsessão em nível severo, exigindo cuidados e terapias muito específicas.

— Em meu caso, qual desses quadros reflete com mais
exatidão o que passei?

— O arrependimento tardio, isto é, o remorso. Sua dificuldade em desligar-se de certas lembranças que o
incomodam são situações conflitantes adquiridas na
Terra e das quais não se livrou até agora pelo autoperdão. Tais lembranças, em verdade, são núcleos di-
namizadores de velhas pendências não resolvidas em
antigas existências carnais.

— Então, se entendi corretamente, ao nos recusar a sentir o que sentimos provocamos lesões?

— Tudo depende de como se trabalha internamente com
esses sentimentos e de suas origens nas pregressas
experiências corporais. A negação sistemática do impulso de amor ao próximo, tido, muitas vezes, como
romantismo dispensável, quase sempre significa es-
tacionamento da inteligência afetiva e doença para a
alma. É o mesmo que deixar de olhar para si mesmo,
porque o sentimento é o espelho da consciência no
templo do espírito. Algumas vezes, essa negação é
milenar, razão pela qual alcança níveis de enfermidade grave.

— Temos, então, uma inteligência afetiva?

— Temos várias inteligências, e o homem do futuro vai
descobri-las nos caminhos científicos. Nas academias
científicas do mundo, alguns experimentos estudam
as múltiplas inteligências do ser, podendo ser mais

bem exploradas para a felicidade e a paz interior nos rumos do progresso. Apesar dessas conquistas, o homem apenas arranha semelhante tema.

— E meu arrependimento, durante a doença no corpo, não valeu de nada?

— Teve enorme valor, mas não foi arrependimento, e sim remorso.

— Que diferença existe?

— Remorso é tortura, arrependimento é libertação. A culpa e o desejo de melhora são os termômetros do remorso. O arrependimento completo tem três ingredientes: o desejo de melhora, o sentimento de culpa e o esforço de renovação.

— E o que me falta nessas etapas?

— Falta-lhe, agora, aprender a se perdoar, para que seu remorso na carne seja um caminho de paz para sua vida interior. Allan Kardec, estudando a comunicação de um criminoso arrependido, teve o ensejo de destacar: "O Espírito só compreende a gravidade dos seus malefícios depois que se arrepende."[36]

— Poderei conseguir esse estágio neste plano de vida?

— Conseguirá em larga escala. Um dia, entretanto, pedirá o retorno ao corpo para consumar suas conquistas.

— Esta doença de autossuficiência espiritual tem atingido muitos espíritas? – indagou o dirigente, como quem ainda não tinha perdido o costume de transferir a curiosidade para os problemas alheios.

---

36 *O céu e o inferno*, 2ª parte, capítulo 6, Allan Kardec, Editora FEB.

— Os espíritas falam bastante sobre os lugares exteriores para depois da morte. Colônias e umbrais são descritos com minúcias. No entanto, o estudo das repercussões íntimas e a relação com a consciência deveriam ser aprofundados e dimensionados para ampliar as concepções humanas em torno da morte. A morte nos devolve a nós mesmos, longe das ilusões impostas pela matéria. É justo que abandonemos primeiro os pesos inúteis que carregamos para, depois, promovermos a ascensão pessoal com maior leveza mental – respondeu o professor, levando o aprendiz a voltar a atenção para si mesmo.

— E como ficam meus esforços? Embora não tivesse o hábito de uma análise minuciosa, julgava sinceramente estar pronto para a morte em razão da missão a mim confiada!

— Os amigos espíritas precisam vigiar com muita cautela o fascínio que têm votado à suas folhas de serviços. Muitas vezes confundem quantidade de tarefas e realizações com ascensão evolutiva, como se fizessem carreira na espiritualização. Muitos corações de ideal, em todas as atividades doutrinárias, têm passado pelas tarefas sem se educar juntamente com elas. E quanto mais expressivas e coletivas são elas, mais aumentam os riscos de vaidade e tropeço. Temos, nessa casa de recuperação, vastos pavilhões de médiuns, divulgadores, escritores, evangelizadores da juventude, presidentes de centros espíritas, dispensadores da caridade pública. Todos abençoados com as luzes da Doutrina Espírita, entretanto, não conquistaram sua luz própria.

Engrandeceram-se no orgulho com a cultura e a experiência das práticas e negligenciaram o engrandecimento moral de si mesmos por meio da reeducação dos hábitos e da aquisição de virtudes eternas. É um engano milenar da ilusão humana, ainda habituada a vantagens exteriores sem a consolidação dos ensinos cristãos no próprio coração. Como disse o Senhor: "O Reino de Deus não vem com aparência exterior."[37]

— Sinto como se meu esforço tenha sido em vão! Quanta renúncia, quanta devoção! Para que tanto trabalho no plano físico?

— Não existe esforço sem valor. Convenhamos, no entanto, que o trabalho doutrinário, para boa parcela de nossos companheiros de ideal no plano físico, tem sido apenas medida defensiva contra o tempo mal usado, evitando maiores deslizes ou problemas desnecessários.

— Experimento, diante de suas colocações, uma enorme sensação de perda de tempo!

— Quando você tiver acesso às suas vidas pregressas, poderá avaliar com melhor juízo os passos vitoriosos de sua existência recém-finda. O fato de não ter realizado tanto quanto podia não lhe tira os méritos, que são múltiplos e valorosos. Todavia, não posso deixar de adverti-lo que raríssimos são os corações que chegam por aqui sem essa sensação de tempo perdido... A vida física nos impõe muitas miragens sobre nossos mais profundos anseios. Nossas pretensões pessoais são muito sutis, algumas vezes. Ainda teremos uma

---

37 Lucas 17:20.

senda muita longa de educação com os reflexos do personalismo na esfera do coração.

— E, porventura, terei algum julgamento, aqui neste Hospital, acerca de minhas falhas?

— Absolutamente! Tudo é misericórdia, trabalho, recomeço e preparação. Chegamos, muitas vezes, a discutir as fichas reencarnatórias dos pacientes, sempre com o propósito de amparar-lhes, da melhor forma possível, os objetivos de crescimento e paz definitiva.

— E qual será o tratamento para a minha enfermidade aqui na vida espiritual?

— Comece com a humildade em aceitar suas falhas com plena disposição de repará-las o quanto antes. Muitos espíritos vinculados ao Espiritismo revoltam-se com os resultados de sua vida física ou continuam mantendo-se iludidos sobre suas falhas. Isso lhes adia em muito a recuperação; algumas vezes, chegam a reencarnar quase da mesma forma que desencarnaram. Toda revolta será injusta nesse passo. Precisamos convir que só colhemos o que plantamos conforme nossas obras.

Marcondes renovava com rapidez o seu estado espiritual. A curiosidade tomava o lugar da prepotência e da ilusória sabedoria. Sua visão, depois de décadas de cultura espírita no cérebro, dilatava-se sob impulso do afeto, do desejo sincero e despretensioso de aprender. Seu espírito abria-se para a vida, sua sede de saber voltava-se para o autoconhecimento, tão desprezado ao longo de sua reencarnação. Novos dias de luz o aguardavam na nova caminhada. Pouco mais de trinta dias no Hospital Esperança haviam lhe valido anos na absorção íntima do sentimento de imortalidade.

A nova dimensão permitia-lhe devassar um mundo novo de leis e acontecimentos. Mais sensível e introspectivo em relação à Verdade, o experiente dirigente era espontaneamente convocado, igualmente, a um mundo novo de sensações e emoções.

Nem sempre chegar a locais de refazimento e educação no plano espiritual significa sossego interior. Marcondes, na medida em que alargava a visão, desenvolvia a angústia que diz respeito à maioria dos que deixam o corpo perecível. Uma aflição tomava o lugar da arrogância. Assaltado pelas horas vazias, logo lhe foi indicado o trabalho como medicação inadiável em favor de sua paz. Seguindo orientações bem encadeadas, passou a integrar as equipes de colaboradores operosos do Hospital.

"

Remorso é tortura, arrependimento
é libertação. A culpa e o desejo de
melhora são os termômetros do remorso.

O arrependimento completo tem três
ingredientes: o desejo de melhora,
o sentimento de culpa e o esforço de
renovação.

"

12
Nossas Obras

"Será por influência de algum Espírito que, fatalmente, a realização dos nossos projetos parece encontrar obstáculos?

Algumas vezes é isso efeito da ação dos Espíritos; muito mais vezes, porém, é que andais errados na elaboração e na execução dos vossos projetos.

Muito influem nesses casos a posição e o caráter do indivíduo.

Se vos obstinais em ir por um caminho que não deveis seguir, os Espíritos nenhuma culpa têm dos vossos insucessos.

Vós mesmos vos constituís em vossos maus gênios."

O livro dos espíritos, questão 534.

Selena, por sua vez, aguardava com ansiedade o momento de sua visita ao centro espírita que dirigiu na cidade mineira. Sua visita à reunião de transferência da diretoria seria sua primeira excursão ao plano terreno. Ali, a vida a esperava com preciosas lições.

Antes de partirem, dona Modesta perguntou-lhe:

— Filha, como te sentes ante a perspectiva da visita?

— Apreensiva. Estranha-me a minha reação, pois, até então, outra coisa não desejava senão fazer essa visita. Agora, parece-me que o peito carrega uma dor, uma angústia. Muito estranho.

— Seus sonhos, como têm sido?

— Tenho sonhado muito com Angélica, minha substituta. Nela encontro minha esperança da continuidade das obras deixadas na Terra. Orientei-a com grande dose de conhecimento e experiência para essa hora. Por outro lado, meus sonhos dão-me a impressão de que ela está atrás de uma grade e não consegue chegar até mim. Isso me aflige, e, quando acordo, tenho a nítida sensação de separação, de impossibilidade de chegarmos uma à outra.

— Compreendo...

— Creio que seja saudade, apenas isso!

— Talvez, Selena! Talvez! – exclamou dona Modesta, que sabia com detalhes o que acontecia.

Possuindo a bondade e a consciência pacificada, Selena não apresentou nenhuma dificuldade na volitação. Acompanhada por doutor Inácio, dona Modesta e uma equipe de defensores chefiada por irmão Ferreira – servidor incansável de nossa casa de amor – seguiram para a capital mineira.

O coração de Selena encontrava-se quase incontrolável com a oportunidade. Nas imediações do bairro singelo onde se localizava a organização doutrinária, todo o grupo passou automaticamente por um processo de adensamento vibratório. Era como se andássemos no solo terreno e respirássemos o oxigênio. As criaturas nas ruas faziam seu percurso alheias à nossa presença.

— Paremos por aqui – orientou dona Modesta, a algumas quadras do local. — Como está a situação, Ferreira?

— Vossa mercê se cuide, minha patroinha. Nada tá fácil por estas bandas! – respondeu irmão Ferreira com seu típico palavreado e sotaque nordestino.

— Mantiveram o cerco?

— Os cabra se arrupiaram de vez e montaro guarda. Não tem quem entre lá!

Selena, atenta ao diálogo, mostrou-se preocupada. Sem entender o ocorrido, seguimos a pé depois de orarmos em conjunto. Dona Modesta, a par de tudo, preveniu:

— Selena, procure manter toda a tranquilidade em seu íntimo. O êxito depende de sua atitude.

— Temos algum problema?

— Temos.

Ao chegarem à construção – uma casa bem cuidada e pequena – vislumbraram uma cena terrível. O centro estava totalmente rendido, nas mãos de astuta falange da maldade. Alguns seres estranhos, que mais lembravam anões gordos e totalmente esbranquiçados, estavam no portão de entrada. Tinham a pele gordurenta. À distância, pareciam pedras que exalavam desagradável odor. Vigias por todos os lados, armados como bandidos prontos a atacar. Uma cerca, feita de peças estranhas retorcidas como metal, continha um símbolo da suástica em cada mourão. Dela partia uma irradiação pestilencial. Notava-se que uma luz partia de dentro da casa espírita em direção ao alto, entretanto, não se esparramava pelas paredes, verticalizava-se como se fosse soprada por forte vento para cima. A oração feita pela diretoria mantinha uma conexão com outras esferas. A luz não era percebida pelos capangas. Ampliando o poder mental, pudemos entrever Angélica, possível continuadora das iniciativas de Selena, conduzindo a reunião.

— Dona Modesta, a senhora vai deixar esse grupo infeliz aqui? – externou a ex-dirigente.

— Pouco posso fazer, minha filha.

— Certamente querem prejudicar a transferência da diretoria.

— Não tenha dúvida, Selena! Observe e mantenha-se em prece. Vou entrar sem que me percebam.

— Vamos.

— Não, Selena! Você não poderá.

— Não poderei?

— Se passar daqui, eles terão conhecimento da nossa presença e, então, teremos um prejuízo real para a tarefa em curso.

— E como vou acompanhar a reunião?

— Você ouvirá tudo. Espere aqui.

Dona Modesta entrou sem dificuldades, disfarçadamente. Dotada de largo poder mental, furou o bloqueio vibratório sem alarde. Dentro da casa espírita, instalou pequeno componente condutor na mesa, e Selena, lá fora, passou a acompanhar por meio de um aparelho semelhante ao fone de ouvido. Após a prece, Angélica pronunciou:

— Irmãos! Hoje temos árdua tarefa pela frente. Um novo momento para esta casa de Jesus. Selena, nossa devotada seareira, foi colher seus frutos no além. Nossa reunião visa a analisar sua substituição e os novos planos para as tarefas.

Selena exultou com a referência e por ouvir a voz de Angélica.

— Todos sabem que nossa companheira abrilhantou os serviços deste celeiro de bênçãos – prosseguiu Angélica. — Ninguém, porém, desconhece os efeitos de seu temperamento controlador, em razão de algumas decisões excessivamente fortes, com as quais nenhum de nós nunca concordou.

A essa altura, dona Modesta tomou o pequeno microfone e orientou a ex-dirigente que mantivesse a calma.

— Creio, a menos que esteja equivocada, que Selena foi respeitada e obteve o tributo da amizade de todos nós, mesmo com tais discordâncias. Sua rigidez, entretanto, não ensejou que pensássemos livremente no serviço do Cristo, e sim em pontos de vista pessoais. Ainda que nessa condição, realizamos abundantemente. Contudo, proponho, nesta hora, uma decisão de coragem e fidelidade a Jesus, a quem realmente muito devemos. Proponho duas medidas básicas e desafiadoras que constituirão os alicerces de muitos outros caminhos. Primeiro, a administração em grupo e, segundo, a reativação do serviço de intercâmbio, extinto por Selena, em razão de sua visão sobre mediunidade.

Selena se mostrava apática com o que ouvia. Repentinos sentimentos agressivos nasceram em seu coração. Doutor Inácio postou-se ao seu lado, segurando-lhe o braço no intuito de evitar o pior. Angélica, apesar da firmeza, falava com ternura e autenticidade. Sua fala ponderada, entretanto, ofendia diretamente a ex-presidente, que não resistiu ao teste, manifestando:

— Falsa! Sua falsa! – dirigindo-se a Angélica.

— Sossegue, Selena! Sossegue ou pode estragar tudo – alertou doutor Inácio.

— Estragar! Mais do que ela está estragando! Que vontade de arrumar um médium nesta hora e lhe mandar um recado. Que raiva, meu Deus! Eu não acredito no que ouço!

Tomada de ira, ela gritou aos brados, descontroladamente:

— Que espécie de pessoa é você, Angélica? Pode me ouvir, sua...? Isso é hipocrisia! Que adiantou tanto amor a essa casa para ter sua traição? Falsa! Falsa!

A reação não podia ser pior. Os vigias escutaram a fala amarga de Selena e armaram-se para lutar.

— Procurem! Procurem! Temos intrusos. Escutei algo nas redondezas. Sinto cheiro de anjos no pedaço. Avisem os demais que estão no trecho. Chamem reforços!

Uma algazarra se estabeleceu. Selena, já sem controle, entrou em crise mental de revolta e medo, similar aos efeitos da síndrome do pânico. Mãos cobertas de suor, batimento cardíaco acelerado, tremores. Foi retirada às pressas para o Hospital com baixíssima pulsação energética, a ponto de desfalecer. Irmão Ferreira, como se já previsse o incidente, tomou as providências para proteger o andamento da reunião.

Os capangas reforçaram a guarda, mas, não vendo ninguém, aquietaram-se.

Já no Hospital, acomodada em leito apropriado, na mesma ala restrita que Marcondes ficou alguns dias antes, encontrava-se quase desfalecida, mas ainda muito agitada. As mãos fechadas esmurravam a cama, requerendo correias de contenção. Rosângela, a enfermeira da ala, dona Modesta e doutor Inácio acompanhavam o desenrolar do quadro. Trinta minutos se passaram sem respostas desejáveis. A paciente entrou em regressão espontânea. Depois das mãos contidas, foi a vez dos pés, que também foram presos com amarras. Babava e respirava a longos haustos. Sessenta minutos e, em uma espécie de transe profundo, Selena começou a balbuciar algumas palavras em diferente língua. Era um francês fluente e claro. Dona Modesta, dotada de xenoglossia no tempo, traduzia com facilidade.

— Qual é seu nome? – interrogou dona Modesta.

— Condessa... condessa Pyrré...

— Em que ano estamos?

— 1573. Um ano depois da matança assassina.

— Matança?

— São Bartolomeu.

— Em que país?

— França. Estou na Paris dos católicos. O reinado do Papa Gregório XIII.

— Por que dos católicos?

— Deus está conosco.

— O que acontece com você neste momento?

— Estou no calabouço, a mando dos Médicis. São traidores e interesseiros. Sou das últimas vítimas de Carlos

IX, o mais vil e fraco dos reis franceses. Minha própria filha traiu-me.

— Quem?

— Elise... Elise Pyrré. Tentei poupá-la das atrocidades da corte. Em vão... Ela traiu-me para se ver livre de mim, do meu controle. Não sabe em que mãos vai acabar. Pobre Elise!

— Por que foi presa?

— Catarina, a rainha-mãe, detesta-me.

— O que você fez a ela?

— Roubei-lhe o marido. E o faria novamente. Amava-o. Odeio Catarina. Odeio a religião protestante. Gosto do povo. Detesto os rituais, são falsos! São falsos! São falsos! São falsos!

Selena entrou em convulsão monoideísta e não cessava de repetir a expressão.

Doutor Inácio propôs a sedação. Não se podia fazer muito por agora. A fixação em recordações estava na periferia dos fatos. Era necessário que o quadro mental apresentasse uma melhora. Não basta regredir ao passado quando se tem objetivos terapêuticos. O importante é revelar emoções essenciais, vivências interiores que servem de grilhões e, o principal, desatar os nós afetivos. Sob observação contínua, foi levada ao posto próximo. Permaneceria sob vigilância redobrada.

Seria submetida a uma regressão mediúnica induzida quando passadas vinte e quatro horas. Dona Modesta iria receber o inconsciente profundo, o corpo mental de Selena, para tratar as raízes de seu drama. Medicada adequadamente, ela adormeceu. Saindo dos aposentos, já com a hora avançada, doutor Inácio e dona Modesta travaram um diálogo descontraído sobre o assunto. Estavam exaustos, mas não perdiam o bom ânimo.

— Inácio, que dia abençoado! – exclamou dona Modesta, já um tanto defasada pelas lutas do dia.

— Eu diria endiabrado! Os homens na Terra não imaginam o que seja uma rotina dessas.

— Dar sem receber, dar por amor de realizar! Quantos não terão extensas lutas com esta lição neste outro lado da vida!

— Inclusive os espíritas!

— Inclusive os espíritas! É verdade!

— Estamos há exatas quinze horas em tarefa contínua. Só hoje visitei, por três vezes, a Terra. Não reclamo de nada, mas se tivesse meu cigarrinho de volta, acho que trabalharia mais quinze horas sem mau humor.

— Inácio! Inácio! Essa é a luta da qual estamos falando. Abandonar os costumes humanos!

— E ainda tem espírita achando que somos espíritos superiores!

— Se Deus nos perdoou por isso, há de perdoá-los também – brincou dona Modesta.

— Deus, sim! Eu nem tanto. Ainda hoje, realizei consulta em meu consultório a um desses dirigentes que mais gostam de uma mesa que de gente, velho companheiro das proximidades de Uberaba, e imagine o que ele queria!

— O quê, Inácio?

— Que eu ficasse lhe fazendo sala. Batendo papo como fazem os mentores, disse ele.

Disse, também, que estava muito feliz em estar onde estou, porque isso é sinal de superioridade e, como estava muito cansado da reencarnação, adoraria descansar alguns dias ao meu lado.

— E você, naturalmente...

— Naturalmente, dispensei-o como faço com qualquer pessoa iludida o bastante para ter essa miopia moral.

— Inácio, Inácio! O que disse a ele?

— O de sempre. Descansar depois da morte é coisa de carola e velho.

Os dois riram incontidamente.

— Realmente há muita ilusão!

— Houve outro, um desses "enciclopedistas espíritas", que leram tudo sobre a doutrina, que ainda zombou de mim um dia desses. Passava por um corredor, já cansado, com um mau humor pior que o habitual, depois de quase vinte horas de trabalho, e sabe o que ele me disse?

— O quê?

— Doutor Inácio, que cara é esta? Até parece que o senhor está cansado! Espírito superior não se cansa, ouviu! Aprenda a usar sua mente!

— E você?

— Eu lhe dei o troco merecido. Disse a ele que não estava cansado, estava arrependido de ter morrido. Devia ter ficado na Terra uns mil anos para não encontrar mais com religiosos. No Sanatório Espírita de Uberaba, pelo menos, essa segurança eu tinha. Não era obrigado a lidar com os enredos e as fofocas do movimento doutrinário!

— E ele?

— Ele ainda me perguntou se tinha algo me incomodando.

— E você, naturalmente... – brincou dona Modesta.

— Naturalmente, eu me calei, porque, se falasse naquela hora, seria um desastre!

— Se contarmos nos livros, realmente nossos irmãos terão dificuldade em acreditar na realidade deste momento. Veja só o estado de meus cabelos, coisa horrível, meu Deus! Olhe a cor de meu guarda-pó! – e passou as mãos sobre os dejetos secos expelidos por Selena e vários outros atendimentos naquele dia. — Quem imagina que também nos cansamos e precisamos do sono e dos aparelhos de recomposição energética? A grande maioria nos imagina dotados de superlativo poder mental, capaz de tudo providenciar em um passe de mágica. Usar a mente! Pensam que, ao morrer, tudo se resolve com a mente, como se ela se soltasse do cérebro e...

— Passássemos a ter asas na cabeça – completou doutor Inácio.

— É por aí, Inácio. Ao imaginar uma vida espiritual ange-
lical, o homem adormece nas visões religiosas e estabelece um falso conceito sobre o plano espiritual.

— Não bastasse isso, e, quando chegam aqui, ainda
querem mudar o que Deus criou! Adoram dar palpites
e sentem-se os donos do pedaço.

— Donos do pedaço! Expressão humana que cabe bem
na história de Selena.

—A senhora estudou a ficha com mais atenção. Teremos
uma incisão anímica?

— Não há outra saída. Dentro de vinte e quatro horas
faremos uma varredura no inconsciente.

— E quando a senhora acha que Marcondes e Selena
poderão saber da história?

— Na hora certa acontecerá, Inácio!

— O destino enlaçando espíritos até no plano espiritual.
Quem diria! Mais uma para aqueles que julgam ter a
"chave do céu"! Se a reencarnação é palco de laços
de afeto e desafeto, a imortalidade é o camarim onde
os espíritos se despem das fantasias das ilusões para
que se olhem como devem no espelho da realidade.

— Uai! – disse dona Modesta como uma típica mineira.
— Virou poeta, Inácio?

— Não, dona Modesta! Foi apenas uma crise psiquiátrica.

O bom humor permanente, a despeito do cansaço, não
roubava nunca daqueles dois a chance de ironizar as mais
sérias e profundas questões da vida. Essa característica
pertinente a ambos era-lhes medicação e refazimento.

— Vamos descansar, Inácio, pois afinal de contas...

—Afinal de contas, temos horário para cumprir e a quem dar satisfações amanhã bem cedo.

"

Não basta regredir ao passado quando se tem objetivos terapêuticos.
O importante é revelar emoções essenciais, vivências interiores que servem de grilhões e, o principal, desatar os nós afetivos.

"

13
Técnica Anímica

"A lembrança da existência corporal se apresenta ao Espírito, completa e inopinadamente, após a morte?

Não; vem-lhe pouco a pouco, qual imagem que surge gradualmente de uma névoa, à medida que nela fixa ele a sua atenção."

O livro dos espíritos, questão 305.

A paciente estava mais de vinte horas no estado de coma mental. Monitorado por avançada tecnologia, seu quadro inspirava cuidado especial. Seu diagnóstico era delicado, uma fixação mnemônica em vivência pretérita. Selena guardava vínculos estreitos com Angélica (Elise Pyrré), dirigente encarnada que a substituiu nas tarefas e que fora sua filha. Sentimentos hostis tomavam conta de seu campo emocional à maneira de virulenta doença cardíaca. Aliás, essa era a matriz da cardiopatia prolongada que a tirou do corpo físico. A utilização de técnicas anímicas de regressão poderia surtir efeitos positivos. Dona Modesta guardava larga experiência no tema. Utilizando-se de seus recursos mediúnicos, seria intermediária do corpo mental de Selena, a fim de serem executadas delicadas cirurgias. Passado o efeito das medicações sedativas, ela apresentava sinais vitais estáveis e pouca lucidez mental. Fizemos a oração juntamente com a enfermeira Rosângela, a médium, doutor Inácio e dois especialistas em neurocirurgia. Dona Modesta postou-se ao lado da cama, em transe profundo.

— Selena, pode me ouvir? – indagou doutor Inácio, dirigindo-se à médium.

— Bonsoir, merci!

— Esta não é mais a sua língua. Você está no Brasil, Selena!

— Eu não sou... Selena – disse ofegante, como se acordasse de uma vez e com os olhos esbugalhados. – Eu não sou Selena! Selena não existe! É uma réplica infeliz.

Enquanto isso, o corpo espiritual de Selena contorcia-se na cama e ela suava abundantemente.

— Qual é seu nome?

— Condessa Pyrré, descendente da família De Guise.

— A condessa já reencarnou como Selena.

— Não! Selena é uma réplica de mim. Jamais existiu ou existirá. Elise está a meu lado e me ama. Ha, ha, ha! Ela me ama. Querem chamá-la de Angélica! Isso é obra de Catarina, a malvada dos Médicis.

— Engano seu, Selena. Elise hoje é Angélica. Está reencarnada. Nada tem a ver com Catarina.

— Catarina é a encarnação do mal na humanidade.

— Que ela lhe fez de tão mal?

— Envenenou o coração de seu filho para roubar-me Elise.

— Teria ela algum motivo?

— Nenhum.

— Não minta, minha filha. Aqui é o país da Verdade.

— Ela é vingativa.

— Por quê?

— Seu esposo me amava. Fui uma concubina sem intenções para tal. Catarina está aqui?

— Não.

— Mas eu sinto como se estivesse.

— Não, engano seu. Procure se acalmar. Ela não está aqui. Estamos em outro tempo, Selena.

— Selena não existe.

— Então vamos ver se não existe. Observe seus pais, Selena. Volte à idade de dez anos. Veja aquela caixa de presentes que lhe foi dada por seu avô Totonho. Viu?

— Sim. Eu me lembro. Meu presente preferido. Vovô Totonho! Onde ele está?

— Lembra como conheceu o Espiritismo? Pequenina ainda. Qual é o seu nome?

— Não sei. Talvez seja...

— Selena. Repita comigo: Selena, Selena, Selena.

— Selena...

— Isso. Esta é sua identidade atual.

Nessa altura, os especialistas aproximaram-se e colocaram na cabeça de Selena uma touca que irradiava ondas de intenso magnetismo, provenientes de um fino canal a ela interligado. Dona Modesta sentia, na mesma região, uma ardente onda de calor. Após alguns segundos, podia-se ver, nitidamente, saindo dos lóbulos frontais da médium, uma massa gelatinosa purulenta de cor amarela. Fenômeno parecido com a emanação de ectoplasma. Uma grande gota do lado esquerdo, outra do direito. A matéria escorria pela face, e doutor Inácio a examinava em silêncio. Depois de alguns minutos, nova dose daquela gosma escorria com mais intensidade, desta vez exalando um desagradável odor. Rosângela prontificou-se a recolher o material cuidadosamente em pequenos chumaços de algodão. Por onde o líquido escorria, notava-se, na face da médium, como se estivesse queimada a pele. Marcas visíveis de oxidação. Selena apresentou imediata alteração em seu quadro. Seu batimento cardíaco, sempre lento, passou a pulsar em ritmo normal. Foi, então, que doutor Inácio chamou a atenção da enfermeira para o seio esquerdo da médium, totalmente empapado na mesma substância. Rosângela, com carinho e respeito, abriu-lhe a roupa e passou ao asseio necessário. A médium permanecia em total inconsciência. A operação chegou ao fim.

— Modesta, pode me ouvir?

— Sim, Inácio. Regresso lentamente. O fio foi cortado. Angélica está livre.

— Graças ao bom Pai.

— Como está Selena? – perguntou dona Modesta, ainda de olhos fechados.

— Todos os seus sinais são promissores. Ela dorme como uma criança.

— Solte as amarras dos braços e das pernas.

Mesmo ainda recobrando a lucidez, a médium preocupava-se com a paciente, esquecendo-se de si mesma.

Terminada a técnica, passamos a outras atividades da rotina. Dona Modesta deixou um recado para Selena. No dia seguinte, viria visitá-la para os esclarecimentos necessários. Passadas duas horas exatas, a paciente recobrara a consciência. Teve fome e pediu de comer. Cuidou do asseio e, já refeita, conquanto fraca, iniciou uma amizade com a enfermeira.

— Qual é o seu nome?

— Rosângela. Sou enfermeira nesta ala restrita.

— Estou na ala restrita?

— Sim. Você passou por um quadro que exigiu cuidado.

— Não foi você quem cuidou do Marcondes quando esteve aqui?

— Isso mesmo! Vejo que começa a se recordar dos fatos. Fico feliz!

— Que tipo de tratamento foi o meu, Rosângela?

— A senhora estava com pinças pretéritas. São pontos emocionais muito intensos e crônicos de ligação com o passado. A senhora se lembra de algo?

— Alguns nomes estão como um eco na minha mente. Elise Pyrré. Tenho a impressão de já ter ouvido esse nome aqui mesmo no Hospital.

— Ouviu!

— Ouvi?

— Lembra de Eulália?

— A amiga de Marcondes?

— Ela mesma! Eulália foi Isabelle Pyrré.

— Sim, é isso mesmo. Agora me lembro melhor! Mas e Elise? Há alguém com esse nome ou...

— Tem. Elise foi irmã de Isabelle.

— Os nomes me causam um desejo de chorar, Rosângela. O que acontece comigo? – e caiu em pranto sentido.

— São recordações, Selena. Logo você entenderá! Procure se acalmar e refazer seu estado. Dona Modesta estará aqui amanhã e lhe responderá. Quanto ao choro, não segure, deixe fluir, minha amiga!

A noite passou rápida para Selena, afogada em muitas lembranças da oportunidade reencarnatória mais recente. Com muito custo, conseguiu adormecer e repousar. Na manhã seguinte, tinha outra disposição. Estava mais animada e alegre. Desejou sair do leito. Rosângela a conteve, pedindo-lhe para aguardar a visita de dona Modesta.

Não passava de sete horas e trinta minutos quando ela chegou elegantemente vestida.

14
Cargos e Responsabilidades

"E chegou a Cafarnaum, e, entrando em casa, perguntou-lhes:

Que estáveis vós discutindo pelo caminho?

Mas eles calaram-se, porque pelo caminho tinham disputado entre si qual era o maior.

E ele, assentando-se, chamou os doze e disse-lhes:

Se alguém quiser ser o primeiro, será o derradeiro de todos e o servo de todos.

E, lançando mão de um menino, pô-lo no meio deles, e, tomando-o nos seus braços, disse-lhes:

Qualquer que receber um destes meninos em meu nome a mim me recebe; e qualquer que a mim me receber, recebe não a mim, mas ao que me enviou."

Marcos 9:33 a 37.

— Dona Modesta! Não via a hora de conversarmos!

— Aqui estou, amiga querida! Como passou a noite?

— Bem, muito bem! Tenho a impressão de ter um coração novo!

— Ótimo! Pretendo tirar você desta cama mais rápido que pensa.

— E a senhora? Posso saber aonde vai nessa elegância? – manifestou a convalescente com humor.

— Vou ao plano físico. Tenho muitas visitas e compromissos por lá hoje.

— Jamais imaginei uma rotina como a de vocês. Conversei muito com Rosângela e impressionei-me com o ritmo de trabalho por estas bandas.

— Abençoado trabalho, Selena!

— Dona Modesta, eu...

— Já sei! Quer saber tudo, tintim por tintim.

— Tenho algum problema grave?

— Nem tanto! Uma obsessão crônica, envelhecida.

— Uma obsessão? É sério?

— É sério.

— O obsessor foi assistido?

— E como!

— Onde está?

— Aqui.

— Aqui?!

— Diante de mim.

— A senhora está com muito humor hoje.

— Não é só humor. É fato. O obsessor, caso prefira utilizar essa indesejável expressão, está aqui na minha frente.

— Eu?

— Você vê mais alguém aqui no quarto?

— Mas...

— Quero lhe fazer uma pergunta, Selena – assim expressou a benfeitora, mudando o tom da conversa.

— Faça!

— Qual o significado de Angélica, sua companheira de lides espíritas, para você?

— Sinto coisas horríveis por ela depois do que ouvi na reunião de diretoria.

— Já sentia isso antes?

— Eu...

— Sem máscaras, Selena!

— Sim, já sentia. Angélica causava-me um misto de carinho e necessidade de posse. Não admitia vê-la longe de minhas ordens ou...

— Ou?

— Não admitia vê-la agindo sem minha permissão ou contrariando minhas opiniões. Creio que seja a filha que não tive, ou, quem sabe, era um carma meu.

— Ela se queixava disso?

— Muito. Mas não tinha razões para isso.

— Qual era a queixa?

— Dizia que eu a sufocava. Chamava-me de controladora.

— E você era?

— Nem um pouco. Apenas me sentia muito responsável por ela.

— Engano seu, amiga querida! Engano seu! Você não só a controlava como a impedia de crescer. Em verdade, sua atitude foi uma prisão na vida de Angélica.

— Dona Modesta, não fale assim comigo, pois minhas intenções eram as melhores.

— Minha filha, chegou a hora da verdade. Olhe-se no espelho da consciência. É imperiosa sua confissão.

— Confissão?

— Confessar seus medos e interesses, Selena! A maioria das pessoas que deixam a vida corporal chega aqui com densos escudos psíquicos encobrindo seus medos. Medos cultivados às ocultas durante seu trajeto de vida.

— De que medo a senhora está falando?

— Quem deve saber é você, amiga. Pense!

— Por vezes, passava algumas ideias sem sentido pela minha cabeça.

— Fale sobre elas.

— Achava Angélica muito imatura e entusiasmada. Excessivamente bondosa. Acreditava demais nos espíritos e nos líderes do movimento. Demasiadamente criativa.

— Onde se oculta seu receio nessas questões?

— Não que eu tivesse receio, mas...

— Selena! Selena! – interrompeu dona Modesta. — Pare de contornar o problema. Seja clara. Era receio ou não era?

— Era, dona Modesta! Era sim. Desculpe-me por rodear demais. É difícil este assunto para mim e ainda não me sinto muito bem.

— Compreendo. Todavia, é seu instante de cura, companheira. Chega de fugas e desculpas. Meu papel é auxiliá-la no enfrentamento íntimo. Preferível a dor da verdade ao ácido corrosivo da mentira prolongada. Fale!

— Eu tinha medo de Angélica roubar meu lugar. Tinha zelo com o trabalho. As ideias dela eram avançadas demais. Não me inspiravam segurança. Muito afoita e cordata. Apesar disso, catalisava os demais e...

— E...

— Precisava podá-la por receio de não acompanhá-la, de não conseguir manter minha posição.

— Posição?

— Meu cargo! Foi com tanto sacrifício e renúncia que cheguei até onde cheguei! Eu tinha as melhores intenções. Será que fiz mal?

— Preciso convir que o desejo sincero a que você chama de melhores intenções costuma ser inegável em muitos casos. Isso, porém, não é suficiente para a criação de laços autênticos e duradouros, tecidos com a lealdade aos nossos reais sentimentos. Conviver é um desafio, Selena! Ainda que imbuídos das melhores intenções, nosso egoísmo é saliente demais para nos permitir conviver à luz das propostas do autêntico amor. Você não fez nada por maldade. Quase sempre, nossos relacionamentos são como uma casa sobre a areia, sujeita a ruir perante frágeis intempéries. Como não possuímos qualidades morais suficientes, adotamos dois caminhos nos relacionamentos.

— Quais?

— O controle e a indiferença. Raramente escapamos a esses desatinos ético-emocionais. Não fomos educados para conviver. Somos recém-saídos do instinto. Somente agora iniciamos os primeiros passos na senda do altruísmo, do desprendimento, da solidariedade e da caridade cristã. A noção que trazemos de família e amizade está sufocada por lastimável dose de interesse pessoal e amor-próprio. Se não conseguimos controlar alguém, quase sempre utilizamos o mecanismo da indiferença, isto é, a negação da diferença. O tema é extremamente profundo e sutil. Por essa razão, a fraternidade e a construção do afeto nos círculos de convivência ainda são obras difíceis para espíritos como nós.

— Não se inclua, dona Modesta, apenas para me aliviar! – falou descontrolada.

— Para aliviá-la?

— Claro que sim, pois, como poderia uma trabalhadora como a senhora se colocar nessa condição?

— Você não me conheceu e ainda não me conhece o bastante, minha filha. Natural que queira me poupar, considerando suas noções ainda moldadas pelas teorias espíritas que trouxe da Terra. É possível que me tenha na conta de um espírito superior ou algo assim, entretanto, prepare-se para se decepcionar.

— Decepcionar-me?

— Não queira saber o que é passar uma semana a meu lado. Boa parte dos espíritas imagina as esferas espirituais como lugares santificados, repletos de vultos do Espiritismo, aguardando-os de braços abertos depois da morte. Não foram poucos os que chegaram aqui procurando Allan Kardec e os demais expoentes da doutrina. Alguns, mais enlouquecidos, queriam ver Jesus. Acreditavam ter pagado todas as contas tão somente por passarem algumas décadas na distribuição de gêneros alimentícios e agasalhos.

— Difícil acreditar, dona Modesta!

— Muitas vezes, quando encontram alguém conhecido, esperam um par de asas sobre os ombros. Contudo, quando começam a conviver conosco, decepcionam-se em suas expectativas e...

— Então começam os problemas.

— Percebo sua dúvida, Selena, e, como mineira que não deixei de ser, vou lhe contar um caso. Quando desencarnei, doutor Bezerra de Menezes chamou-me para assumir uma enorme responsabilidade nesta casa. Seria a condutora do pavilhão no qual se encontravam os casos mais complicados de cristãos falidos e enfermos. O pavilhão dos líderes e servidores coletivos. Com poucas semanas de tarefa, um grupo de espíritos ousados reuniu-se para apresentar queixa sobre minha conduta firme. Não aceitavam uma mulher conduzindo-os. Estávamos no ano de 1964, imagine como era o preconceito contra a mulher! Estavam revoltados por serem dirigidos por uma espírita que não tinha folha de serviço em órgãos e entidades de unificação. Questionavam: "Como pode uma dirigente de sanatório psiquiátrico ser nossa tutora?" Queriam alguém melhor e mais amável.

— Não consigo acreditar nisso! – atalhou Selena, com espontânea surpresa.

— Não queira saber quanta balbúrdia e burburinho gerou tal ocorrência aqui no Hospital. Foram dias difíceis para todos nós. Fiquei muito magoada. Nunca imaginei que algo assim pudesse acontecer com alguém, muito menos comigo, que nunca pleiteei nada em torno de cargos e títulos. Chorei muito na véspera e procurei Eurípedes, que me acalmou. Ele me disse que tudo seria resolvido. Tivemos, então, de marcar uma reunião com Bezerra para decidir o caso.

— E como foi? – interrogou ansiosa a ouvinte.

— Um deles tomou a palavra e expôs, em nome dos demais, o ocorrido. Eram 20 ao todo. Doutor Bezerra ouviu tudo com extrema serenidade. Eu nem me ocupei em dizer algo, porque nem imaginava o que dizer. A vontade que tinha era... Bom, deixa para lá!

— Que dor deve ter sentido a senhora!

— Você nem imagina quanta dor. Após a palestra do representante do grupo, o bondoso Bezerra disse com determinação:

— Irmãos em Cristo, aprecio a sinceridade de todos e as intenções justas pelo bem desta Casa do Cristo. Certamente, ao apresentarem suas queixas, devem ter, também, escolhido alguém que preencha os predicados morais que levaram o nosso diretor-geral,

Eurípedes Barsanulfo, a aprovar o nome de dona Modesta na condução deste pavilhão.

O representante do grupo externou:

— Não, doutor Bezerra. Não tivemos essa preocupação por desconhecer as razões da escolha de dona Modesta. Apenas não concordamos com a decisão. Tem havido muito incômodo com as suas ações determinadas e demasiadamente, digamos, sinceras – falaram em tom de ironia.

— Sendo assim, peço fraternalmente licença aos irmãos para um acordo – externou doutor Bezerra. — Se me responderem com sinceridade a duas questões, considerem a transferência de dona Modesta para outras atividades. Concordam que seja assim?

— Claro! Claro! – manifestaram todos, um a um, repletos de imponência, pois adoravam esse tipo de reunião decisória.

— Qual de vocês, enquanto na Terra, devotou-se ao próximo sem limites de sacrifício na escola do amor?

O grupo permaneceu em silêncio. Olhavam um para outro como se não entendessem a indagação. Pareciam esperar outro gênero de questionamentos. E, ainda sem digerirem a pergunta, doutor Bezerra voltou à carga com ternura e firmeza:

— Quais obras de amor deixaram na humanidade em nome do Cristo, a fim de que os homens lembrem seus nomes na posteridade?

Ninguém respondeu absolutamente nada. Olhavam-se confusos. A reunião foi encerrada e já se passaram mais de quatro décadas que me encontro em serviço ativo neste pavilhão. Todos eles eram excelentes trabalhadores na seara, mas ainda desgastados pelo interesse pessoal.

Fizeram muito, entretanto, descuidaram do amor. Operaram maravilhas pela teoria espírita, pela doutrina. Todavia, como ocorre a muitos, esqueceram o próximo. Não sabiam conviver, não sabiam enxugar uma lágrima, tinham péssimos relacionamentos, não suportavam ser contrariados, adoravam controlar e ser servidos, eram fascinados por suas folhas de serviço, mimavam os cargos e, no fundo, adoravam excluir. Uma grande diferença existe entre o tarefeiro e o servidor, o trabalhador e o operário.

15
Projeto Essencial

"Vinde a mim, vós que sois bons servidores, vós que soubestes impor silêncio aos vossos ciúmes e às vossas discórdias, a fim de que daí não viesse dano para a obra!"

O Evangelho segundo o Espiritismo, capítulo 20, item 5.

— Estou perplexa diante de sua história! – expressou Selena.

— Você aprenderá muito por aqui, minha filha. Morrer tem suas vantagens.

— Dona Modesta, seja franca comigo!

— Quer minha opinião sobre Angélica? – antecipou a benfeitora.

— Sim.

— Selena, vários casos de personalidade controladora explicam-se em razão da energia que a criatura emprega para tomar conta da vida, uma tentativa de não se decepcionar, não se frustrar. Quase sempre, são pessoas magoadas e com medo de serem ofendidas novamente depois de algum incidente doloroso. A maioria dos espíritas vem se preocupando demasiadamente com as obsessões de desencarnados para encarnados, entretanto, desconhecem o quadro lamentável de obsessões que brotam nas relações humanas. É necessário convir que os desencarnados, em razão das barreiras vibratórias referentes às dimensões, têm um limite de atuação sobre os homens no corpo. Mesmo com tantas opções de ação por parte dos espíritos, os encarnados, por vibrarem em faixas físicas idênticas, continuam sendo os mais influentes obsessores com os quais os homens deveriam se ocupar. O egoísmo que ainda nos é peculiar tem mil modos de desrespeitar o livre-arbítrio e gerar a supremacia pacífica sobre o próximo.

— Então terei exercido uma obsessão sobre Angélica?

— Sem dúvida!

— Meu tratamento tem algo a ver com ela?

— Claro!

— Seria essa a razão dos sonhos que tinha com ela chegando ao portão do Hospital sem conseguir entrar?

— Não eram sonhos. Eram fatos reais. Angélica a procurou noites a fio ao se emancipar do corpo físico.

— As vozes não eram alucinações?

— Não, não eram. Você ouvia Angélica a distância. Ela criou uma dependência doentia. Por outro lado, sua partida também foi um alívio. Essa a razão das palavras firmes que expressou durante a reunião no centro espírita e que tanto a magoaram.

— Senti-me traída.

— Mas não foi. Há muitas pessoas que se sentem traídas sem avaliar a extensão do que existe no coração alheio. Existem controladores da vida alheia que oprimem sem saber, ofendem sem desejar. Angélica foi sua filha na personalidade de Elise Pyrré, irmã de Isabelle Pyrré, hoje renascida como Eulália.

— Então Eulália...

— Eulália, cujo nome chamou sua atenção na visita a Marcondes, foi Isabelle, a filha rebelde que lhe causou muitas decepções. Tentando prevenir a sequência de desastres na família, você, como mãe na personalidade de condessa Pyrré dos Guise, passou a zelar com excessos por Elise. Você foi ferida demais por Isabelle e tentou poupar Elise controlando-a, superprotegendo-a. É a primeira vez, em alguns séculos de encontros, que ela se sente livre para ser o que gostaria. Sua ausência pela morte, em outras ocasiões, não significava o fim do cativeiro para Angélica. Agora, no entanto, creio que será bem diferente este epílogo.

Selena não suportou as revelações e rendeu-se à incontrolável pranto. Dona Modesta a acolheu nos braços como uma criança indefesa e assustada. Afagava a cabeleira lisa da companheira como se o fizesse a uma filha. Ainda soluçando e com voz embargada, a paciente ainda encontrou forças para perguntar:

— E o centro espírita? Por que o cerco dos capangas?

— Expressiva parcela de casas doutrinárias se encontra em situação parecida, graças à natureza do campo vibratório que gravita nos relacionamentos entre seus tarefeiros. Os sentimentos determinam a qualidade espiritual dos ambientes.

— De que natureza é esse campo?

— Quando existe honestidade emocional e afeto, os campos são de alegria e bem-estar.

— Mas existe, porventura, algum centro espírita cujo campo não seja dessa espécie?

— Lamentavelmente! Não se assuste quando digo que alguns centros erguidos em nome de Jesus Cristo têm sido pasto de obsessões e doenças graças à natureza enfermiça de seus condutores.

— Inacreditável! Por vezes, chego a pensar que estou tendo uma miragem! Ou sendo vítima de um engano!

— Ou ouvindo uma obsessora, você quer dizer.

— Por aí, dona Modesta!

— É natural! Basta ser um espírita sem noções claras sobre o que se passa por aqui para ter essas sensações.

— Não deveríamos avisar os amigos no plano físico sobre o assunto?

— Se você não acredita estando aqui, acha que eles acreditariam se lhes endereçássemos algum apelo? No tempo adequado, abriremos o véu.

— Não consigo entender a razão de semelhante ocorrência na casa que presidi. Tínhamos um bom relacionamento. Com problemas, é verdade, mas sincero. Mesmo com minhas falhas, o trabalho prosseguiu com bons resultados.

— Selena, que critérios temos adotado para aferir resultados na seara do Cristo? Serão eficazes? Ou fruto de nossa análise ainda interesseira e autopromotora? Mais que resultados palpáveis externamente ou para os beneficiados do centro espírita, importa aferir a construção íntima que edificamos na escola dos relacionamentos. Será que os trabalhadores sentem nossa ausência quando faltamos? Somos queridos e esperados por quem compartilha conosco a tarefa no dia a dia?

— Acreditava que o ambiente era bom em nossa casa!

— E era!

— Então por qual o motivo aqueles espíritos cercavam o centro?

— Sua decisão impensada! O alvo das críticas de Angélica na reunião de diretoria.

— A suspensão das tarefas mediúnicas?

— Exatamente! Uma casa doutrinária sem o serviço de intercâmbio entre os mundos físico e espiritual é como um reduto isolado por altas paredes em pleno deserto do materialismo.

— Fiz mal com minha atitude?

— Mais do que pode supor, Selena.

— Ai, meu Deus! É muita notícia ruim para um só dia! Estou com uma nítida sensação de falência, como se nada de bom tivesse realizado durante a vida física – envergonhada, cobriu o rosto com as mãos.

— Engana-se! Suas realizações contabilizam um saldo positivo alcançado por poucos.

— Preferia não falar nesses assuntos! Entristecem-me. Creio que...

— É seu momento de aferição – novamente intercedeu dona Modesta. — Não temas nem fujas! Quanto antes enfrentá-lo, melhor para sua paz. Ao fechar as portas para a mediunidade, qualquer organização humana está decidindo pela horizontalidade de suas experiências. A relação com a sociedade invisível representa a essência do Espiritismo. Espiritismo sem mediunidade é espiritismo de homens. O Espiritismo do Cristo é luz, verdade, elevação e progresso. É Espiritismo com espíritos. Doutrina Espírita quer dizer doutrina dos espíritos. Grave bem: dos espíritos!

— O propósito foi evitar os abusos e...

— Sabemos disso! – interrompeu a orientadora. — Sua iniciativa não obedeceu a interesses personalistas. Isso não os livrou do peso das pressões psíquicas. Pior que fechar as portas da mediunidade é abri-las somente a quem se deseja.

— Explique melhor, dona Modesta.

— O exercício mediúnico atravessa um grave processo deflagrado há algumas décadas, que conduziu ao rompimento com a espontaneidade. A título de instituir cuidados que se fizeram necessários – fato que ninguém pode contestar – criaram-se normas e padrões muito rígidos. O exercício mediúnico precisa ter novo significado.

— Jamais conseguiria agradar a todos em minha posição! Tive problemas sérios com a mediunidade em nosso centro.

— Não se trata de agradar e, sim, fazer o melhor a nosso alcance em conformidade com as propostas do Cristo e do codificador. Infelizmente, existe muito espiritismo sem espíritos. O motivo? É fácil responder: os homens fundaram casas e mais casas. Poucos foram os que consolidaram grupos. Muito fácil reunir pessoas. Difícil é unir pessoas. Sem equipes fraternas e afetuosas não teremos serviços criativos e ricos de entusiasmo e alegria. Sem isso, como avançar em direção ao espírito do Cristo? A mediunidade não deve ser analisada apenas como uma atividade da casa espírita. Em verdade, ela é a base das tarefas espirituais. O termômetro pelo qual se podem medir as lutas e os valores de uma organização e seus integrantes. A relação entre homens e espíritos constitui o centro da proposta espírita, isto é, a consolidação do sentimento de imortalidade no coração.

— Poderei cooperar para a mudança dessa história? Terei como intervir para que o meu grupo espírita tome outro rumo? Estou abismada com a situação que criei. Amava tanto o Centro Espírita Paulo e Estêvão! Lembro-me do dia em que tudo começou!

— Amiga, por muito menos, as trevas têm tomado sob domínio muitos centros espíritas. Basta manter a atual noção de caridade com desencarnados, mantendo a tarefa apartada da casa.

— Não entendi.

— Existem grupos inúmeros que foram sitiados por inimigos inteligentes cujo propósito jamais foi o de acabar com o centro. Essa técnica está em desuso há boas décadas. Os gênios da maldade concluíram que, melhor que fechar centros, é mantê-los inoperantes, medíocres, improdutivos, escravos de convenções inúteis. Assim, aproveitam a tendência humana de estagnar mentalmente na rotina e incentivam o marasmo. Fácil ação! O psiquismo humano está congestionado pelo dogmatismo e pela preguiça. O ritmo da mente humana está afinado com a época da mordomia, da lentidão, da vida sedentária e monótona a que se acostumaram em milênios e milênios, sem tecnologia e estímulos para o progresso. Pensar pouco, fazer mais. Mais ação, pouca filosofia. Caridade, sim, estudo, somente o necessário.

— Deus, tome conta!

— Com esse comportamento, conheço grupos que, em sua invigilância, discutem anos a fio, sem progresso, alguns assuntos que, para eles, tornaram-se essenciais, tais como: O mesmo médium que recebe espíritos sofredores pode, igualmente, receber espíritos de luz? É necessário que os médiuns se assentem sempre no mesmo lugar? O consumo de carne é permitido no dia da reunião? Assuntos que até poderiam ter alguma utilidade tornam-se bandeiras de pontos de vista. Criam alvoroços, ficam melindrados, apoiam-se em textos e discutem como velhos religiosos bem informados, debatendo questões de pouca utilidade.

— Enquanto discutem, acontece a acomodação!

— Com isso, o homem acomoda-se no ritualismo, na repetição, no padrão. Banem-se a criatividade, o novo e a experimentação, estabelecendo uma noção de segurança em torno de "formas usuais de fazer". A educação moderna declara em um dos seus quatro pilares: o "aprender a fazer". Todos os grupos doutrinários na atualidade são convocados a "reaprender a fazer".

— Um nó em meu cérebro. É isso o que sinto!

— E, por acaso, você ainda tem cérebro? – as duas gargalharam.

— Puro costume, dona Modesta. Costume velho! Então a questão é "aprender a fazer"?

— Não basta!

— Não?

— É urgente criar um projeto essencial, sem o qual...

— Sem o qual nada dará certo! – atalhou Selena, completando a fala.

— Isso mesmo.

— Que projeto é esse?

— Simultaneamente com o "aprender a fazer", o programa dos tempos novos prevê o "aprender a conviver". Sem conviver no amor, não conseguiremos segurança autêntica na obra do Cristo. Compete-nos estimular esse projeto essencial. Sem ele, nenhuma organização doutrinária terá êxito em quaisquer outros projetos, por mais nobres e inteligentes que sejam. A obra de Nosso Senhor Jesus Cristo nunca exigiu tanta atenção, como agora, ao inesquecível apontamento: "(...) sede prudentes como as serpentes e símplices como as pombas."[38]

— Por qual razão?

— Está havendo muita confusão sobre o que seja ser cristão. Uns querem a mansidão e terminam no sentimentalismo. Outros, a pretexto de serem sagazes, estagiam no cálculo. Os sentimentalistas tombam na conivência. Os calculistas, na arrogância. A arrogância é a atitude daquele que possui dilatada visão intelectual

---

38 Mateus, 10:16.

e nega seus sentimentos em favor das inabaláveis convicções pessoais. Conivência é a postura de quem está na mansidão e nega os apelos da consciência em favor da verdade. A arrogância é alimentada pelo egoísmo. A conivência é fruto do medo de enfrentar desafios e crescer.

— Quer dizer que o maior desafio presente na seara é aprender a conviver?

— Aprender a amar é nosso maior desafio! Como amar sem boa convivência? Nesse iniciar do século 21, estamos em plena campanha, no mundo dos espíritos, para dilatar os princípios de utilização das forças mediúnicas na Terra. A exemplo do ocorrido com os baluartes da doutrina no alvorecer do século 20, estamos trabalhando por modelos novos de intercâmbio entre as esferas. Para isso, os grupos doutrinários haverão de se lançar à postura da investigação fraterna. Fica, porém, a pergunta: como investigar, com desejável utilidade, as questões relativas à mediunidade em grupo, se não existe convivência tecida na confiança e no amor? Que espécie de questionamentos e avaliações poderá ser levantada onde existam discórdia e instabilidade nos relacionamentos?

— Compreendo. Os projetos são abortados! O movimento está cheio deles.

— Doutor Bezerra, em nome do Espírito Verdade, nomeou esse projeto essencial como Humanização na Seara Espírita. Mais importante que o Espiritismo teórico, urge a aplicação de suas lições éticas. Nada nos impedirá o amor que todos temos à doutrina, essa fonte interminável de consolo e luz, todavia, o centro das cogitações da própria doutrina é o amor que devemos uns aos outros. Esse o foco essencial.

— O que é mais importante: a "obra do Cristo" ou as pessoas nela inseridas? – indagou Selena.

— Boa pergunta! A legítima obra do Cristo constitui-se de pessoas que aprenderam a se amar. De que nos valerá erguer paredes, escrever livros, distribuir gêneros, instituir pactos, se não aprendemos a perdoar, a aceitar críticas, a gostar dos diferentes, a tecer relações com os antipáticos, a gostar de se relacionar? A obra de Jesus, em verdade, estabelece-se no reino íntimo do coração e projeta-se nos benefícios da convivência pacífica e educativa. Sem isso, existem apenas movimento e treino emocional para o futuro.

— Então voltemos ao caso que a senhora contou. E se aqueles dirigentes "topetudos" não tivessem a diretriz sábia de Bezerra, como ficaria a obra? A senhora seria retirada do cargo aqui no Hospital?

— Minha filha, a pretexto de amar, não vamos ser descuidados; e a pretexto de sermos cuidadosos, não vamos ser individualistas.

— No meu caso, tive de fechar as portas para a mediunidade devido a médiuns personalistas e abusos sem conta. Melhor o serviço com qualidade que exercer uma atividade com desequilíbrio. Optamos por fazer bem aquilo que tínhamos condição.

— Selena – aparteou dona Modesta – seja fiel à verdade. Optamos ou optei?

— Sim, é verdade. Foi uma opção pessoal. No fundo, ninguém concordava.

— Opção ou imposição?

— Imposição.

— Imposição pessoal. Esse é o registro em sua ficha reencarnatória. Angélica fez o que pôde para dissuadi-la. De fato, para evitar o abuso, são necessárias medidas disciplinadoras, mas não exterminadoras ou irredutíveis. Que se preparasse o médium. Interrompesse o intercâmbio por algum tempo e depois regressasse com mais tranquilidade e equilíbrio. Isso seria o ideal.

— E agora, o que será do "Paulo e Estêvão"?

— Espera-nos muito trabalho para "limpar a área".

16
O Servo de Todos

"Não será assim entre vós; mas todo aquele que quiser entre vós fazer-se grande, seja vosso serviçal. E qualquer que entre vós quiser ser o primeiro, seja vosso servo."

Mateus 20:26-27.

— Sinto-me como se a vida física não tivesse existido ou fosse curta demais. Seus esclarecimentos causam-me um profundo estado de frustração. Os méritos que supunha possuir parecem estourar como frágeis bolhas de sabão!

— Não é esse o meu propósito!

— Eu sei, eu sei! Mas tenho consciência de que realmente desperdicei muitas oportunidades.

Percebendo o olhar triste de Selena, dona Modesta ponderou:

— Qual de nós, no presente estágio de evolução, não caminha na negligência, pela desatenção no uso das oportunidades e das nossas habilidades?

— Esse enfoque me faz experimentar ainda mais a sensação de que uma vida dedicada ao Espiritismo nada me acresceu.

— É um juízo comum nos primeiros tempos do desencarne. Raríssimos escapam dessa vivência angustiosa.

— Será que o trabalho doutrinário teve alguma utilidade real? Que diferença faz ser espírita, afinal?

— Essa é uma pergunta clássica em nossa casa de amor. Somos doentes complexos. O que nos distingue dos demais enfermos nos hospitais da Terra é o anseio pela cura. Consideremos, entretanto, que essa aspiração superior, frequentemente, não ultrapassa o ato de admitirmos racionalmente nossas enfermidades. Nem sempre identificamos pelo coração a extensão das necessidades de aprimoramento. Nossa virtude consiste em estarmos sinceramente arrependidos do mal praticado no passado. Quem se arrepende de verdade fortalece as intenções enobrecedoras. Quando passamos a sentir nossas necessidades de aprimoramento, as aspirações sinceras fluem como se o dique que as represava abrisse suas comportas.

— Fui péssima dirigente! Antes não tivesse tanta capacidade de enxergar com perspicácia!

— A perspicácia, minha filha, é habilidade extremamente útil. O problema é nossa formação moral, nossos ímpetos.

— Ímpetos?

— Vou lhe contar algo pessoal. Fui uma mulher perspicaz. Trazia comigo essa bagagem da inteligência de várias outras experiências carnais. Todavia, essa conquista, desprovida da compaixão, é facilitadora da vaidade, quiçá do interesse pessoal. Regrada pela tolerância incondicional e pela ausência de preconceitos, é promotora do progresso, rompendo os densos véus da ilusão.

— A senhora não me passa a impressão de uma mulher perspicaz. Age com tanta discrição e simplicidade. Os perspicazes adoram se salientar.

— Estou aprendendo a transformá-la em virtude.

— De que forma?

— Quando a perspicácia é dosada de personalismo, transforma-se em astúcia, prepotência e instrumento de domínio, características básicas da arrogância; e a arrogância é o traço moral mais palpável do egoísmo humano. Por outro lado, essa habilidade intelectiva incentiva a criatividade, a percepção de futuro e a síntese que, sob as lentes da moral, promove o avanço. Jesus, dotado de excelente perspicácia, preveniu a Pedro sobre a negação, alertou Judas sobre a traição, colocou a multidão diante da própria consciência quando iam apedrejar a pecadora, percebeu os valores do publicano Zaqueu, considerado um ladrão pelo povo, e focalizou a virtude em Saulo por lhe sondar a alma amante dos valores espirituais. Graças à Sua incomparável compaixão, acolheu Pedro diante da culpa, isentando-o de julgamentos, socorreu Judas nos umbrais da erraticidade, orientou a mulher adúltera a não pecar mais, prestigiou as intenções de Zaqueu acima das convenções mundanas e convocou Saulo para o serviço redentor. Perspicácia sem amor é corrosivo nas relações sinceras e nos projetos de espiritualização.

— A senhora me perdoe o desabafo, mas há certas pessoas que...

— Que?

— Se não tivermos muita atenção, elas tomam conta do trabalho e nos deixam para trás. Mais a mais, na condição de mulher responsável, procurava zelar pela tarefa que me fora entregue, fazendo o melhor que podia.

— E de quem é o trabalho, minha filha?

— Do Cristo.

— Então, por que essa preocupação? Se nos deixarem para trás, certamente o Cristo, que sabe de nossas reais necessidades e de nossos poucos valores, não nos deixará. No fundo, sua atitude traduz o espírito da competição, Selena.

— É o que costumava sentir nas pessoas que me cercavam. Como se elas competissem comigo o tempo todo! Isso me obrigava a criar sempre alternativas de defesa para o trabalho.

— E você não competia com elas? – falou a benfeitora com bondade nas palavras.

— De jeito nenhum!

— Equívoco seu, minha filha! Grave equívoco da ilusão humana que ainda diz respeito à maioria de nós, os seguidores de Jesus!

— Equívoco? Porventura a senhora acha que competi na tarefa? – pretextou Selena com receio do que ouviria.

— Os discípulos sinceros da mensagem cristã hão de possuir abundante humildade para aceitar em si mesmos que, por mais valorosos que sejam seus esforços na senda do bem, inevitavelmente, em razão dos reflexos milenares, ainda guardam severo espírito de competição. À luz do espírito imortal, quem se declara distante da atitude de arrogância demonstra desconhecimento ou prefere ignorar o quanto ainda é dominado por seus impulsos, que assumem máscaras diversas, quais sejam: prepotência, autoritarismo, ciúme, controle, teimosia, julgamento, apropriação da verdade e inveja.

— Mas, dona Modesta, eu amava as tarefas que fazia. Como falar em competição?

— O amor que começamos a devotar ao bem não é capaz de excluir totalmente nossas tendências milenares. A luz e a treva lutam em nossa intimidade. Não esqueçamos igualmente, minha filha, que podemos amar as atividades, no entanto, a competição ocorre mesmo é nas relações uns com os outros.

— Nunca me imaginei arrogante ou competidora. Nunca me vi desse modo. Se alguém na Terra me falasse isso, jamais aceitaria. Na verdade, não me sinto convencida, mesmo com a sua explicação tão lúcida.

— Essa é uma das características psicológicas dessa enfermidade moral. Estamos tão habituados a ela que não sabemos medir seus efeitos em nossa vida. A arrogância é o mais envelhecido sentimento do período da razão, amplamente vinculado, em suas origens, ao sentimento de posse. Daí surge o impulso da competição, essa fria assassina da fraternidade. De alguma forma, competir é uma atitude natural e necessária ao progresso. Contudo, sob indução da vaidade e do orgulho, assume feições destrutivas, doentias. A arrogância é a excessiva valorização de si mesmo, cujos reflexos que mais se elevam, acima de tudo na convivência, são a competição e o julgamento.

— E a senhora ainda me diz que morrer tem suas vantagens! Não consigo, honestamente, perceber-me nessa condição. Minha cabeça admite o que a senhora coloca. Meu coração, porém, nada me diz. Sinto-me distante dessa realidade.

— Selena, querida companheira, dispa-se das ilusões! – externou com sua sabedoria a servidora uberabense.

— Ilusões?

— Essa radiografia moral pertence a todos nós, e não é só de uma existência, mas de várias. A arrogância é o traço mais antigo de nossa personalidade esbanjadora e rebelde. O serviço de descobrir seus traços em nós mesmos ocasiona, por vezes, dores acerbas e experiências marcantes nas relações humanas.

— É muita notícia ruim para um só dia! Isso é jeito de tratar uma convalescente? – externou a aprendiz em tom conformista e humorado.

— Como é bom descobrirmos tais doenças quando estamos internados. Pobres daqueles que a descobrem nos "infernos", onde há escassez de acolhimento e desconsideração por nossas intenções legítimas.

— A senhora acredita que eu deveria ter renunciado à minha perspicácia para acertar mais? Ser mais discreta, calada?

— Ninguém deve abrir mão das habilidades que possui como conquista, apenas educá-las à luz do Evangelho. Quando lhe disse que fui uma mulher muito perspicaz, em verdade, estagiei longamente nos desatinos da arrogância. Até hoje, há quem me deteste por aqui e na Terra, em razão de meus ímpetos nem sempre educados.

— A senhora?!

— E por que não? Falhei em um dos pontos mais difíceis da arrogância a pretexto de ser convicta e determinada.

— Qual?

— A mais destrutiva forma de arrogância é a fascinação que nutrimos pelas certezas pessoais, especialmente em relação à intenção e conduta alheias. Nesse aspecto, em diversas personalidades, a fascinação se agrega à perspicácia, transformando-se em intransigência, teimosia e autoritarismo, por meio de manifestações e de convicções irredutíveis. Os pontos de vista, os julgamentos e toda ideia definitiva acerca de fatos e pessoas, quase sempre, traduzem o espírito enfermiço do orgulho, a necessidade compulsiva que temos de nos sentir superiores a alguém. Sendo que esse alguém pode ser quem, de alguma maneira, tenha tocado em nossas mazelas interiores e, ainda que sem intenção, fez-nos sentir pequenos, frágeis e desprovidos moralmente.

— Por que agimos assim? – expressou-se Selena, completamente absorta na exposição e admitindo sua imperfeição com sinceridade.

— Porque a essência da arrogância nas relações humanas consiste na disputa sutil para provar quem é o maior. Por essa razão, temos de recorrer à sublime recomendação do Cristo. – E tomando do Novo Testamento, leu a passagem de Marcos 9:33-37:

"E chegou a Cafarnaum e, entrando em casa, perguntou-lhes: Que estáveis vós discutindo pelo caminho? Mas eles calaram-se, porque pelo caminho tinham disputado entre si qual era o maior. E Ele, assentando-se, chamou os doze e disse-lhes: Se alguém quiser ser o primeiro, será o derradeiro de todos e o servo de todos. E, lançando mão de um menino, pô-lo no meio deles, e, tomando-o nos seus braços, disse-lhes: Qualquer que receber um destes meninos em meu nome, a mim me recebe; e qualquer que a mim me receber, recebe não a mim, mas ao que me enviou."

— Parece que continuamos a disputar entre nós, até hoje, quem é o maior, não é mesmo, dona Modesta? – falou Selena com nítida alteração em seu estado de humor.

—Ai de nós, querida amiga, se não verificarmos que apenas iniciamos os primeiros passos de uma longa jornada no bem! Nossa arrogância, qual uma lente de aumento, faz-nos sentir como "campeões do Evangelho" somente porque começamos a dar direção nova às poucas qualidades que possuímos, esquecendo-nos da condição de esbanjadores milenares dos bens celestes, conforme a Parábola do Filho Pródigo do Evangelho.

— Que dor sinto diante de sua colocação! Creio que, igualmente, tenha falhado com Angélica nesse terreno.

— Melhor assim. É a dor benéfica do bisturi da verdade dissecando as espessas camadas da ilusão.

— Mesmo doendo tanto, ainda anseio saber como dominar esse monstro interior.

— "Não será assim entre vós; mas todo aquele que quiser entre vós fazer-se grande seja vosso serviçal. E qualquer que entre vós quiser ser o primeiro seja vosso servo."[39] – disse dona Modesta, consultando mais uma vez o Evangelho.

— Servo? Como soa mal essa palavra! Nunca gostei de ouvi-la nos estudos. Para mim tinha o sentido de ser capacho.

— Somente nós que sofremos da doença da arrogância nos sentimos mal diante dessa palavra. Nela se encontra a solução para nossos problemas de altivez. Mas esse é um tema que deixarei para sua meditação. Oportunamente retornaremos a esse aspecto.

— Sua fala alterou-me por dentro. Não me sinto nada bem! Como pode uma simples conversa incomodar tanto?!

— Fale do que sente, Selena!

— Sinto-me muito indigna do amparo que tenho recebido. Um misto de desânimo e desespero toma conta de mim. Uma angústia. Com tanta mediocridade em nossos atos, por que vocês ainda se interessam por nós? Por que Eurípedes ergueu um lar para cristãos transviados com tanta falsidade entre nós, os espíritas? Por bondade? – falou transtornada.

— Porque o ritmo do universo é o amor, seja em que instância for. Da bactéria ao anjo, a alma da vida é o amor. Compaixão, misericórdia, tolerância e solidariedade são expressões da Bondade Celeste. Juntas, constituem a força de atração para o progresso. Sem essa força que nos impulsiona, como avançar? Nós, os cristãos em busca da luz da imortalidade, somos

---

39 Mateus 20:26.

os lírios no pântano, a esperança de novos dias. "Vós sois o sal da terra e a luz do mundo."[40] Somos depositários de excelsas expectativas. Jamais as cumpriremos sem infinitas doses de tolerância superior e arrimo espiritual.

— Com tanta arrogância, como esperar tanto de nós? – lamentou Selena.

— Filha, precisamos rever muitos conceitos. Em meio ao lodaçal da prepotência, temos uma conquista sem a qual ninguém chega a melhores níveis de evolução.

— Uma conquista?

— O desejo básico ou desejo-matriz.

Selena demonstrou não entender.

— A intenção.

— Intenção?

— O que nos faz alvo da amorável complacência dos Planos Maiores é a intenção. É o nosso fio de ligação com a energia cósmica do amor. O mecanismo mental do arrependimento conduz a mente ao estado de saturação que edifica a intenção nobre. Por ela, conseguimos a garantia daquilo que buscamos diante da vida.

— E que relação fazer entre nossa arrogância e a intenção?

— Somos portadores de intenções honestas de melhora. Isso, porém, não exclui os efeitos da altivez em nossas atitudes. Com as melhores e mais legítimas intenções de acertar, ainda ferimos uns aos outros por meio de

---

40 Mateus 5:13-14.

tropeços e embaraços que resultam em separações e dores que gostaríamos de não mais experimentar.

— Preciso ser franca com a senhora. Toma-me um estado íntimo horrível! Uma tristeza intensa! Creio que não dou conta de continuar a conversa.

— O que prevalece neste momento?

—A depressão toma meu coração. Durante a reencarnação, nunca fui alegre; esperava melhorar meu humor neste plano. Tenho a impressão de que nem sequer levantarei mais desta cama. Neste momento, toma-me uma sensação muito estranha.

— Parecida com...

— Parecida com o que senti em nossa visita ao Centro Espírita Paulo e Estêvão. Suor frio, palpitação cardíaca, ideias desconexas. Parece que parei de sentir...

— Respire fundo!

Após a orientação, dona Modesta, em estado alterado de consciência, colocou o indicador no peito de Selena, fazendo leves fricções no sentido horário. A paciente respirava com certa dificuldade. A testa lívida, olhar inquieto, agitado. Parecia que iria explodir.

—Agora, Selena, fale o que vem à sua mente.

— Não posso!

— Fale, minha filha. Liberte-se desta angústia! – disse a benfeitora com determinação.

— Eu detesto viver. Eu queria morrer. Deixar de existir. Creio que eu nem exista. Arrependo-me de ter mexido com o Espiritismo. Sei lá, acho que não acredito em nada do que aprendi na doutrina.

— Ninguém morre.

— Eu morri, sim, senhora! Não duvide de mim! Não discuta meus sentimentos. Ou a senhora não acredita no que falo? Será que vão começar a me receber mediunicamente? Só falta essa hipocrisia da vida para completar a minha loucura controlada. Logo eu que fechei as portas para a mediunidade!

— Vá, Selena, fale mais. Não poupe palavras nem se preocupe com o que vai dizer. Fale!

— Eu amo Angélica demais para merecer tanta falta de cuidado. Ela não tem noção da gravidade da situação e fica me recriminando. Agora, certamente, vai formar um complô contra mim. Nunca mais serei lembrada naquela casa. Que ódio! Que ódio!

— Em relação a quê?

— Em relação a tudo. Quero sair desta cama e não consigo. Nossa conversa está sendo horrível. Não gosto da senhora!

— Fale mais!

— A senhora me lembra alguém. Uma pessoa muito má. A senhora estava naquele cenário da França, eu sinto isso. Não sei quem era. Tenho imagens horríveis na cabeça! Que ligação tem com o filho de Catarina? Sei que tem alguma! Então é minha inimiga. – Selena fechou os olhos e começou a espumar pelos cantos da boca.

O que a senhora quer com Elise? Está interessada em ajudar Angélica porque sabe que é minha Elise? Eu a detesto, dona Modesta, eu a detesto, saia da minha frente agora, eu não quero vê-la mais. Saia! Saia!

Com a ajuda de alguns enfermeiros, aplicaram um passe sedativo e a paciente foi silenciando o desabafo, caindo em prostração psíquica acentuada. Dona Modesta, com extrema ternura, limpava-lhe a salivação abundante. Ela entrou em estado de "epilepsia de desoneração", um processo de limpeza de crostas psíquicas acumuladas no perispírito, decorrentes de desvios do afeto. Acalmando-se um pouco, foi recostada no leito para se recompor.

— Será medicada, Selena. Não tenha receio. Isso não a impedirá de trabalhar, esteja certa! Está se sentindo melhor?

— Estou cansada. Como se estivesse trabalhando há milênios. Evitei os remédios na Terra quanto pude e agora sou obrigada a tomá-los! O que acontece comigo, dona Modesta? Enlouqueci? O que foi isso?

— Tome-os sem revolta, minha filha, e agradeça por tê-los à disposição. Por um período de dois meses, você estará em tratamento antidepressivo.

— Ai, dona Modesta! Está voltando uma sensação ruim. Não me sinto nada bem! Uma ansiedade de realizar misturada com uma preguiça de sair deste leito!

— Fique tranquila, a sensação vai se abrandar no decorrer dos minutos. Tome um pouco desta água – foi servida uma boa dose de água com efusão de magnetismo da natureza.

Passados alguns instantes sem diálogo, Selena, esforçando-se para aproveitar a ocasião, indagou repentinamente:

— Por onde começar no futuro?

— Vejo que melhorou! – brincou dona Modesta, que se manteve em oração à cabeceira da maca. — Angélica é nossa esperança de mudança. Por outro lado, muitos daqueles que a apoiaram na decisão impensada de fechar as portas para a mediunidade serão fortes barreiras. São explorados pelos adversários que sitiaram a casa.

— Quem são esses espíritos?

— São fortes inimigos da doutrina, filiados ao Vale do Poder.

— Vale do Poder?

— Em outro momento, tamanha a delicadeza do tema, voltaremos a esse assunto.

— Será que nosso centrinho, tão humilde e apagado, tem tanta importância assim para as trevas?

— Não fale assim, minha filha!

— Que temos feito para atrair essa atenção? Qual a razão desse ataque?

— Os motivos podem variar ao extremo. A base é sempre a mesma: segurar o progresso. Alguns casos dessa natureza, como o que ocorre no "Paulo e Estêvão", dão-se em razão de contas pessoais de seus dirigentes.

— Como?!

— Existem duas pessoas lá com graves débitos a saldar. Os adversários sabem disso com minúcias.

— Uma sou eu, com certeza!

— Não tenha dúvida.

— E a outra é...

— Angélica! – interrompeu dona Modesta. — Além da filha superprotegida na pele de Elise Pyrré, ela se consorciou com um dos Médicis, a gosto de Catarina, a rainha-mãe. Sua trajetória terminou em deploráveis ações na política interesseira, sob a chancela da religião no século 16.

— Pelo visto, todos nós temos contas com a malfadada "França dos Médicis".

— Certamente. Os adversários da causa espírita conhecem muito bem nossos traços egocêntricos. Atuam excitando o temperamento ao sabor de nossas tendências. A tática é desacreditar-nos uns perante os outros por meio do leque de atitudes derivadas da arrogância, esfriando as relações e indispondo-nos a conviver e a confiar. São criadas as ilhas produtivas. Núcleos de trabalho ativo que se fecham em si e não se abrem para formar um sistema de rede, intercâmbio e solidariedade. E assim se encontra a comunidade espírita, ao alcance de sórdidas e planejadas intenções do Vale do Poder.

— E como fazem para nos atingir na prática?

— Apenas insuflam a competição velada, induzindo julgamentos sobre a vida alheia com os quais, por meio da maledicência envernizada, procuramos diminuir uns aos outros. Assim, nascem demandas sutis que destroem os laços afetivos e detonam os projetos de trabalho. É o exemplo típico do mau uso da perspicácia aplicada para denegrir e destacar deficiências e desvios.

— Que lamentável! A senhora explica e minha mente voa em direção ao "Paulo e Estêvão". Fui um instrumento do mal sem intenção. Como dominar essa nossa arrogância, meu Deus?

— Você já percebeu a arrogância em alguma pessoa?

— Em muitas pessoas.

— Aquilo que vemos nos outros é um reflexo leal do que somos, ou pistas seguras de que temos algo similar dentro de nós. Nossa tarefa de educação consiste em disciplinar nossos impulsos ególatras. Seguir a meta em direção aos mundos melhores nos quais "o homem não procura se elevar acima do homem, mas acima de si mesmo, aperfeiçoando-se".[41]

A conversa corria agradável entre as duas quando bateu à porta do quarto o professor Cícero, que realizava suas visitas rotineiras.

— Olá! Como vai nossa Selena? – falou com carinho.

— Lutando para melhorar e conhecer a verdade, professor!

— Esse é o problema de ter uma tutora como dona Modesta – os três riram da provocação.

— Foi bom o senhor ter chegado, professor. Já estava me retirando para outras tarefas, e a nossa paciente

---

41 *O Evangelho segundo o Espiritismo*, capítulo 3, item 10, Allan Kardec, Editora FEB.

precisa muito de suas palavras confortadoras. O senhor me conhece bem e sabe que a minha língua, muitas vezes, saltita da boca para fora como um chicote educativo. Sua presença vem em bom momento. Volto quando puder, minha amiga. Cultive o otimismo, pois a vida a espera com muito labor.

— Obrigada, dona Modesta. Que fique claro o quanto adorei suas "chicotadas"! Ainda que elas não tenham sido suficientes para expelir minha arrogância!

— Ah! Quase me esqueci de algo importante! – regressou dona Modesta, como se captasse nas ondas do universo algo de valor para a ocasião.

— Mais chicotadas? – brincou Selena.

— Apenas uma lembrança para que suas meditações tenham maior alcance. Nunca, em tempo algum, passou pelo coração e pela mente de Angélica tomar o seu espaço de trabalho. Ela lhe tributa um enorme carinho e reconhecimento.

— Mais uma vez, não sei se estou aliviada ou se me culpo por saber disso.

— Apenas medite, minha filha! E no que diz respeito aos semelhantes, guarde este ensino: com raríssimas e honrosas exceções, costumamos trazer para cá os juízos que deles fizemos, que, inevitavelmente, são construídos com base em nossas próprias imperfeições e pela natural incapacidade de avaliarmos com fidelidade as intenções alheias e sua história particular de evolução.

— Sinceramente, creio que errei largamente em relação à Angélica.

— Não se esqueça de que a pior atitude de arrogância é colecionar certezas sobre a vida sem reciclá-las conforme o ritmo evolutivo de nossa humanização. A solução vem da capacidade de servir. Aquele que se fizer o servo de todos será o maior na obra do Cristo.

17
Horizontes Mentais

"Crer em Deus e na vida futura é, conseguintemente, a primeira condição para moderar o orgulho; porém, não basta Juntamente com o futuro, é necessário ver o passado, para fazer ideia exata do presente."

Obras póstumas. O egoísmo e o orgulho, estudo feito por
Allan Kardec.

Tão logo a servidora do Cristo saiu, foi a paciente, um tanto refeita, quem começou o diálogo.

— Estou demasiadamente surpresa com os assuntos da mediunidade. O senhor tem conhecimento do meu caso?

— Trabalhamos em equipe, Selena. Doutor Inácio, Rosângela, dona Modesta e mais alguns trabalhadores estudaram com empenho sua ficha, antes mesmo de sua chegada aqui. Sabendo que viria para cá, preparamo-nos todos para o trabalho de orientá-la.

— Professor, uma perguntinha boba: não tem ninguém que esteja bem neste Hospital?

— O que é estar bem? Talvez os que trabalhem por amor estejam enquadrados nessa definição. Todos nós, que necessitamos do serviço para crescer e se libertar a caminho da vivência do amor, estamos buscando ficar bem. Já estará muito bom quando o trabalho for nosso principal patrimônio. Concorda?

— Tem razão. Doutor Inácio já me falou que devo ser grata a Deus por estar nesta casa de amor, considerando a extensão de minhas faltas. Agora, depois dos esclarecimentos que recebi, entendo melhor essa advertência.

— Não considere sua atitude como falência. Decerto poderia ter tomado outra direção. Isso não corrompeu sua consciência. Falhou na mediunidade, acertou em muitas outras frentes de amor.

— Por que é dada essa importância à mediunidade, professor? Não é como qualquer outra tarefa?

— Não, Selena, não é! A mediunidade, por assim dizer, é o fim maior a que se propõe a doutrina no seu aspecto prático, ou seja, quebrar as linhas que fixam limites entre dimensões, conduzir o homem à verdade e dar-lhe condições de vencer o materialismo, essa estrada milenar trilhada nos cinco sentidos.

— Por meio dela criamos um laço com nosso destino, é isso?

— De onde viemos? Para onde vamos? O que fazemos na Terra? Célebres perguntas que necessitam ser reconsideradas em suas gradações. O que sabem os próprios espíritas reencarnados sobre elas, senão algumas informações periféricas? Qual companheiro estará suficientemente instruído sobre as raízes espirituais de seu retorno à carne? De onde partiram? Com que programa? Qual era sua real condição moral e mental antes do retorno? Que causas anteriores os levaram a passar por esse ou aquele estado na erraticidade? Que informações possuem os amigos inseridos nas fileiras doutrinárias sobre o futuro que os aguarda na imortalidade? Que cogitações ou probabilidades podem levantar sobre a sua chegada à vida imortal?

Que vínculos guardam com o mundo dos espíritos? Quem são seus guias, seus espíritos familiares, suas afinidades e seus adversários? E, sobretudo, será que guardam consciência lúcida sobre o que fazem na Terra, ou apenas imaginam que sabem?

— Mas a codificação nos informa claramente sobre tudo isso?

— Informa princípios gerais, mas não pode oferecer as particularidades, que dizem respeito à história de cada um, conforme a trajetória individual. Isso faz com que, em muitos casos, as informações obtidas não ultrapassem os limites da inteligência acostumada a se apropriar de ideias novas, com sentimento de presunção. Conhecer o passado, buscar compreensão espiritual sobre todos os fatos do presente e fazer projeções para o futuro são as tarefas lúcidas de superar a rotina da mente, ainda escrava de estreitos horizontes intelectuais, sem o benefício da aplicação de seu conteúdo na realidade de nossa vida. Estar informado não garante o ato da transformação. É necessário ir além e entender como utilizar a cultura espiritual para a aquisição da conscientização. Ter noções mais verdadeiras sobre o passado comprometedor, que leva a grande maioria dos homens a reencarnar, é fator de crescimento e reeducação, desde que tais informações sejam destinadas a ampliar a avaliação pessoal nos rumos da autoeducação.

— Mas o que me intriga, professor, é que os médiuns não nos ajudam o quanto deveriam!

— É verdade! Muitos, teoricamente maduros para o contato com revelações dessa grandeza, não têm encontrado a oportunidade bendita de medir algum fato concreto sobre seu passado e a extensão de suas necessidades. Permitem-se imaginar que são missionários virtuosos com avultados compromissos de santificação da coletividade. Daí nasce a sensação de superioridade com a qual confundem responsabilidades e compromissos com iluminação e elevação espiritual, gerando ilusões que muito têm prejudicado as tarefas e a si mesmos.

— E ainda com graves consequências para a coletividade.

— Com poucas exceções, a comunidade espírita absorve o mau exemplo de seus líderes, passando a criar ídolos com pés de barro. As tarefas, para eles, deixam de ser tão agradáveis e proveitosas em razão da implantação da rigidez hierárquica, distanciando as pessoas e banindo o clima de familiaridade. É por este motivo que não encontramos climas amistosos em muitas agremiações nas quais seus dirigentes assumem postura de proprietários da verdade e das casas, comportando-se como perfeitos missionários. Entretanto, a mais lastimável perda ocorre no campo íntimo, ao elaborarem um complexo mecanismo emocional sob a influência do orgulho.

Percebendo claramente que Selena não havia entendido essa questão do orgulho, o professor explicou:

— Muitas almas, na tarefa da condução espírita, quando sinceras e realmente comprometidas com seus anseios de melhora, carregam angústias dilacerantes em seu íntimo por manter a postura de lealdade consciencial. Lutam para abafar os impulsos de vaidade e tentam se entregar ao compromisso, fazendo o melhor. Todavia, o combate interior com suas falhas morais causa-lhes tormentas sem conta, porque, perante a coletividade que dirigem, possuem maior soma de deveres e responsabilidades, sendo justo esperar o enobrecimento de sua conduta. Nesse quadro, ante suas falhas pessoais, instala-se um processo impiedoso de cobranças contínuas, prejudicando seu campo mental com excesso de exigências para manter as aparências. Nascem, então, as defesas inconscientes sob ação sutil do orgulho. Imaginam-se dotados de grandeza espiritual que os obriga a manter "posturas de direção". Somando-se ao seu drama íntimo, ainda existem os muitos problemas próprios da tarefa, e, nesse tumulto de pressões internas e externas, a criatura é levada, pouco a pouco, ao desânimo consigo e com a atividade, abrindo, então, oportunidade para explorações mentais obsessivas que ainda mais a fazem acreditar em sua suposta grandeza, ou abatem-na no desânimo. Surge um forte campo afetivo de mágoa e decepção com o qual muitos dirigentes abandonam tudo, escolhendo a infeliz postura de críticos do movimento espírita pelo resto de sua existência.

— E como as revelações que vêm das atividades mediúnicas poderiam auxiliá-los?

— Concedendo-lhes respostas satisfatórias para suas angústias. Esclarecendo-lhes sobre quem são realmente, de onde vieram, com qual missão estão comprometidos e quais são suas necessidades mais emergentes. Alargando seus horizontes mentais para que seus passos sejam mais acertados.

A fala precisa do professor fez a mente de Selena voar. Lembrou-se do centro que dirigiu, de seus problemas íntimos, de Angélica. Começava a perceber que nunca procurou entender, sob esse enfoque mais vasto, as ocorrências que lhe marcaram a experiência física. Percebeu, então, que suas noções de vida eram frágeis e interesseiras. Visões rasas da mente humana, escrava da rotina, das convenções e do vício do orgulho em pensar que sabemos tudo sobre o que nos cerca.

Percebendo a introspecção da companheira, continuou o instrutor:

— Na medida em que o homem amadurece espiritualmente, toma posse de sua bagagem milenar. Em muitos casos e em certos níveis, guardar maiores noções sobre a trajetória espiritual favorece o progresso do espírito. Não se trata de advogar a atitude leviana e despropositada; de consultar o passado por pura curiosidade. Importa ampliar conceitos sobre suas necessidades e seus valores a fim de ajuizar com mais proveito as origens de muitos males e utilizar melhor suas habilidades sob um olhar mais amplo e consciente. O codificador deixou claro essa questão em suas sábias palavras, ao afirmar: "Crer em Deus e na vida futura é, conseguintemente, a primeira condição para moderar o orgulho; porém não basta. Juntamente com o futuro, é necessário ver o passado para fazer ideia exata do presente."[42]

---

42 *Obras póstumas*, O egoísmo e o orgulho, Allan Kardec, Editora FEB.

— No entanto, parece-me que essa não é a realidade de nossa comunidade – lamentou Selena.

— O movimento humano em torno das ideias espíritas tem conseguido grandes realizações e vitórias, contudo, encontra-se na sua mudança levada a efeito pela terceira geração de espíritas, chamada por Bezerra de Menezes de geração solidária. Temos muito trabalho no campo doutrinário. Torna-se urgente iniciar um processo de formação de frentes produtivas de serviço com base na relação entre os mundos físico e espiritual. Somente assim encontraremos eco no coração do servidor espírita, a fim de que seus horizontes sejam ricos de entusiasmo. É preciso ver além de si mesmo para evitar o contágio do desânimo ou o apelo da acomodação. Em razão dessas medidas que muito exigirão de nosso plano, é que vim lhe fazer um convite, Selena.

— Convite?

— Amanhã teremos mais uma de nossas habituais reuniões de preparação para os serviços intercessórios. Seria muito valiosa a sua presença. Seu conhecimento acerca das questões espirituais da existência física ampliou-se em demasia. Informação sem trabalho é caminho para a enfermidade.

— O senhor tem extrema capacidade de ler o mundo íntimo! Não vejo a hora de poder realizar algo de mais concreto por essa casa ou pelo "Paulo e Estêvão". Terei condições?

— Não tenha dúvidas, minha filha. Não tenha dúvidas! Estarei aguardando-a para nossa reunião. Você encontrará por lá alguns amigos. Deus a abençoe e até amanhã.

— Obrigada, professor! Que Deus abençoe igualmente o senhor. Apenas uma pergunta: sobre o que estudaremos amanhã?

— Faremos alguns esclarecimentos sobre o Hospital Esperança.

— Que ótimo! Tenho muita curiosidade sobre o assunto. Estarei lá.

"

*Todos nós, que necessitamos do serviço
para crescer e se libertar a caminho
da vivência do amor, estamos buscando
ficar bem.
Já estará muito bom quando o trabalho
for nosso principal patrimônio.
Concorda?*

"

18
Obra de Amor

"Por que indícios se pode reconhecer uma civilização completa?

Reconhecê-la-eis pelo desenvolvimento moral."

O livro dos espíritos, questão 793.

Na manhã do dia seguinte, Selena, atendendo ao convite do professor, aprontou-se para a ocasião. Sua fisionomia, ainda abatida, dava notas da tristeza com as recentes decepções.

Ao chegar à porta da sala de reuniões, uma agradável surpresa para seu coração sofrido: Marcondes lhe retribui o ramalhete de lírios em nome de Eurípedes.

— Marcondes! Quanta bênção imerecida! – ela falou com olhos marejados.

— Fico feliz que eu tenha sido o portador. Retribuo sua generosidade de outro dia.

— Meu Deus! Eu não mereço! E como está você? – indagou com a voz embargada de emoção.

— Sinto ainda algumas dores abdominais. Apesar disso, intimamente, melhoro a cada dia.

Logo, todos foram convocados por auxiliares amoráveis ao início da atividade. Reuniam-se 50 internos em condições razoáveis de recuperação. Todos espíritas. Dispostos em forma circular, o professor Cícero iniciou sua explanação com um largo sorriso:

— Amigos, Deus nos guarde em paz. Nosso encontro visa a oferecer mais detalhes sobre esta casa. Após semanas de internação, as fichas de vocês notificam melhoras promissoras em seus quadros. Conquanto muitos estejam internos em alas diversas, trazem em comum algumas predisposições para a colaboração. Alegra-nos semelhante atitude considerando a extensão de nossos trabalhos. Façamos uma oração e comecemos.

Após uma prece, realizada com ternura incomparável por um dos servidores presentes, o professor iniciou sua explanação:

— O Hospital Esperança é uma obra de amor, erguida no plano espiritual por Eurípedes Barsanulfo, cujo objetivo é prestar abrigo e orientação aos seguidores do Cristo que não conseguiram ou não quiseram adotar o compromisso da vivência de Sua mensagem de amor. São os espíritos mais facilmente aliciados pelas furnas da maldade em razão da disputa do gênio do mal com o Cristo. Os mentores de Mais Alto que avalizaram o projeto foram Santo Agostinho e João Evangelista, entre outros integrantes da equipe do Espírito Verdade. Sob convocação direta de Cristo, Eurípedes foi chamado, antecipadamente, em sua reencarnação gloriosa, para erguer este porto de pacificação para espíritos atormentados pelo arrependimento tardio ante os chamados luminosos do Evangelho.

Acionando um controle remoto, surgiu ao alto um projetor holográfico que se localizou bem ao centro da sala. Mais um toque e produziu uma imagem global do Hospital, inclinada em ângulo de 45°, que rodava lentamente. Parecia uma maquete quadridimensional com um nível de realidade surpreendente, pois havia movimento, cor, perspectiva perfeita e colocava à mostra os limites entre atmosfera física e espiritual.

— Vejam esta imagem. É o formato do Hospital, visto de cima. Lembra um cata-vento com cinco hélices. É uma homenagem de Eurípedes à nossa galáxia. Cada hélice é um pavilhão. Ao centro, temos esse vitral em forma de uma cúpula, similar às mesquitas, que é a parte mais nobre e na qual nos comunicamos com as esferas mais elevadas. Os pavilhões se dividem conforme a natureza das necessidades de seus internos. Todos nós aqui presentes estamos vinculados ao Pavilhão Judas Iscariotes, coordenado por dona Maria Modesto Cravo, que já conhecem bem. Sob a tutela de Judas Iscariotes, o doutor Bezerra de Menezes iniciou as atividades desse pavilhão na década de 1940. Judas é protetor dos cristãos visionários, quais nós próprios, que enxergamos demasiadamente sobre as necessidades do mundo, mas adiamos, quase sempre, a nossa própria libertação.

Os presentes olhavam com profunda atenção. Conservando o mesmo ângulo e abrindo um pouco mais o diâmetro da imagem, novas dependências foram surgindo. Jardins suspensos, áreas naturais em torno da construção. Agora parecia uma pequena cidade que se estendia em colmeias ou bairros vizinhos. Uma visão aérea e panorâmica.

— Vejam que, especificamente, entre dois desses cinco pavilhões, saem dois corredores que partem do centro do subsolo. Observem que o formato agora nos lembra um moinho com suas pás girando e suas hastes de sustentação como sendo esses dois corredores. Logo lhes mostrarei mais detalhes, em outra imagem, sob nova perspectiva. Estes corredores são os portais de entrada e saída para outras dimensões. Atingem 120 m de comprimento cada um. O corredor de entrada é o Portal de Acesso – professor Cícero destacava essa parte da edificação com uma luz amarela. — O outro corredor, de saída, é o Portal Dimensional. As alas restritas, as enfermarias para espíritos em estado grave e pacientes circunstanciais, as prisões, ficam naquele Portal de Acesso. Esses corredores, que são os "pés do moinho", ficam nos dois andares do subsolo.

O professor colocava a imagem na posição em que os aprendizes desejassem. Alguns se levantavam de suas cadeiras e se aproximavam ante a exuberância da projeção. Podiam perceber claramente pessoas se movimentando na holografia como se, na verdade, a imagem estivesse sendo filmada simultaneamente com a apresentação. Mudando o ângulo de foco, continuou dizendo:

— Agora vejamos em linha horizontal, como se estivéssemos entrando pela portaria. Observem que são cinco andares em todos os cinco pavilhões – e rodou a holografia como se desse uma volta completa, contornando horizontalmente o Hospital. — Abaixo deste nível, temos os subsolos 1 e 2, totalizando sete andares em cada um dos cinco braços. Nos subsolos, há maior ligação com as regiões abismais e com a própria Terra. Uma barreira vibratória, que por ora vamos deixar de explicar, separa esses níveis dimensionais, sem, contudo, deixar de fazer parte da mesma obra. Observem aqui na portaria de entrada – e aumentou a proporção da imagem focalizada. — Esta é uma réplica em tamanho natural da Casa do Caminho. Temos Pedro, Paulo e outros apóstolos reproduzidos em suas imagens naturais e reais, colhidas em arquivos de Dimensões Superiores e esculturadas por artistas de nossa casa. Além da réplica, quem visita o lugar pode ouvir, por meio de clariaudiência no tempo, os diálogos dos primeiros aprendizes do Cristo. É um verdadeiro templo de meditação e recolhimento. Agora, prestem atenção no versículo esculpido na entrada, narrado em João, capítulo 13, versículo 35, que diz: "Nisto todos conhecerão que sois meus discípulos, se vos amardes uns aos outros".

Quanto mais era mostrado, mais os participantes se encantavam em completa mudez, embora suas mentes fervilhassem de interrogações. Durou quase 50 minutos a exposição. Muitas outras dependências fizeram parte da amostragem. Encerrada a fala, o professor se colocou à disposição para o diálogo e o debate por mais 40 minutos. Foi Marcondes quem iniciou, indagando:

— Existe a possibilidade de localizar o Hospital em relação à geografia da Terra?

— A "Casa de Eurípedes", em suas origens, está intimamente ligada à história do Sanatório Espírita de Uberaba, fundado pela família de dona Modesta. O Hospital Esperança faz parte do planejamento do Espírito Verdade no transporte da árvore do Evangelho para o Brasil. Logo depois de lançadas as bases da doutrina, em plena França positivista, o Espírito Verdade trouxe as sementes doutrinárias para essa pátria, que a esse tempo já estava predestinada, havia quase 400 anos, a se tornar o celeiro da mensagem cristã à luz da imortalidade. Eurípedes reencarnou em

1880, deixando na vida espiritual um projeto em andamento, do qual faz parte dona Modesta e um número imenso de espíritos. Em 1899, dona Modesta regressou ao corpo. Em sua juventude, reencontrou o apóstolo de Sacramento. Foi curada por ele e recobrou o compromisso assumido. Eurípedes retornou à vida espiritual, em 1918, para continuar seu projeto, e dona Modesta assumiu o compromisso de erguer o polo de ligação terrena com a obra já iniciada no mundo espiritual, sob tutela de doutor Bezerra de Menezes, desencarnado em 11 de abril de 1900. O Sanatório Espírita de Uberaba foi inaugurado em 31 de dezembro de 1933. No plano espiritual, Eurípedes lançou as bases do Hospital Esperança em plena década de 1930. O entrelaçamento desses núcleos de amor e redenção foi a cada dia se estreitando, a ponto de se tornar o primeiro núcleo avançado de ligação do Hospital Esperança com a Terra.

— Professor! – pediu a palavra um trabalhador do estado do Amazonas — Por que o nome Hospital Esperança?

— Devido ao momento expiatório da Terra. Quem sofre adoece psiquicamente, os sonhos fenecem, as emoções enregelam. Somente a esperança é capaz de acender na alma o desejo de subir os degraus da caminhada humanizadora, ante os golpes cruéis da dor. A transposição de ciclos expiatórios e provacionais para a regeneração significa, evolutivamente, uma cisão de reinos. É a caminhada histórica do homem, assumindo seu estágio humanizador, deixando para trás as velhas bagagens enfermiças do instinto e do egoísmo. Impossível fazer semelhante mudança sem sofrimento. O raciocínio é apenas uma face da conquista humana. Enquanto o homem não se educar para amar, não poderá ser considerado plenamente um ser humano. A esse respeito, Allan Kardec recebeu lição incomparável:

"Todavia, não tereis verdadeiramente o direito de dizer-vos civilizados, senão quando de vossa sociedade houverdes banido os vícios que a desonram e quando viverdes como irmãos, praticando a caridade cristã. Até então, sereis apenas povos esclarecidos, que hão percorrido a primeira fase da civilização."[43]

— O senhor estaria dizendo que nós ainda não nos humanizamos? – rebateu o mesmo participante.

— Na ótica da evolução universal, humanizar-se significa aprender a viver integrado à obra do Criador. E, para bilhões de almas, neste momento de dor das sociedades terrestres, viver é o mesmo que carregar um pesado fardo; o fardo de ter consciência de si mesmo. Se viver já é uma tormenta para muitos, imagine o quanto teremos de avançar a fim de nos integrarmos às leis naturais!

— Do jeito que o senhor coloca, parece que a Terra está mais atrasada do que somos capazes de imaginar. Estaríamos, porventura, no reino animal?

— Quase isso, meu irmão! Somente perdendo o corpo para avaliar com precisão a natureza dos problemas terrenos. Essa a razão de nós, os desencarnados,

---

43 *O livro dos espíritos,* questão 793, Allan Kardec, Editora FEB.

trazermos o coração repleto de gratidão em situações em que o homem encarnado só enxerga desgraça.

— Professor – pediu a palavra um seareiro de Londrina –, por qual motivo os seguidores de Cristo são os espíritos mais aliciados e que atraem o interesse e a ação das furnas? Não deveria ser o contrário, isto é, serem os mais protegidos em face do esforço e da devoção nas fileiras da caridade?

— São os mais aliciados porque, com raras exceções, desencarnam com culpas inconfessáveis. Os espíritas reencarnados necessitam retificar, em muito, seus conceitos sobre o que seja ser cristão. Uma cultura perigosa penetra nas comunidades doutrinárias, cujo centro é a falsa ideia do que é ser espírita. Quase sempre, esse conceito exige espetáculos de grandeza moral inacessíveis à maioria dos discípulos da doutrina. Para atender a essa expectativa estimulada por meio da cultura espírita, homens e mulheres adotam condutas recatadas e artificiais, quando o que mais necessitamos, no momento, é sinceridade no intuito de nos mostrar como somos e humildade para iniciar o serviço autêntico de renovação. O homem engana a si mesmo, e depois a morte o devolve à sua consciência. É assim que, ao sair do corpo com o chumbo da culpa, é puxado para baixo e naufraga em tormentas que constituem vínculos de ligação automáticos com as sociedades inferiores.

— E o amparo, onde fica?

— Essa é a pergunta mais comum que ouvimos por aqui. Sem nenhum desrespeito à sua pergunta, ela traduz a infantilidade da visão de quantos desconhecem a extensão dos serviços da Divina Providência. A bondade do Mais Alto jamais cessa em estender bênçãos até mesmo para os escravos da perversidade, quanto mais aos devotos do bem. Entretanto, muita ilusão faz parte da visão de nossos irmãos espíritas a esse respeito. Imaginam-se libertos de lutas após a morte, tão somente em razão das extensas folhas de serviços prestados nas tarefas. Até mesmo o Amor Celeste, para ser bem recebido, solicita educação interior, pois, do contrário, pode ser interferência infeliz nas necessidades de aprendizado de muitos espíritos. Já resgatamos companheiros espíritas em lamentáveis estados de loucura fora do corpo, cuidamos de suas carências imediatas e, quando foram convocados a servir e melhorar, fugiram desatinados em direção aos Portais de Saída, no rumo de suas plantações. Tinham o Espiritismo no cérebro e traziam o coração na retaguarda. Para nós, que nos acostumamos ao autoconhecimento fora dos cinco sentidos, o conceito de ser espírita passa por esse critério: o coração que pulsa ininterruptamente em busca da luz. Basta isso para que o amparo, em qualquer instância, possa ser eficaz sem ser conivente.

— Como definir isso, professor: "coração que pulsa ininterruptamente em busca da luz"? – insistiu o mesmo confrade com curiosidade.

— São aqueles que jamais desistem de melhorar.

— Só isso?

— Meu irmão, para espíritos que fazem "cisão de reino" como nós, isso é tudo, desde que seja sincero, vindo do fundo do ser. O desejo de melhora talvez seja a qualidade mais evidente em nosso estágio evolutivo, por traduzir que já cansamos do mal, da estagnação. Tudo o mais virá daí, ou seja, o progresso, o desligamento dos vícios, enfim, a vitória interior. Enquanto isso, nossos irmãos na seara, quase sempre tomados de escassa tolerância e compaixão, esperam uns dos outros mais do que podem oferecer, criando desânimo e puritanismo totalmente desnecessários. O desejo de melhora é o efeito de um longo trajeto de amadurecimento do espírito. Quem o possui sem artificialismo vai ao Pai. Ninguém o improvisa de uma hora para outra.

A reunião continuava como inestimável ocasião de esclarecimento e introspecção. Levantou-se um cavalheiro perto da imagem projetada e apontou, indagando:

— Observei que estes corredores abaixo do nível do solo estão mais pardacentos. Qual a razão?

— Como disse anteriormente, são elos com dimensões inferiores. Lá, ficam dependências para casos mais graves, inclusive celas. Existem algumas histórias de resgate, nas quais seria imprudente colocar alguns pacientes na intimidade dos pavilhões. Nos chamados Portais de Acesso – e manejou novamente a imagem projetada, que passou a mostrar com detalhes a narrativa –, como podem ver, temos estes cômodos, logo na entrada, na divisa entre as regiões inferiores e os limites do Hospital. Sob guarda intensa e cuidados muitos especiais, são alojamentos apropriados para avaliar a real possibilidade da internação ou para aguardar a amenização de quadros enfermiços para posterior transferência a outras organizações de nosso plano.

— Ocorrem casos de desistência? De não quererem ser internados?

— Nem sempre é desistência, mas imantação. Leis que governam acima das nossas possibilidades de ação. Leis que determinam a posição de cada um de nós na Obra da Criação. São histórias entristecedoras, entretanto, mesmo regadas pela Misericórdia, não conhecemos nenhuma que escapasse da lei que determina: a cada um segundo suas obras.[44]

— Quando o senhor mostrou os portais, disse que lá são tratados pacientes circunstanciais. Quem são eles?

— São os desvalidos que pedem socorro. Desafortunados que se enroscaram em armadilhas ou brigas. Corações tombados pelo vício. Mães aflitas. Filhos desnorteados. Pais preocupados. Criaturas feridas, acidentadas ou maltratadas. Enfim, não há como descrever tanta penúria e sofreguidão nas zonas de interação com as regiões inferiores. Nos portais, temos verdadeiro centro de caridade pública, muito similar ao pronto-socorro na Terra. Casos graves chegam por ali. Grande parcela é temporária. Alguns vêm em busca de um pedaço de pão, sentem fome, frio e loucura. Machucados, uns; inconscientes, outros. Sangue, dor e carência se misturam aos pedidos de ajuda para outros que estão chafurdados em ciladas, presos em grupos no caminho. Ali recebemos todo tipo de tormenta humana.

---

44 Apocalipse 20:12-19.

Raríssimos, porém, obterão todos os cuidados que suplicam, em face de suas intenções voltadas para baixo. Não anseiam permanecer no Hospital, mas gostariam que fôssemos aonde estagiam. Assim, como entre os encarnados, existem, por aqui, muito imediatismo e interesse particular.

— Não existem defesas nessa parte?

— É uma faixa espiritual de inúmeras lutas que, por agora, deixarei de expor. Há quem imagine os benfeitores do além dirigindo um Hospital como este atrás de uma escrivaninha, ditando normas e pareceres. É neste local singular do Hospital que encontramos nosso diretor, Eurípedes Barsanulfo, na maioria de suas horas de trabalho. Quando o amor do venerando apóstolo não é absorvido pelos atormentadores e atormentados, entram em campo as defesas da justiça, que determinam ações corajosas na extinção do mal que se alastra. A bondade não exclui a ordem. Nossa casa conta com excelentes estrategistas nesse sentido, para que a maldade calculada não invalide os planos socorristas do amor.

— Posso perguntar? – pediu um cooperador do Triângulo Mineiro.

— Temos, ainda, alguns minutos para mais duas perguntas.

— Já ouvi falar desse Hospital por intermédio de Chico Xavier, em 1980, mas não imaginava a grandeza desta obra. Gostaria de saber quantos internos tem o hospital e se todos são espíritas.

— Cada pavilhão alberga, aproximadamente, dois mil leitos, totalizando um fluxo de dez mil internações rotativas nos cinco pavilhões. Além disso, temos os casos do subsolo, que chegam, em tempos de lotação, a quase cinco mil histórias diferentes, que nem sempre resultam em internações. O Hospital Esperança, após 70 anos de atividade, tornou-se uma referência mundial de posto avançado de socorro na erraticidade. As comunidades de todo o orbe, orientadas ou não pela mensagem de Jesus, contam com seus ofícios. Hoje, temos milhares de leitos indiretos distribuídos em enfermarias e núcleos improvisados, junto a inúmeras entidades de amor na Terra, sob orientação e amparo desta casa. Muitos centros espíritas fazem parte deste conglomerado de auxílio e recuperação, conquanto tenhamos, nesse campo, variadas organizações cristãs de outras designações em atividade exemplar. Cada pavilhão atende necessidades específicas, e procuramos agrupar os pacientes por afinidade de pensamentos e necessidades. Isso nos facilita, a princípio, os atendimentos. Há pavilhões de evangélicos, católicos, e assim por diante. Assim como temos este pavilhão Judas Iscariotes, designado a líderes cristãos, especialmente espíritas, temos setores próprios para os umbandistas e mais algumas denominações cristãs.

— Por que vim parar aqui? – perguntou, por fim, Selena à queima-roupa, dando a entender que divagava em profundas reflexões de ordem pessoal. — Pela minha idade, quando no corpo, o Hospital nem tinha sido fundado ou estava em seus primórdios. Portanto, ficarei sabendo de onde vim realmente? São programadas reencarnações aqui no Hospital?

— Embora não seja um serviço de prioridade do Hospital, cerca de 1.500 reencarnações já foram projetadas e executadas integralmente em setor apropriado; isso sem contar os milhares de casos nos quais houve a participação no encaminhamento para outros núcleos especializados em renascimento carnal. Todos vocês, que já tiveram prévia seleção por parte de técnicos para conhecer as informações que se referem às suas necessidades atuais, em tempo oportuno, terão acesso livre às suas fichas reencarnatórias. Em nossa biblioteca, existe uma repartição destinada a essa finalidade. Será nesse local, Selena, que obterá muitas respostas para velhas perguntas feitas no silêncio do ser. O Hospital Esperança, pode-se afirmar, é um grande pronto-socorro e um centro preparatório para casos específicos de seguidores da mensagem cristã.

— Posso fazer uma última pergunta, professor? – indagou Marcondes.

— Que seja a última, para cumprirmos nosso horário.

— Que razões haveria para um pavilhão somente de líderes cristãos, como este no qual estamos incursos?

— O pavilhão dos dirigentes é uma das tarefas mais exigentes de toda essa obra de amor. A necessidade dos líderes cristãos exigiu maior cota de serviços especializados, estabelecendo atividades singulares. Somos os intérpretes da mensagem cristã, quem mais a entende pelo raciocínio, ao mesmo tempo em que somos os que menos a sentem no pulsar das atitudes. Essa condição determinou estudos médicos diferenciados para quantos se inspiram nas palavras do Cristo. De fato, nossa história reflete um trajeto particular de um grupo espiritual com caracteres psíquicos pertencentes a certas classes de exilados de capela. Assunto complexo que, oportunamente, será motivo de estudos para cada um, conforme suas aspirações. A rigor, nós, os líderes cristãos de qualquer denominação religiosa, somos espíritos com complexas necessidades no campo do sentimento. Amamos a mensagem cristã, ela nos toca profundamente, todavia somos ainda dominados por velhas artimanhas da vida mental, cujos registros se perdem na noite dos tempos.

O professor interrompeu a atividade pontualmente no horário previsto. Orou em agradecimento e saiu ligeiramente para outros afazeres, deixando em todos os presentes o desejo incontido de indagar e conhecer outros detalhes. Na condição de educador, ele sabia que essa curiosidade seria extremamente benéfica aos próximos dias daquele grupo de aprendizes. O resultado pôde ser percebido imediatamente, pois todos permaneceram no recinto trocando impressões entre si sobre o que cada um sabia além daquilo que fora exposto.

> "
>
> O Hospital Esperança é uma obra de amor, erguida no plano espiritual por Eurípedes Barsanulfo, cujo objetivo é prestar abrigo e orientação aos seguidores do Cristo que não conseguiram ou não quiseram adotar o compromisso da vivência de Sua mensagem de amor.
>
> "

19
Ala Restrita

"Levantar-se-ão falsos Cristos e falsos profetas, que farão grandes prodígios e coisas de espantar, a ponto de seduzirem os próprios escolhidos."

O Evangelho segundo o Espiritismo,
capítulo XXI, item 5.

Em tempo comparativo ao da Terra, Marcondes e Selena viveram todas as experiências narradas até agora em menos de 60 dias. Aprenderam sobre a vida espiritual em algumas semanas mais que durante toda a vida física. Guardando espontânea alegria na convivência com seus orientadores, não apresentavam ainda as mesmas disposições com seus colegas de ala. Apesar de polidos, seus diálogos ainda eram superficiais e nutriam repugnância pelos internos, fato que tentavam ocultar como se estivessem em local inadequado. Procuravam quem lhes compartilhasse os pontos de vista como de costume. O dirigente de Goiás e a líder mineira ainda traziam arrogância e impetuosidade, maledicência e competição em sua conduta – joio mental cultivado em décadas de descuido nos serviços doutrinários, sob as ilusões do orgulho, que refletiam milênios de perdição.

Conquanto as imperfeições, nossos amigos iniciaram o doloroso processo de desilusão e busca da realidade. Marcondes começou a avaliar a extensão de sua conduta arrogante em sua existência recém-finda. Selena passou a interligar a dor da depressão suportável com suas atitudes controladoras. Ampliaram-se os horizontes mentais. Novos sentimentos brotaram quais fossem flores que desejassem embelezar a criação.

O tesouro mais valioso que um espírito pode ter depois da morte é saber dimensionar os reflexos de suas atitudes na intimidade. Nossos irmãos são exemplos dos trabalhadores da última hora que realizaram a contento. Entretanto, por descuidos pertinentes à caminhada plena de lutas a vencer, ambos renderam-se ao teste da negligência.

A bondade que semearam lhes subtraiu as dores da queda consciencial. As intenções que cultivaram livraram-nos dos grilhões das zonas infernais. Para o servidor de Jesus, semelhantes vitórias são as expressões claras do dever a cumprir. O Senhor da Vinha, entretanto, propôs-nos um contributo para além da obrigação. "Quem pedir o vestido, dê igualmente a capa; aquele que quiser mil milhas, ande duas mil; o que te bater uma face, oferece-lhe a outra."[45] Além da obrigação, espera-nos o sacrifício. Além da justiça, espera-nos o amor.

Nenhum bem espalhado deixa de nos abençoar o caminho. Somente o amor aplicado pacifica o espírito nas sendas do aperfeiçoamento, iluminando por dentro a criatura. Servir, servir e servir. Trabalhar sem cessar. Essas são as indicativas seguras de equilíbrio, libertação e paz após a morte.

Marcondes e Selena colheram os louros da merecida oportunidade de amparo e orientação. Seus corações, no entanto, sangravam de angústia por experimentarem o mais lastimável efeito da negligência, isto é, a sensação de tempo perdido ou mal aproveitado. As primeiras decepções narradas até agora constituíam uma demonstração silenciosa de que a vida nos devolve a nós mesmos depois da morte física.

---

45 Mateus 5:39-40.

Que o trabalhador de Jesus repense seus caminhos, seus hábitos e suas propostas de vida. Grande desafio de desapego e disciplina apresenta-se a quem deseja seguir o Mestre.

Não basta evitar o mal do qual somente agora começamos a nos desvincular. Imprescindível ir além e criar todo o bem possível na caminhada. Como implantar semelhante conduta sem rever nossa parcela pessoal de participação na obra do Cristo?

Após esse período de adaptação, nossos dois personagens começaram uma nova empreitada moral. Mais amplos voos de espiritualização os aguardavam no serviço redentor. Os diálogos instrutivos com os servidores do Hospital, somados aos contatos produtivos com diversos internos nas alas em que se encontravam – espíritas e cristãos de diversos matizes – acresceram-lhes enorme soma de perspectivas.

Ficava claro: erraticidade é o tempo da colheita. Após a semeadura da vida corporal, hora de aferir a realidade das escolhas. O retorno de Selena ao ambiente de tarefas doutrinárias e a cirurgia de Marcondes atestavam o irretocável resultado de suas atitudes durante a reencarnação. Ambos estavam carentes da misericórdia celestial.

Chegava o instante de se aprofundarem em seus dramas, ampliarem a visão sobre os efeitos de sua trajetória naqueles que lhes partilharam a senda.

Para prevenir maiores dores, a didática do amor prescreve o trabalho edificante como medida insubstituível. Nossos amigos foram convidados a conhecer de perto os seguidores de Jesus atolados em desvios lamentáveis. Ante a tormenta alheia, dimensionariam com mais exatidão suas próprias realizações. Conhecendo os casos graves de arrependimento tardio, perceberiam mais vastos horizontes acerca da caminhada humana no autoaprimoramento incessante.

Selena foi convidada a passar algumas semanas fora do Hospital Esperança, em magnífico núcleo educativo coordenado por Odilon Fernandes.[46] Local onde reveria seu tema desprezado, a mediunidade com Jesus.

Marcondes, por sua vez, transferiu estada para outras alas do pavilhão Judas Iscariotes. Atendendo ao pedido de Eurípedes, ficaria integralmente aos cuidados de dona Modesta e doutor Inácio, na condição de auxiliar direto de ambos.

— Satisfeito na nova casa? – indagou, irônico, o doutor Inácio.

— Satisfeito, nem tanto. Diria que me sinto em casa.

— Você terá razões de sobra para ficar satisfeito, pode estar certo!

— Quando começarei as visitas? Terei de fazer algum curso?

— Começará já. O curso serão as visitações. Começaremos visitando Jandira, no subsolo.

— Dona Modesta não virá conosco?

— Modesta está muito ocupada no momento. Vamos!

---

46 Odilon Fernandes foi um trabalhador exemplar na cidade de Uberaba, Minas Gerais. A instituição sob sua supervisão na vida espiritual chama-se Liceu da Mediunidade.

Marcondes estava alojado no andar térreo, onde se situava a administração geral daquele pavilhão. Dirigiram-se para o elevador, desceram ao subsolo 1, local somente permitido com autorização de responsáveis devido à gravidade dos casos. Passando pelos postos de enfermagem fraterna, doutor Inácio e o auxiliar eram saudados com alegria. Os corredores possuíam luz mais fraca. Chegando à ala de destino, uma placa acima da porta indicava: ala restrita. 20 quartos, sendo dez de cada lado, e uma enfermaria coletiva no fim do corredor. Alguns pacientes transitavam mudos, com olhares arregalados. Muitos enfermeiros, em plena tarefa, passavam pelos dois com pacientes em macas. Ouviam-se gritos estridentes em alguns quartos. Marcondes revelava-se tenso.

— Assustado, Marcondes?

— Nunca gostei muito de hospital psiquiátrico.

— Não é hospital psiquiátrico. É uma ala de recuperação mental.

— E qual é a diferença?

— Passei a vida dentro de um hospital psiquiátrico e jamais presenciei um índice de recuperação como o que ocorre aqui.

— Devido ao método?

— Sem dúvida! Nisso reside a diferença.

— Que método é empregado?

— Amorterapia.

Os dois andavam, até que foram abordados por uma mulher de baixa estatura. Bem penteada e com olhar fixo, aproximou-se de Marcondes com os braços cruzados. Vez por outra, levava o indicador aos lábios, como se espalhasse uma substância, e novamente cruzava os braços. Chegando perto, disse:

— Eu sei o seu nome.

— É mesmo?! – falou Marcondes, em tom de piedade pela condição da doente.

— Converse com ela! – estimulou doutor Inácio.

— Qual é o seu nome?

— Jandira. Jandira Alves de Assumpção. Muito prazer, senhor Marcondes de Faria.

— Como ela sabe meu nome, doutor?

— Pergunte a ela – respondeu o médico.

— Você me conhece de algum lugar, Jandira?

— Conheço o tempo universal e o espaço que o separa.

— Creio não ter entendido! – exclamou o dirigente, um tanto constrangido.

— Marcondes – interrompeu doutor Inácio –, fique com ela por alguns minutos. Estarei logo ali – e apontou o posto próximo.

— Venha ao meu quarto. Vou lhe contar umas histórias – convidou Jandira.

— Posso, doutor? – solicitou o visitante.

— Vá com ela. Não tenha receio.

O quarto de Jandira era o de número 6. A porta aberta era indício de que estava em bom dia. A ala confinava doentes em condições severas, e nem todos poderiam ter toda a liberdade desejável. Olhando pela porta para averiguar se ninguém ouviria a conversa, expressou aos sussurros:

— Eu leio pensamentos e preciso adverti-lo sobre o que acontece neste lugar.

— Pode falar!

— Estive presa nas furnas e descobri coisas absurdas. Bezerra de Menezes e a tal dona Modesta estão presos lá. Eles são emissários da ilusão. Esses que aparecem aqui, neste Hospital, são falsos. São clones – falou Jandira com ansiedade e um misto de medo de ser ouvida. — Este lugar é uma réplica da mistificação. Estamos todos sendo enganados pelo demônio. Na verdade, também fui espírita e descobri coisas fantásticas.

— Sim, fale sobre essas coisas absurdas. Estou curioso – manifestou Marcondes, com evidente interesse.

— O Espiritismo é uma farsa. Fomos enganados.

— Que é isso?! – debochou o dirigente.

— Veja pelo senhor – e agarrou os braços de Marcondes –, se não tinha dúvidas sobre a existência dos espíritos e da mediunidade. Aposto como se arrependeu, depois da morte, por deixar de fazer muitas coisas que gostaria.

— Não! A senhora está enganada.

— Então por que não acreditou nas comunicações de seus médiuns?

— Como a senhora sabe disso?

— Está na sua mente. Não adianta esconder, eu posso ler. Se o senhor acreditasse em problemas depois da morte, teria uma amante?

— A senhora está sendo inconveniente. Vamos parar com isso. Com licença, tenho de chamar o doutor Inácio.

— Não! Essa é a sua hora da verdade – Jandira correu para a porta e a trancou.

— Abra essa porta, com licença – pediu Marcondes, assustado.

— O senhor não vai sair enquanto não me ouvir. Ouvir a verdade!

— O que a senhora quer de mim. Que verdade é essa?

— Salvá-lo da farsa. Estamos sendo enganados. Eurípedes é o conselheiro de Lúcifer, que se transfigurou e criou este lugar para nos escravizar. Quando nossa cabeça estiver boa, eles vão nos dar serviços ilícitos entre os homens na Terra.

— Perdoe-me, mas a senhora está louca.

— É isso que querem que pensemos. Por que o senhor acha que veio a esta ala? Pode estar certo de que existe um quarto para o senhor aqui. Eu fui escolhida para ser uma mensageira infiltrada. Aqui fico sabendo de tudo. Sei, por exemplo, sobre o caso amoroso de sua esposa e posso lhe dizer o que quiser.

— Como soube disso? – interrogou com visível curiosidade.

— Sei tudo. Tenho poder. Quer saber?

— Saber?

— Quem era o homem traidor... – desta vez foi Marcondes quem olhou para os lados a fim de averiguar se ninguém os ouvia.

— Fale-me o que sabe.

— Foi José, seu amigo de doutrina.

— Meu Deus! Eu desconfiava! – expressou-se completamente envolvido e surpreso.

— Ele sabia de seu caso com Eulália e pensou que você não tinha mais interesse pela esposa, então se aproximou e...

— Jandira, abra a porta, tenho de sair. Se você não abrir, vou pegar a chave em sua mão.

— Nem tente! Eu conheci o monstro da mentira de perto. Domino técnicas. Ele é horrível! Parece coberto de lodo e fede a enxofre. É enorme e assustador. Sou agora sua escrava, porém, quero formar uma equipe para fugirmos deste lugar e... Preciso destruir o centro espírita que fundei. Ajude-me!

— Jandira! Jandira! – entrou doutor Inácio no quarto com a chave sobressalente. –Contando mentiras novamente?!

— Não, doutor! Nada disso! Não é, senhor Marcondes?! – falou a paciente, pedindo a anuência com uma fisionomia intimidadora.

— Vamos, Marcondes! Continuemos a visita – intimou o médico.

— Até logo, Jandira – despediu-se o dirigente.

— Estarei esperando você para... Você sabe! – ainda arrematou a paciente.

Ao sair do quarto, Marcondes parecia outro. A psicosfera da paciente afetou-lhe sobremaneira.

— Doutor Inácio, eu estou mal!

— Vamos ao posto.

— Não sei se vou aguentar.

— Venha, vou ajudá-lo – e lhe deu o braço.

Assentando-o, perguntou:

— O que houve, Marcondes?

— Parece que não tenho controle sobre meus pensamentos. Recordo-me de médiuns que passaram pelas minhas tarefas e um forte sentimento de culpa. Estranho! Muito Estranho! Estou com raiva de minha esposa e...

— Fale de suas sensações.

— Parece que estou sendo sufocado por algo. Aquela mulher falou de um monstro, e é como se visse uma enorme serpente com pernas humanas olhando para mim, na minha frente. O que está acontecendo, doutor? Está tão forte que a escuto dizendo-me algo.

— O que ela diz?

— Sou a rainha da verdade! Sou a rainha da verdade! Estou perdendo os sentidos, eu... – Marcondes perdeu os sentidos completamente.

— Somente após uma hora ele retomou a consciência. A visitação foi interrompida, e ele regressou ao quarto com recomendação de não permitir as cenas mentais.

Na manhã do dia seguinte, doutor Inácio foi chamado ao quarto de Marcondes. Ele recusava alimento e não queria se levantar.

— O que sente, Marcondes?

— Revolta. Muita revolta. Por que será? Estou irritadíssimo... Não dormi bem.

— O que lhe aconteceu ao longo da noite?

— Não sei o que aconteceu. Acordei revoltado.

— Revolta em relação a quê?

— Depois que conversei com aquela mulher...

— O que ocorreu?

— Passei a ter revolta de ser espírita.

— Ou de ser quem é?

— Talvez isso! Só sei que um desgosto terrível se apossou de mim, como por encanto. Serão as vibrações dela? Talvez esteja ouvindo o que não gostaria!

Doutor Inácio levantou os ombros em gesto de dúvida.

— Sinto-me como um verme, doutor.

— É o ruir das máscaras, Marcondes.

— Tenho revolta inclusive de acreditar... – falou com rancor.

—Acreditar?

— Acreditar que valeu a pena ter sido espírita. Por que isso não me deu o sossego, a paz?

— É o lado oculto que surge.

— Onde está a misericórdia tão pregada nesta casa?

— O Pai ama a todos indistintamente. Apesar disso, veja a Terra como se encontra. Dor, cansaço, doença. É da lei que sejamos amparados incondicionalmente, todavia a mesma lei também determina que respondamos por aquilo que já temos condições. Se a misericórdia fosse suprir a responsabilidade, ela seria conivente com nossos erros e um "furo" na evolução.

— Não vou dar conta.

— Diante de sua revolta, qual atitude você tomaria agora, se tivesse liberdade de opção?

— Parar com a vida. Sair daqui correndo para um lugar que não sei onde é. Desistir. Vontade de não existir.

— Desistir?

— Desistir de viver.

— Fale mais! Fale das pessoas!

— Gostaria, por exemplo, que o senhor não existisse. Que esse Hospital nunca tivesse sido criado. Gostaria de chamar Jesus Cristo e dar-lhe uma bofetada sem piedade. Se pudesse, eu o pregaria na cruz com muito ódio. Fiz muito e, de repente, a sensação que me assalta é a de perda de tempo. Incompetência. Parece-me que nada valeu ou vale a pena. Será que...

— Quê?

— Será que estou deprimido? Por que estou assim, dou-tor? Quanta surpresa e sofrimento ainda me esperam?

— Você está perdendo o piso, meu caro.

— Piso?

— São as convicções que colocamos como ponto de apoio da vida terrena. As boias psicológicas de segu-rança estão afundando. Emergem os medos, as dúvi-das, as questões emocionais não solucionadas e que foram soterradas sob o peso das mentiras que esco-lhemos para ser as nossas verdades.

— Estarei revoltado comigo, portanto?

— A revolta é o estágio em que estacionam os arrogan-tes quando percebem ser impotentes.

— Como?

— Por trás da arrogância, na maioria dos casos, escon-de-se um revoltado. Alguém que não aceitou os alvi-tres da realidade. Para não tombar na depressão, as-sume a prepotência e a insanidade da insolência.

— No fundo, minha revolta tem um pouco de medo. Encontro-me muito inseguro e chego a pensar se mor-ri mesmo ou se tudo o que me acontece aqui é uma hipnose.

— Muitos passam esse drama mental. Eu mesmo já ex-perimentei semelhante loucura passageira nesta casa. E, vez por outra, ainda tenho alguns lapsos ocasionais.

— O senhor também é bastante arrogante, não é, doutor?

— Sou um arrogante que não minto mais para mim. Um arrogante autêntico e leal comigo mesmo. Há uma boa diferença entre nós nesse sentido.

— O senhor quer dizer que ainda sou um arrogante iludido.

— Como ambos somos arrogantes, não custa confirmar sua tese.

— E qual a definição teria para o meu tipo de arrogância?

— O arrogante é alguém que acredita nas ilusões de supervalorização de si mesmo. Quanto a você, defina-se por si mesmo.

— Minha arrogância deixa-me inseguro, compreende?

— Ao contrário, Marcondes, somos arrogantes por nos sentir inseguros, temerosos e fracos. Diga-me algo que neste instante lhe traria segurança.

— Estou tomado pelo receio de ferir a pureza doutrinária. De estar aceitando algo contra o Espiritismo. Chega a passar pela minha mente que estou sendo vítima de uma mistificação perfeita neste lugar. Acreditei no que a Jandira falou.

— É assim mesmo, Marcondes. Este é o reflexo inevitável das sementes que cultivamos no canteiro da vida mental enquanto no corpo. Em meu caso, foi bem pior. Já desencarnado, sonhei durante anos com o cigarro. Tinha sonhos em que colocava os pés sobre minha mesa no sanatório e baforava prazerosamente. Era um cigarro enorme e, quando recobrava a lucidez do sono, era tomado por uma crise terrível de irritação e chegava a ficar alucinado. Nessas crises, perdia a crença em tudo.

— Se essa é a verdade, por qual razão nós, espíritas, fomos enganados. Por que André Luiz não deu mais detalhes? Por que Emmanuel não escreveu sobre os fracassos dos espíritas após a morte?

— Pare de cobrar dos outros, meu amigo, e olhe para você mesmo. Parece que esqueceu tudo o que aprendeu nas últimas semanas.

— Gostaria, mesmo, de esquecer tudo o que vi e ouvi por aqui. Se puder, quero voltar para a pureza doutrinária. Sinto-me muito ameaçado com o que constato neste plano.

— Então, só há uma solução.

— Qual?

— Volte para a matéria e recomece.

— Nem pensar. Quero distância da carne por agora. Será que não tem alguém aqui no Hospital como eu? Alguém que sinta saudades do que é o verdadeiro Espiritismo, das tarefas?

— Marcondes, para sua decepção, o que você está vivendo é a realidade. Você já sabe disso.

— Não aceito.

— Então se deprima! Essa é a saída para quem se revolta com a Verdade.

— Só desejaria a pureza do Espiritismo. Por que tem de ser diferente neste plano?

— Engano seu. Os homens no plano físico é que criaram ideias desconectadas da verdade.

— Mas não há ninguém que cultive a pureza aqui?

— Sim, existe. E você os conhecerá a seu tempo. Contudo, fique sabendo, amigo, que poucas foram as vezes que essa expressão foi usada em favor da autêntica preservação dos princípios doutrinários. Em razão de nossas lutas morais, a aplicação verdadeira desse termo é a de endossar o limite da verdade que conseguimos entender e assimilar. Passou disso, é perturbação. Os espíritas que a tentam manter nesta casa terminam desesperados e levados a alas restritas com crises lastimáveis de confusão mental.

— Jandira falou que viu Bezerra e dona Modesta aprisionados nas furnas.

— E viu mesmo!

— Como pode?

— São clones, embora ela defenda que os clones são os que estão aqui conosco. Existem, inclusive, centros espíritas totalmente tomados por eles, pela mistificação mediúnica. Outros são ludibriados por criaturas como Jandira, sob hipnose e exploração de adversários. Em alguns lugares – pasme! – espíritos como ela são recebidos como mentores. Os médiuns acreditam facilmente em suas teorias. Como tem enorme conhecimento da doutrina, ela ludibria com mestria as mentes incautas.

— Com que intuito?

— Os adversários sagazes da causa têm plena consciência da impossibilidade de exterminarem os centros. O propósito é apenas retardar e incensar a morosidade, a preguiça. Inúmeras agremiações encontram-se totalmente tomadas por esse gênero de obsessão coletiva e inteligente.

— Qual a história dessa mulher, meu Deus?

— Jandira tem uma história complicada. Tudo começou com uma mentira. Auxiliada e orientada em uma casa espírita, começou a frequentá-la. Em pouco tempo, foi orientada mediunicamente sobre a missão de fundar um centro espírita. Assim o fez com muita luta. Depois de anos em atividade, sucumbiu ao peso de terrível obsessão, que a levou ao suicídio. Ninguém descobriu tratar-se de um suicídio. Jogou o próprio veículo em um declive acentuado. Todos supuseram um acidente. Prisioneira das furnas da mentira, padeceu anos em explorações diversas, formando um quadro psicótico grave.

— Estava sendo usada para prejudicar o centro?

— Os amigos encarnados a tomaram como benfeitora em razão de haver fundado o centro. Pela mente, a chamavam e veneravam-na. Ninguém, porém, conhecia-lhe os dramas íntimos e menos ainda a trajetória de responsabilidades imputadas a quem não tinha condições de exercê-las com equilíbrio. Grandes responsabilidades em ombros frágeis. Essa é uma velha técnica para a desmoralização pública da doutrina. Após o desencarne, ela era portadora de propósitos sinistros para a derrocada total do centro. Caso conseguisse, seria promovida na hierarquia das sombras.

— Santo Pai! E quem a resgatou?

— Dona Modesta, a pedido de Eurípedes. Ela foi resgatada, dentro do próprio centro espírita que fundou, em uma noite de descuido dos seus manipuladores das sombras.

— Por que Eurípedes se interessaria por uma pessoa assim, falida como espírita?

— Porque a misericórdia tem como mãe a compaixão. Jandira é um exemplo do lírio no charco. Um enorme potencial usado pelas furnas do mal. Esse espírito traz sobre os ombros o peso de ser um expoente da história da França revolucionária. Uma caluniadora dos Girondinos. Jandira, quando resgatada, já "governava" três casas espíritas com suas mentiras, sob o jugo de uma das mais doentias falanges da maldade na erraticidade, o Vale da Mentira.

— E agora, como ficou o centro que a venerava? Sem mentor?

— Jandira era usada pelas sombras. Embora fossem autênticas suas comunicações por intermédio dos médiuns da casa, ela articulou, sob hipnose, uma tremenda armadilha com ideias e orientações inteligentes, todavia infundadas. Agora que se retirou e depois de feita uma limpeza na área, as coisas vão se encaixando.

— Limpeza na área?

— É o termo que usamos quando nos referimos à remoção das causas da obsessão.

— Conseguiram, então, retirar os espíritos que a usavam e também o grupo. É isso?

— Conseguimos remover os mantenedores da situação no plano físico.

— Quer dizer que o problema vinha de lá para cá?

— Quase sempre é assim. Os adversários dão o empurrão inicial e a ribanceira corre por conta dos encarnados.

— E como vocês resolveram essa história?

— Separando pessoas.

— Como? Separando pessoas!

— Não sabia que, em alguns casos, torna-se a única solução?

— Jamais imaginei mentores separando pessoas. A proposta espírita é de união.

— Contudo, diante desse quadro delicado, em muitos casos, somos constrangidos a usar de acordos com as sombras. Quando essas posturas fascinadoras colocam em risco o progresso da maioria, optamos pelo mal menor por meio da diplomacia no encaminhamento da ocorrência.

— E nesses acordos...

— Nesses "negócios", entre outras medidas, incluem o afastamento de pessoas nas mais diversas posturas. Cada caso é um caso.

— Doutor Inácio! Minha cabeça vai explodir. Creio que desencarnei fora do tempo. Não pode ser! Não pode ser, meu Deus! É assim que as coisas são por aqui? Ai! Preciso de fôlego. Quanto mais sei sobre a vida espiritual, mais me sinto falido, incompetente e vazio. Já que o senhor é meu mentor, responda-me, pelo amor de Deus: será que valeu a pena ser espírita? Volto a indagar.

— É a trajetória de todos nós quando não fizemos tanto quanto podíamos. A propósito, você me chamou de mentor?

— Foi o que disse, doutor. Não venha me dizer que...

— Digo, sim! Não se lembra de uma conversa que já tivemos? Aquela do "bom capeta"?

— Lembro-me.

— Pois então! Chame-me do que quiser, menos de mentor. Mentor, neste Hospital, é Jesus Cristo.

— Doutor, como ela sabe tanto a meu respeito? – referindo-se à Jandira.

— Jandira é médium dotada de forças excepcionais. Os gênios da perversidade sabiam disso. Como ela tinha fortes laços com a conduta da mentira, foi enganada durante quase toda a sua existência carnal. Por conta dessa criatura, uma nação inteira sofreu com suas mentiras, vindo ao suicídio, pela primeira vez, no século 16, na corte francesa.

— E quanto ao que ela me disse?

— Sobre?

— O Hospital. A farsa do espiritismo e...

— E...

— Sobre minha esposa!

— Sabia que perguntaria.

— É verdade, doutor?

— Uma contradição, Marcondes! De uma boca tão mentirosa, Deus faz luzir alguma verdade.

— Então é verdade?

— Em parte.

— Esse é outro motivo da minha revolta – falou Marcondes, socando a cama com irritação. — O senhor acredita que estou sentindo ciúmes por atraso?! Já que não tinha certeza quando na carne, agora sinto saudades, ciúmes e revolta. Muita revolta.

— Pois saiba que não ocorreu o que pensa. José, realmente, tentou, de todas as formas, porém sua amada esposa, Josefa, manteve-se firme no posto do dever.

— Ainda assim, sinto revolta.

— O teatro acabou, amigo!

— Teatro?

— A vida terrena tem sido um palco para a grande maioria das pessoas. Representam uns para os outros, escondendo aquilo que sentem e fazem.

— O senhor está me chamando de...

— Tolo! Sim, é isso mesmo! Somos tolos demais. Que definição melhor pode receber quem diz acreditar em uma vida após a morte e fica teatralizando a reencarnação? Mesmo que Josefa o houvesse traído, que autoridade para exigir tributos de honra teria você, mantendo um caso com Eulália?

Marcondes calou-se, envergonhado.

— Sinto muito pela franqueza, mas não dá para brincar com esse assunto.

— Prefiro vê-lo brincando!

— Eu também me prefiro assim. Digamos que hoje estou tão deprimido quanto você.

— Começou a brincar!

— Estou falando sério. Tenho, também, minhas crises. Para sua desgraça, estamos os dois na tristeza neste dia. O melhor que podemos fazer é orar e respirar um ar nos jardins. Levante dessa cama e vamos sair daqui, antes que nos internem nas alas restritas.

Marcondes levantou-se do leito, trocou as vestes, fez asseio e saíram, ele e doutor Inácio. Nos jardins do Hospital, o movimento era grande naquela manhã. O sol tinha seus raios focados na sublime obra de Barsanulfo. Após atravessar algumas quadras, os dois amigos pararam na praça dos lírios, local preferido de Eurípedes. Uma bela praça arborizada e limpa. Assentaram-se em bancos confortáveis e reiniciaram o diálogo:

— Quando venho aqui, sempre tenho saudades da Terra e fico pensando que devia ter passado mais tempo por lá.

— Quanto a mim, posso dizer o contrário. O senhor trabalhou muito, doutor Inácio?

— A vida inteira! Cuidando de loucos, acho que enlouqueci e não percebi. Acabei sendo útil, mesmo doente.

— Confesso que, às vezes, tenho uma tremenda raiva de suas colocações, mas devo lhe confessar que nunca ninguém conseguiu entrar tão profundamente em meu ser. Sou-lhe grato, amigo! – e pegou as mãos de doutor Inácio em gesto de agradecimento.

— Esteja certo de que ainda pretendo lhe causar muita raiva!

— Vejo que os jardins nos fizeram bem.

— Sempre fazem, sempre fazem! O espírito de Eurípedes, e por que não dizer, de Jesus, está nesta praça. Vê esse flamboyant?

— Sim.

— Abrace-o e pense em Jesus.

Marcondes seguiu instintivamente a ordem. Abraçou a árvore e fechou os olhos. Uma doce paz lhe invadiu o coração.

— O que sente, homem?

— A revolta passou! Sumiu por encantamento. Estou leve. Calmo. Pela primeira vez, sinto-me assim depois do desencarne.

— Então está pronto para ouvir! Jandira disse a verdade. Ela foi aprisionada no Vale da Mentira e viu o "monstro".

— Existe esse lugar?

— Existe também o "monstro" a que se referiu.

— Aquela mesma imagem que vi?

— Bem parecida! A falange da mentira cresce assustadoramente, na humanidade, os seus tentáculos de domínio e manipulação. Hoje, a grande tática dessa falange é contar a verdade. Já que a vida de todos nós, em algum aspecto, tornou-se uma mentira, contar a verdade significa estarrecer e derrotar. Além disso, o foco dessa falange é a descrença.

— O senhor sabia que ela me diria aquelas coisas, por isso me deixou lá?

— Sabia que ela lhe diria algo.

— Por que não disse o senhor mesmo?

— Porque Deus tem mecanismos mais sábios que minha impulsividade. Pela boca de Jandira, muitas verdades necessárias são ditas a seu modo. Mesmo na confusão da insanidade, surgem raios de lucidez que expressam a sabedoria do Pai em sua obra magnânima. Veja que você já não é mais o mesmo depois desse contato. Quem diria que uma paciente psiquiátrica seria médium de suas necessidades?

— É verdade! Magnífico!

— Um médium equilibrado lhe diria o mesmo. Naturalmente, de outra maneira.

— E não teria um desses para me orientar?

— Temos, mas estão muito ocupados para isso. Portanto, nada mais justo que buscar os que precisam. Jandira precisa muito de alguém para passear nos jardins, conversar e que leia o Evangelho para ela.

— Eu...

— Sim, você poderia. A pergunta é: você quer?

— Tenho medo.

— Ótimo! É um sinal de responsabilidade, pelo menos nesse caso. Você começa hoje mesmo, à tarde.

—Assim! Já?

— Estamos aguardando alguém para isso há tempos. Jandira está aqui há quase um ano e tem sido muito bem assistida. Todavia, se lhe dermos tempo e atenção...

— Está bem. Conte comigo! A propósito, doutor, apenas uma pergunta: terei de ir buscá-la naquela ala?

— Está com medo?

— Foi traumático para mim. Nunca pensei que havia uma casa do Cristo desse jeito.

—Arrumarei alguém para trazê-la até aqui.

— Estou muito disposto!

— Excelente. Senti sua sinceridade. Só espero que não vire Pinóquio!

— Pinóquio?!

—Espero que não passe a adorar as mentiras de Jandira.

—Que bom vê-lo assim, doutor! Está se sentindo melhor?

— O doutor aqui sou eu. Pare de perguntar e vamos ao trabalho. Você vai visitar Jandira e diga que acredita em tudo. Depois, no iniciar da noite, procure o professor no segundo andar. Ele o espera com outras lições. Felicita-me vê-lo com novo humor, contudo, mantenha vigilância sobre suas emoções.

— Está bem, doutor. Farei isso.

"

É da lei que sejamos amparados incondicionalmente, todavia a mesma lei também determina que respondamos por aquilo que já temos condições.

Se a misericórdia fosse suprir a responsabilidade, ela seria conivente com nossos erros e um 'furo' na evolução.

"

20
Segundo Andar

"Não será assim entre vós; mas todo aquele que quiser entre vós fazer-se grande seja vosso serviçal. E qualquer que entre vós quiser ser o primeiro seja vosso servo."

Mateus 20:26.

Naquele mesmo dia, às dezoito horas, o ex-dirigente goiano chegou ao segundo andar. Era uma enfermaria coletiva. Tudo traduzia ordem. O professor já esperava Marcondes e o saudou:

— Há quantos dias não vejo o amigo bondoso!

— Lembrei-me muito do senhor, professor. Realmente, há semanas que não o vejo. Incrível o tamanho deste Hospital!

— Nem tão grande assim é o Hospital, e sim o trabalho. Venha, vamos à minha sala. Conversaremos um pouco.

Acomodados, iniciaram um diálogo esclarecedor sobre as enfermarias do segundo andar.

— Aqui encontramos, em sua maioria, quadros de arrependimento tardio.

— Consciência cobrando os atos?

— Nem sempre, Marcondes. Dialogando com nossos irmãos, perceberá que a queixa generalizada se refere ao que deixaram de fazer.

— Arrependidos pelo que não fizeram?

— Exatamente. Em outras palavras, negligentes.

— Então vejo que mais uma vez me encontro onde preciso.

— Todos aqui nos encontramos por necessidade, meu filho, e não por méritos. O caminho para a frustração começa na aceitação gradual da negligência. É um processo psicológico estimulado na mente do trabalhador do bem que excede nas concessões em benefício próprio. Alegando necessidades pessoais, relaxa na conduta em excessiva ocupação consigo mesmo, tornando-se um esbanjador dos recursos celestes do tempo e dos recursos materiais. Raros sabem utilizar tais bênçãos como oportunidades para trabalhar e servir, aprender e amar com mais intensidade. Faremos uma visita educativa no intuito de que avalie essa caminhada sutil do aprendizado humano.

— Por que a existência de quartos separados?

— O que delimita a divisão entre as alas é o desejo constante de cooperar. A grande maioria, neste local, fala em méritos pessoais e quer ser servida. Alguns chegam ao absurdo de fazer cobranças, então são convidados ao quarto próprio. Querem mordomias, vão tê-las. Depois de alguns dias, estão deprimidos e são transferidos para o setor competente.

— Interessante!

— Lamentável, eu diria, pois recebem tudo e, no entanto, a grande maioria não perdeu a mania de mandar e exigir.

— São todos espíritas?

— A maioria. Temos alguns protestantes e outros líderes cristãos. Sem dúvida, os espíritas dão mais trabalho.

— Doutor Inácio pediu para procurá-lo. Alguma razão especial?

— Antes de incursões mais amplas, gostaria de apontar uma informação que poderá ser útil. Visitaremos uma ala cujos pacientes se recuperam, muito lentamente, de dramas bem recentes. São dirigentes com fortes crises de depressão, incursos, alguns deles, em estados psicóticos. No geral, são doentes mentais graves sob controle de medicações e terapias muito específicas.

— E por que não ficam nas alas restritas do subsolo?

— São histórias mais brandas. Muitos, aliás, já passaram por lá e continuam a se tratar nesse andar.

— Nesses casos, a psicose ocorre depois da morte ou já havia se expressado quando ainda no corpo físico?

— São psicoses tardias, ou seja, já se encontravam em estado latente, vindo a ser ativadas a partir das experiências infelizes vividas nas regiões inferiores, nas quais estagiaram por longo período. Todos foram resgatados em penosas condições mentais e agora, após pouco mais de um ano de tratamento, apresentam-se mais bem-humorados e dispostos à conversa.

— Terão facilidade em falar de seus dramas?

— É o que mais necessitam neste momento, com o objetivo de desabafar. Costumam repetir a mesma história quantas vezes puderem. Você poderá perguntar à vontade.

— Foram todos dirigentes?

— Não. Foram líderes espíritas todos eles, considerando que líder é todo aquele que influencia um grupo, possuindo ou não cargo hierárquico. Em comum, trazem o fracasso em seus projetos reencarnatórios. Não foram maus, foram omissos.

— Pelo que aprendi com o senhor, não existe fracasso.

— No sentido de ser irremediável, não existe falência. A consciência, entretanto, nunca deixa de cumprir sua função orientadora e nos relembra, continuamente, o que combinamos conosco antes do renascimento. Quando não queremos ouvi-la...

— Novamente a negligência! Nunca pensei sobre esse tema à luz dos princípios espíritas. Jamais imaginava que adiar o bem que podemos fazer iria nos criar tanto embaraço! Mas de que maneira a negligência pode trazer alguém a essa situação?

— Alguns, por meio das atitudes de falta de cumplicidade com o objetivo essencial da proposta espírita, assumiram uma fé de superfície. Outros se devotaram aos compromissos doutrinários, todavia, por meio do personalismo, buscaram posições de supremacia da verdade, ostentando suas largas folhas de serviço. Sob o fascínio do orgulho, estabeleceram condutas preciosistas nas quais pretendiam ser referências para a coletividade. As maiores ilusões se verificam entre esses últimos. Fascinaram-se com crenças e pontos de vista pessoais, estabelecendo excessivo apego às suas convicções.

— Como identificar mais claramente o ato de negligência em suas experiências?

— Em ambas as situações, percebemos a negligência nos deveres de profundidade para com o próximo e consigo mesmo, em prejuízo do excessivo prestígio aos valores institucionais e movimentos de adoração exterior. Foram escravos do centro espírita e das práticas. No centro, adoravam a si mesmos; nas práticas, supunham-se padrões a ser copiados. Em ambos, demonstravam valor exclusivo em sua forma de entender e interpretar, consolidando uma crença individual, arrogante e inquestionável. E, quando tal quadro era acompanhado de algum cargo expressivo perante a comunidade, ampliavam ainda mais as chances de personalismo e austeridade em suas formas de conceber o Espiritismo. São os novos Doutores da Lei, que enchem o cérebro de conhecimento com o qual pretendem ser autoridades sobre imortalidade.

— E foram trabalhadores de boa vontade?

— Todos, sem exceção.

— Não consigo entender, professor!

— Boa vontade e conhecimento não bastam como recursos de equilíbrio. Sem eles, evidentemente, não teremos as condições necessárias no campo exterior para a manutenção de nossas tarefas. Entretanto, somente com eles, não efetivamos os serviços de profundidade do espírito nas escaladas da renovação interior. Além de boa vontade e informação, é imperiosa a aquisição da consciência sobre nossas necessidades espirituais e os respectivos caminhos de superação a ser adotados. Do contrário, seremos operosos no bem alheio, defendendo-nos das horas vazias e da obsessão sem edificar, na intimidade, as defesas morais e as experiências indispensáveis para alcançar a vitória sobre as falhas morais milenares. Falhas, diga-se de passagem, que jamais serão vencidas somente com movimentos de rotina nas abençoadas tarefas das quais participamos. Mais que voluntariado, torna-se urgente o compromisso de elevação persistente e diário em todos os instantes da existência, ultrapassando o campo das doações espontâneas em horas marcadas.

— Para entender melhor, gostaria de saber se esse andar inteiro é dedicado aos dirigentes.

— Na verdade, para os dirigentes é reservada a área maior. Consideremos como dirigente todo aquele líder em nome da mensagem cristã. Assim temos dois andares no subsolo para casos mais graves e cinco andares acima do nível térreo para continuidade dos tratamentos. Os sete andares compõem um dos braços do Hospital. Ao todo, temos trinta e cinco andares distribuídos em cinco braços, à semelhança de um cata-vento. Lembra do exemplo que usei na palestra? Cada pá do moinho é um pavilhão visto de cima, e as bases – duas colunas de sustentação – são os corredores de entrada e saída do Hospital, no andar subsolo 2, o mais perto das vibrações terrenas. É onde se encontram os portais.

— E por que um pavilhão, especificamente, para dirigentes?

— Para facilitar os serviços e para o melhor proveito dos próprios pacientes, que guardam vivências similares.

— Mesmo tendo fracassado em seus planos, obterão algum mérito do serviço que prestaram?

— Sem dúvida. O bem sempre oferece algum tipo de fruto. Trabalharam muito e não perderam seus méritos, contudo, pelo fato de não terem quitado suas contas com a consciência, descuidando-se do compromisso primordial de transformação interior, não fizeram todo o bem que podiam e deveriam. Eis a maior negligência.

A referência tocou profundamente Marcondes, que se manteve calado. E o professor Cícero acrescentou:

— Os casos aqui presentes são dos que se mantiveram sempre distantes ou chegaram a se distanciar dos deveres essenciais a que concita o Evangelho: o amor a Deus, ao próximo e a si mesmo. Foram enriquecidos pela caridade e o desejo de melhora junto às tarefas de amor do centro espírita, de onde jamais deveriam ter se afastado completamente. Após as oportunidades de promoção que foram recebendo para gerir interesses coletivos, só tiveram tempo e atenção para assuntos e problemas que dizem respeito a eventos, relações convenientes, cerimônias e planos de hegemonia, os quais tomaram como sendo missões a eles confiadas pelo Mais Alto.

As explicações claras do benfeitor não deixavam dúvidas. Marcondes passou a refletir sobre as tarefas de amor no centro espírita no qual atuou por anos a fio na cidade goiana. Suas atividades revelavam-se, agora, em sua mente, como sublime avalista do relativo estado de tranquilidade e equilíbrio. Desejando continuar a entrevista sobre os conceitos sábios do professor, indagou:

— Que função primordial têm os dirigentes para o progresso do movimento espírita?

— São os que se mantêm na vanguarda e determinam linhas de pensamento, portanto, tornam-se referências de ação em menor ou maior escala. Quaisquer movimentos humanos que se prezem devem preparar bem seus líderes. A função de sua participação nas comunidades sob sua condução é de vital importância para o progresso e a ordem. Em todos os tempos da humanidade, os líderes constroem a história, traçam rumos e definem o futuro. O movimento em torno das ideias espíritas precisa fazer algo por seus condutores com urgência, embora, com toda a franqueza, não tenhamos visto, até então, muitas manifestações. Tínhamos esperanças de que os líderes, agrupados em torno do Pacto Áureo, fossem sensíveis e corajosos em investimentos sólidos nesse sentido, no entanto, passados alguns anos do compromisso solene de unificação, firmado em 5 de outubro de 1949, constatamos muitas iniciativas de valor, sem prioridade na formação de mentalidades coerentes e fortes junto àqueles que, de fato, moldam o movimento espírita.

— Professor, o senhor teve vivências desagradáveis nas direções de unificação quando encarnado?

— Deixei o corpo físico aproximadamente um ano antes da formalização do Pacto Áureo, ouvindo comentários a respeito de influências preponderantes de supremacia que muito me preocuparam já naquela época. Sempre fui contrário ao conceito institucional de unificação, vindo mesmo a ter severos episódios de desentendimento com líderes nacionais e regionais no intuito de operarmos no campo da coesão de almas, e não de instituições. Hoje, com algumas décadas de meu retorno ao mundo espiritual, já repensei algumas iniciativas tomadas por mim, na vida física, quanto à sua forma de execução. Contudo, a essência das ideias que defendi se torna cada dia mais necessária e urgente à seara.

— Que iniciativas seriam essas?

— Conforme assevera Jesus, "o sábado foi feito para o homem e não o homem para o sábado".[47] Os dirigentes espíritas devem priorizar, o quanto antes, no plano físico, uma campanha pela humanização na seara. Sem proximidade humana e respeito, fraternidade e convivência saudável jamais teremos união e concórdia – a alma de qualquer movimento cristão.

Os apontamentos do professor instigavam a curiosidade, contudo, considerando a hora, convidou Marcondes aos deveres do amor. Fizeram uma prece e dirigiram-se à ala escolhida para aquela noite de aprendizado.

O aprendiz mostrava-se estarrecido por ver os quadros mentais em que se encontravam aqueles homens, mulheres e jovens. Tiveram a oportunidade de ter em mãos o "Talento do Espiritismo", no entanto, o enterraram pelo medo de assumir responsabilidades maiores na vitória sobre si mesmos. Cícero deixava-o à vontade e observava, com muita atenção, seus movimentos. A certa altura, disse:

— O tratamento de todo espírito frustrado em seus projetos reencarnatórios deve ser a esperança. Na Terra,

---

47 Marcos 2:27.

comenta-se com exatidão que esperança é a última que morre. Aqui, nosso lema é a esperança deve ser a primeira a renascer. Depois disso, partimos para as conquistas em outros patamares emocionais. Sem esperança, a "alma é morta". Esperança é a linha divisória entre o cumprimento da justiça e a ação da misericórdia divina conforme as escolhas de cada um. Quando vemos novamente o sorriso nas faces desses corações que sucumbiram sob o peso da ilusão entendemos que ainda existe o desejo de recomeço, um ótimo sintoma de recuperação!

— Então a doença mais grave nesse setor seria a desesperança?

— Não é bem assim. Onde floresce a misericórdia, brota a esperança. Os espíritos aflitos e sem rumo encontram na compaixão a excelsa ventura de recomeçar. O sentimento de culpa e fracasso, inferioridade e abandono precisam ser supridos pela expansão da tolerância. Sem isso o mundo será uma eterna fonte de cobranças e impiedade. A bondade é a semente da paz. Qual de nós não carece do colo Paternal? Qual de nós, sob a luz da oração, não mendiga uma migalha de piedade para nossas lutas e quedas? A mais grave doença dos que estão nessas alas chama-se vício de prestígio.

— Vício de prestígio?!

— Sim. Uma doença milenar que acomete a maioria esmagadora dos espíritos vinculados à sublime escola da Terra. Seu princípio básico é a necessidade de ser amado, algo divino e natural nas leis da vida.

No entanto, surge como viciação e doença a partir do instante em que a vontade se tornou impotente para dominar esse sentimento ao longo dos tempos, transformando-se em exigência e paixão escravizante da mente em variados processos de egocentrismo. Sua origem é o egoísmo. O imperioso desejo de ser amado manifesta-se, nesse caso, em impulsiva necessidade de admiração, destaque, reputação pessoal, notoriedade e atendimento a caprichos pessoais. Forma-se, então, um psiquismo propenso a gerar correntes mentais centrípetas em regime de circuito fechado sobre si mesmo, desarmonizando, paulatinamente, o sistema afetivo do ser. Nessa ótica, nossos profissionais das ciências psíquicas adotam, por aqui, uma classificação para além dos padrões científicos da Terra, considerando como principais expressões psicopatológicas o personalismo, a inveja, o ciúme, a insegurança, a indiferença, a apatia, o melindre, a revolta e outras manifestações com as quais o egoísta age nos meios em que estagia na sua caminhada espiritual.

— Esse vício manifesta-se entre os dirigentes espíritas?

O professor apenas abriu os braços, juntou as mãos espalmadas em um movimento de respeito e piedade, exclamando:

— Veja o resultado! A colheita feita conforme a plantação! Nos enfermos deste pavilhão, encontramos uma espécie de transtorno afetivo não catalogado pela psiquiatria humana.

O ex-dirigente olhava com piedade para aqueles corações acamados. Eles pareciam não o perceber, tamanho estado de alheamento. Continuou o orientador informando:

— São casos processados a partir de uma inadequação de sentimentos, devido ao acentuado nível de indiferença dos que optam pelo estranhável amor institucional. Amam mais os cargos e a doutrina que o seu próximo. Um estado mental que poderia ser chamado de delírio de grandeza assinala nossos assistidos. Esse vício é alimentado pelo orgulho que afeta a imaginação da criatura, levando-a a formar uma imagem idealizada de si mesma, um autoconceito falso e exagerado com o qual passa a se fascinar. Tais estados de desalinho favorecem as fixações mentais no monoideísmo, levando a criatura a variados quadros de angústia e perturbação depois da morte. Complementando esse estado psíquico, encontram-se as reminiscências de outras existências corporais, em que a criatura se habituou a ser reverenciada e aplaudida graças a sua posição de destaque social ou cultural. Somam-se a isso muitas companhias espirituais sedentas dos eflúvios do elogio e das sensações causadas pelas futilidades do realce, ou ainda pelo prazer do reconhecimento pessoal, intensificando a dependência de prestígio. Muitas vezes, esses acompanhantes espirituais são adversários ferrenhos da causa doutrinária, e deterioram, o quanto podem, a autoestima do encarnado e insuflam-lhe a frustração, para que a vítima procure as compensações em experiências de prazer efêmero, ou na posse de alguma forma de vantagem pessoal, tombando, em definitivo, nos seus ardis.

— E por que os dirigentes espíritas estão carregando para cá esses quadros doentios graves?

— Por suporem-se grandiosos demais, quando deveriam se sentir apenas como aquele que carrega maior cota de responsabilidade sobre os ombros, com o dever de ser o exemplo para todos. Esqueceram a recomendação sábia do Mestre que diziam seguir: "Não será assim entre vós; mas todo aquele que quiser entre vós fazer-se grande seja vosso serviçal. E qualquer que entre vós quiser ser o primeiro seja vosso servo".[48] O conhecimento espírita não lhes tem sido o bastante para renovar a conduta de vida, além do que, sem humildade, jamais transformaremos a nós mesmos. Se os irmãos de ideal não começarem a se aceitar como doentes em busca de alta, guardando no íntimo de si mesmos a alegria pelo simples ato de servir, sucumbirão, inevitavelmente, ante essas ciladas sutis do orgulho. A santidade de superfície é um engano em prejuízo próprio. Quem não dá conta de se renovar tanto quanto deveria precisa assumir humildemente sua condição, pedir ajuda, adequar o esforço e caminhar adiante. Livrar-se do mau hábito de fazer cena e representar perante a consciência.

---

48 Mateus 20:26.

21
Lição Áurea

"Sinto-me por demais tomado de compaixão pelas vossas misérias, pela vossa fraqueza imensa, para deixar de estender mão socorredora aos infelizes transviados que, vendo o céu, caem nos abismos do erro."

O Espírito de Verdade. (Paris, 1860.)
O Evangelho segundo o Espiritismo,
capítulo 6, item 5.

A visitação ao segundo andar continuava rica de lições. Já passava das 19 horas, e o ambiente estava calmo. Os pacientes aprontavam-se para o recolhimento e o repouso. O professor, após prestar as informações a Marcondes, convidou-o para conhecer um cooperador valoroso que estava de passagem naquela noite.

— Não posso acreditar! Meu Deus! Doutor H.![49] O senhor por aqui!

— A seu dispor. Sou eu mesmo. E o senhor é...

— Sou Marcondes, um admirador de sua obra. Graças ao senhor, o movimento espírita foi presenteado com os magníficos livros da literatura mediúnica de Francisco Cândido Xavier. Jamais supus que um dia nos encontraríamos.

— Nada fiz além de editá-los. Nada de especial – falou com espontânea humildade.

— Modéstia sua, doutor H.!

---

49 Identidade do espírito resguardada em razão dos familiares ainda reencarnados.

—Posso lhe pedir um favor? – falou o valoroso trabalhador.

— Claro!

— Não me chame de doutor. Isso me faz muito mal.

— Como queira. Perdoe-me a ofensa.

— Não se trata de ofensa. Não há o que perdoar. Tal referência evoca recordações que tenho me esforçado por esquecer. Causa-me incômodo.

— Compreendo perfeitamente!

— Prefiro apenas o nome H., e já é demais.

— Imagino quantos créditos de paz você carrega em razão da tarefa.

— Nem tanto, Marcondes! Nem tanto.

— Qual o motivo de sua alegação? O senhor pode ser chamado o "pai" da literatura mediúnica espírita. O movimento deve-lhe o tributo de construir o maior parque gráfico espírita do mundo.

— O movimento não me deve nada. Ao contrário, eu, sim, sou um devedor insolvente.

— Com tanto êxito em sua tarefa?

— Equívoco, meu amigo. Pura ilusão! Somente depois que largamos o mundo físico, avaliamos com nitidez as expressões de arrogância e grandeza às quais, em muitas ocasiões, entregamo-nos em nome do serviço cristão.

—Arrogância?

— Costumamos operar muito por fora de nós, esquecendo, voluntariamente, o trabalho de sossegar a consciência e construir a paz interior. A tarefa do livro certamente beneficiou e beneficia milhões de corações, contudo, tive meus desvios clamorosos. Por mim mesmo, pouco fiz. Na condição de intérprete do pensamento cristão, durante séculos sucessivos, venho carregando a culpa da adulteração nas letras evangélicas. A tarefa do livro espírita seria minha libertação.

— E não foi? – interrompeu Marcondes.

— Não!

— Por qual razão?

— Não resisti à prova e cometi as mesmas falhas. Nós, espíritas, precisamos rever algumas concepções sobre o que nos espera após a morte. Ao imaginarmos que quantidade de realizações é sinônimo de vitória, cometemos grave erro conceitual. Em nome das crenças que acalentei, semeei o joio em diversas oportunidades. No intuito de fortalecer a imagem e o alcance da organização unificadora à qual servi durante décadas, tomado de sincera honestidade de ideais, acabei por descuidar novamente em relação às celestes mensagens entregues pelo Pai às minhas decisões. Conquanto acolhido e amparado por benfeitores amorosos que me estimulam a pensar no êxito, não consigo livrar-me da desagradável sensação de angústia ao recordar o mal que poderia ter evitado, caso edificasse o bem sem fronteiras nas duras linhas do sacrifício. Amei. Amei muito, é verdade, todavia, dirigi meu amor para casas e valores perecíveis. Mesmo o livro espírita, esse tesouro inestimável, é apenas um recurso de crescimento. Apenas o bem eterno permanece na intimidade. Alegro-me em saber que, ainda nessas condições, sou tratado com consideração por Tutores Maiores por créditos imorredouros. Mas aqui estou eu, Marcondes. Livre para o recomeço. E, não tenha dúvida, apesar das lutas da consciência, sou alvo de misericórdia infinita.

— Não consigo acreditar! Quem diria que também os trabalhadores da unificação teriam seus tropeços!

— E por que não? Não somos falíveis como qualquer outro?

— Sim, mas...

— Já sei o que quer dizer: nós, que ocupamos as fileiras unificadoras, passamos uma imagem de muita capacidade.

— O senhor me desculpe, pois começamos a conversar e, quando vejo, já passei dos limites! Se preferir, posso evitar o assunto.

— Não se perturbe por mim. Depois de quase três décadas nesta esfera, já me melindrei o tanto que tinha para melindrar.

— De fato, era justamente o que desejava expressar! Essa imagem perfeita foi a que formei das organizações e dos trabalhadores da unificação.

— Vá se acostumando, amigo. Poucos superam o teste da autenticidade.

— O problema da hipocrisia?

— Não se trata de hipocrisia, e sim de orgulho. Por intermédio dos papéis sociais que representamos perante a coletividade, enredamo-nos em complexo processo psicológico e emocional. Raríssimos homens públicos conseguem expressar-se com honestidade emocional à sua própria consciência. Quase sempre, escondemos nossa sensação de inferioridade e impotência atrás dos cargos que impressionam a multidão, com ideias de grandeza e valor espiritual. De minha parte, essa atitude pesou-me com conflitos medonhos que até hoje me perturbam a marcha.

— Como vencer tal prova, H.? Também tive minhas derrotas nessa área!

— Aprendendo o autoamor. Quando nos amamos como somos não encontramos motivos para nos encantar com exterioridades. A vida espiritual revela-se como sendo uma caixa de surpresas para o nosso entendimento. Por maiores que sejam as informações doutrinárias, sempre haveremos de rever e ampliar muitos conceitos neste plano.

— O senhor poderia me dar uma noção clara dessa questão?

— Em meu caso, por exemplo, seria de se esperar, obviamente, a continuidade do trabalho ativo nas fileiras unificadoras depois do desencarne; contudo, não foi o que ocorreu.

— Não?

— Nos primeiros anos, cheguei a cooperar mais de perto com os rumos da organização que dirigi. As lutas internas e os aspectos íntimos de meus companheiros, porém, pesaram sobremaneira em meu psiquismo, vindo a me infringir danos no estado emocional. Em verdade, o problema, antes de tudo, era meu, e não deles. Depois da morte, passamos a enxergar "demais" e...

— E passamos a entender o lado subjetivo das atitudes humanas?

— Exatamente. Passei a presenciar diálogos, ideias, propostas e, até mesmo, manipulações lamentáveis que me causaram terrível desajuste. Volto a dizer: mas estes não eram os problemas, e sim minhas próprias recordações. Em muitas ocasiões, agi de igual forma ou até pior. Só que, agora, percebo com mais nitidez e realidade os efeitos indesejáveis de nossas ações. Consegui avaliar com mais clareza a extensão do sentimento de posse e a fascinante sensação de poder.

Pobre de nós, os servidores do Cristo, se não iniciarmos uma persistente campanha em favor da diversidade e do desprendimento das ilusórias folhas de serviço! Diante de semelhantes fatos, não tive opção; fui transferido para outras atividades no intuito de aprender a servir, cultivando a alegria de realizar sem controlar, fazer sem me sentir o maior.

— E o senhor não costuma ter...

— Recaídas?

— Não desejo constrangê-lo, apenas aprender.

— Você não me constrange. Ao contrário, gratifica-me falar de meu aprendizado. Hoje me sinto bem melhor, embora, algumas vezes, solicito a permanência nos ambientes administrativos para aferir minhas próprias reações. Estou mais resistente e consciente do que me espera. Apesar disso, estou aprendendo outro gênero de serviço, pelo qual me encontro profundamente atraído, substituindo o meu interesse pelas questões organizativas da seara.

— Posso saber qual tarefa tem preenchido seu coração?

— Estou cooperando com vários benfeitores na tarefa de auxiliar médiuns na psicografia, em diversas partes do Brasil. O amor ao livro espírita continua sendo a tônica de minhas aspirações, conquanto agora procure analisar sob aspecto diverso o valor das letras doutrinárias. Minha tarefa consiste em zelar para que uma singela página possa brotar, no mundo físico, revestida de enobrecedores sentimentos. Médiuns anônimos, amantes do bem ou mesmo em desajuste, têm sido alvos de nosso esforço despretensioso.

— Perdoe-me a colocação, mas um homem com sua experiência, o que pode aprender com essa iniciativa?

— O valor do desinteresse e do desapego. Algo que não fez parte de minhas vivências nos roteiros do Cristo até hoje.

— Confesso minha incompreensão! Com que objetivo esse aprendizado?

— É simples, Marcondes. Muito simples! Renascerei, brevemente, na condição de médium, para ressarcir minha própria consciência. Por meio da própria psicografia, reverei meus dramas interiores adquiridos em instantes de insanidade e egoísmo pessoal e institucional. Preciso vencer o homem velho que vive em meu campo intelectual. Haverei, assim, de aprender a fidelidade e o total desapego das obras personalistas.

Venho semanalmente a esta ala. Procuro seguir as orientações de não me envolver em demasia.

— Os pacientes aqui alojados neste setor...

— São líderes da unificação. Com raras exceções, os amigos da unificação que aqui chegam estão cansados pelo peso das mágoas. Suas histórias, a exemplo da minha própria, quase sempre, são agravadas pela angústia, quando descobrem não serem tão essenciais quanto imaginavam aos ofícios de Jesus.

O professor, que se mantinha calado até então, manifestou-se:

— Por isso Inácio o enviou para cá esta noite, Marcondes. A palavra de H. é seu ingresso em novas experiências com lideranças cristãs.

— Uma boa forma de começar, não é, professor?

— Eu diria uma excelente forma de continuar!

Observando o trânsito de ida e vinda dos pacientes no corredor e passando pelas portas dos quartos, interrogou Marcondes:

— E qual o estado de nossos companheiros de doutrina?

— Pela fisionomia, você já deve perceber... – foi H. quem respondeu.

— Parecem atordoados.

— Emburrados, eu diria.

— Emburrados?

— Não se entendiam na Terra, continuam não se entendendo por aqui. Brigam durante o dia e, agora à noite, encontram-se deprimidos e fracos.

— Mas ninguém toma nenhuma iniciativa?

— Se for tomada, logo eles estarão se procurando para "tricotar".

— "Tricotar"? O senhor quer dizer que continuam suas discussões?

— Sejamos claros! Discussões, não. Política de bastidor!

— Até aqui existem essas condutas?

— E por que não? A mente adoecida traz para cá suas enfermidades.

— Surpreendente! Como lhe disse, conhecia bem esse comportamento na seara, todavia, não imaginava que os unificadores continuassem agindo assim.

— Eu mesmo, quando desencarnei, fiz parte de grupo similar na erraticidade. Saudade do ambiente de unificação! Do movimento espírita com todas as suas querelas!

— Como pôde sentir saudade disso?

— Esqueceu o tempo que passei presidindo uma entidade unificadora? Mais de duas décadas! Foi um longo trajeto feito antes desta etapa nos terrenos da liderança.

— Por vezes, fico tentando entender histórias como a sua, H. Nunca imaginei que décadas de louvor a tão honrosa instituição, ainda mais na condição de presidente, pudessem lhe trazer até esse ponto.

— Estou melhor do que mereço e relativamente feliz, considerando o que deixei de fazer, pois o mal que fiz atingiu principalmente a mim mesmo. O movimento espírita, os livros e a instituição unificadora não tiveram prejuízos irreparáveis com minhas decisões. Sendo assim, a vida entregou-me a mim mesmo para aferir meu aproveitamento. E aqui estou revendo conceitos e livre dos cargos. Pronto para o recomeço a partir de onde falhei.

— Parece que temos uma ilusão coletiva na seara em relação aos vultos do Espiritismo! Não o supunha nessa condição.

— Não tenha dúvidas disso, Marcondes. Para sua reflexão, vou passar o que aprendi a esse respeito. Os vultos do Espiritismo, cujos serviços mereceram biografias honrosas, nem sempre estavam a serviço do Cristo.

— Não compreendi o que disse.

— É que os verdadeiros vultos do Cristo, além de servirem à doutrina, serviram ao próximo nas linhas do amor e do sacrifício. Foram almas que aprenderam a sair de trás das mesas para o abraço caloroso de afeto ou para estender a solidariedade com as mãos fraternais. Poucas biografias, verdadeiramente, acumulam, em seus dados, esse traço indiscutível que promove o servidor da causa espírita à condição de apóstolo incansável da Boa Nova entre os homens. Você constatará, inclusive, que por aqui alguns trabalhadores inesquecíveis da seara, credores das homenagens e biografias lavradas pelo movimento doutrinário na

Terra, encontram-se em padecimentos atrozes nas mais conturbadas regiões de dor.

— Quando estamos a serviço do Cristo?

— Quando vamos além da casa e servimos à causa.

— Mas a casa também é do Cristo!

— Quando excluímos o próximo da casa do Cristo, ela se transforma no campo estéril de nossas vaidades.

— Seja mais claro, por gentileza.

— O pioneirismo da ação unificadora representa a coragem e o desejo sincero de manter intactos os princípios-luz da doutrina. Historicamente, ela cumpriu o papel a que se propunha: coordenar, reunir esforços dispersos. O preço pago para isso foi a criação de uma forte referência de autoridade para servir de âncora. Contudo, o sistema se tornou tão forte que engoliu as aspirações sinceras de fraternidade. A assinatura do Pacto Áureo, em 5 de outubro de 1949, deveria significar o compromisso da unificação em ser o exemplo de uma mentalidade promotora de união, cuja tarefa mais importante seria contagiar a seara de alegria e entendimento. O orgulho turvou os pensamentos, e enxergaram-se privilégios em um documento que constituía um clamor ao sacrifício de servir com humildade, diminuir para que a obra do Cristo fulgurasse exuberante. A proposta que deveria balizar a fraternidade legítima, em verdade, criou um colapso no sistema. Para se defender e manter a casa, fomos infiéis à causa. Sempre com a melhor das intenções. Nesse ponto, falhei amargamente. Poderia assumir a postura de polo das aspirações de nossos Tutores Maiores, entretanto, preferi a ilusão do momento.

— Que medidas o senhor poderia ter tomado e não tomou?

— Lutar pelo espírito de concórdia legítima com respeito às diferenças, tratar melhor quem não fosse filiado, ouvir mais a minha consciência, incentivar e apoiar a criação de novas editoras, não distanciar as bases de amor dos centros espíritas, mais gentileza com os médiuns. Em síntese, cuidar melhor das relações, ser afetivo e inclusivo. Poderia, se tivesse ousado, colocar a tarefa unificadora na condição de parceira da sementeira. No entanto, como disse, o sistema ficou maior que nossas forças.

— Creio que, se o senhor fizesse isso, seria literalmente excluído da engrenagem.

— O que seria ótimo para mim! Contudo, tive de enfrentar a morte, que tem o poder de nos colocar, inexoravelmente, no lugar que deveríamos ter ocupado durante a vida terrena, destruindo nossas ilusões.

— Mas e os livros?

— Se eu não fizesse, outro faria. A obra não precisa de operários no que diz respeito a missões de natureza coletiva. Sempre haverá alguém para o trabalho, pois Jesus não coloca sobre a cabeça de um só homem as propostas que interessam a todos. Talvez, no meu caso, tenha sido apenas o homem certo na hora mais favorável.

— Ainda bem que não optou por esse caminho. Os livros salvaram e orientaram milhões de vidas. Como dizer que não foi um trabalho de amor? Hoje, a seara lhe deve muito por sua parcela de devoção.

— Marcondes, na seara do Cristo, ninguém deve nada a ninguém. Se assim o fosse, na minha condição de credor, supostamente poderia efetuar cobranças. A lei é de cooperação abnegada e incondicional. Jesus nada nos devia e passou pelo testemunho da cruz a fim de nos orientar os passos. Quem o segue deve dispor-se sempre a servir e passar, servir e passar sem cessar.

— Mas, se não houvesse uma representação social digna ante a sociedade, como ficaria o Espiritismo?

— Eis uma questão a debater. De minha parte, fico a pensar: de que valerá um Espiritismo com representatividade social sem homens para honrar sua mensagem ética? A igreja acumulou o maior poderio social com sua influência, mas raríssimos dignificaram suas propostas morais.

— Então estaria contra a organização do movimento?

— Não sou contra nada. Sou a favor do amor que desprezei. Não teço críticas aos rumos sociais do Espiritismo, apenas considero a extensão da omissão em relação à sua mensagem. A questão é de humanização de nossa seara.

— Por várias ocasiões, tenho ouvido essa terminologia sem compreender o sentido.

— Quando recebemos o apelo do Mais Alto pela humanização, é porque precisamos focar o homem antes das práticas, o homem em direção ao amor.

— Mas e as práticas espíritas nessa ótica, como ficam? Sofrerão enxertias? Qualquer um poderá chegar com sua diversidade, e isso continuará sendo Espiritismo?

— Não, Marcondes. Quando falamos em diversidade relativamente aos princípios doutrinários, pronunciamo-nos, sobretudo, conclamando aos que já formularam conceitos nítidos sobre questões espirituais para que dilatem seus limites no campo da atitude de amor, ou seja, a postura de amar os diferentes e suas diferenças. A palavra de ordem é alteridade, a convivência harmoniosa com a diversidade da vida, particularmente com a diversidade do ser humano.

— Se assim é, por que não escreve a seus companheiros de trabalho alertando sobre essas questões?

— Sua ponderação é justa. Quando estamos encarnados, entretanto, preferimos as opiniões pessoais. Leriam minhas palavras e logo acusariam o médium de filtragem imprecisa ou mistificação. De mais a mais, a instituição na qual trabalhei está distante do Espiritismo com espíritos, da mediunidade livre e espontânea.

— A que lições o senhor tem se dedicado atualmente?

— Estou aperfeiçoando o que Bezerra de Menezes chama de lição áurea: a compaixão. Troquei a escrivaninha pelas macas. Por meio de visitações semanais a este setor, revejo meus atos e amplio meu raio afetivo para com as lutas humanas, comuns a todos em aprimoramento, especialmente aos irmãos de doutrina.

Em um mundo de sofrimento como a Terra, a medicação mais requisitada é a misericórdia para com nossas fragilidades. Sem compaixão e tolerância irrestritas, jamais nos entenderemos.

— E qual tem sido seu aprendizado nesse particular?

— Estou percebendo que é imperioso nos sentir responsáveis uns pelos outros. Sem compaixão não seremos misericordiosos. Sem misericórdia não suportaremos uns aos outros na continuidade da tarefa. Grande distância medeia entre amor com o próximo e amor pelo próximo. Fui adepto do segundo. Os próximos setenta anos da comunidade espírita revestem-se de um período decisivo. O caráter humanitário prevalecerá. O homem que ama o Espiritismo nem sempre aprendeu como amar a seu próximo. A experiência institucional é uma escola para almas cujas lutas convergem para a vitória sobre o interesse pessoal. Por não sabermos lidar com as diferenças, acomodamo-nos na indiferença, base de variados transtornos mentais, defesa psíquica para deixar de sentir o que não queremos. É um mecanismo emocional, seguido da atitude de evitar visibilidade aos sentimentos. A compaixão é viver o que se sente sem receios. O ponto de equilíbrio das emoções em direção ao amor aplicado.

Marcondes silenciou. Percebendo sua expressão de tristeza, indagou o Irmão H.:

— O que houve? Falei algo que não devia?

— São as lembranças. Como doutrinador, falhei terrivelmente nesse aspecto. Os médiuns, para mim, eram máquinas dos espíritos. Para mim, indisciplina era motivo de descaso e inaceitação. Estranho!

— O que foi, Marcondes?

— Pela primeira vez, desde que cheguei a este plano, abriguei a curiosidade em saber como se encontram os meus companheiros encarnados.

— A compaixão nos conduz à moderação, à igualdade de temperamento perante a diversidade. Lutei muito pelo amor à causa, agora procuro servir à causa do amor. Cobramos demais uns dos outros e esquecemos a indulgência, um dos pilares da caridade, para com nossos companheiros. Nossas expectativas são inspiradas no versículo que diz: "a qualquer que muito for dado, muito se lhe pedirá".[50] Somente aqui na vida espiritual interpretei com mais amplitude essa fala evangélica. O texto diz "Muito será pedido", e não "Muito será cobrado". Na convivência com os emissários bondosos desta casa de amor constatei que a única expectativa que o Mais Alto nutre em relação a cada um de nós, durante a vida física, é que jamais desistamos de aperfeiçoar a nós mesmos. Jamais desistir de nós mesmos! Quanto ao mais...

— Fui um descuidado nesse terreno. As tarefas que conduzi não passavam de espaço de manifestação de meu individualismo. Apesar disso, Nosso Senhor abençoou-me com extrema compaixão.

— Não se cobre tanto, Marcondes. Pouquíssimos de nós saem vitoriosos nesse tema.

---

50 Lucas 12:48.

— Pelo menos não desisti de realizá-las. Menos mal!

— As tarefas não constituem objetivo em si mesmo. O que importa são as lições educativas, os exercícios afetivos para consolidar a disposição de fazer o bem. As tarefas são campos sagrados de educação dos valores de nossa espécie.

— Confesso, ainda, não acreditar que alguém com seu trajeto apresente semelhante incômodo íntimo! Se assim foi com o senhor, nem quero saber o que me espera!

— Não pense assim. Com o tempo, a experiência ampliará seu leque de observações.

— E quanto ao amparo, H.? Os trabalhadores da unificação são bem protegidos? Há um amparo especial?

— Claro que sim. Do contrário, não aguentaríamos as ameaças do aprendizado. Ocupar a posição que ocupei, ainda mais por tantos anos, requer muita assistência espiritual. É imprescindível convir que o amparo existe por conta da obra, e não por méritos pessoais ou por conta da instituição. A honrosa missão da proposta unificadora no seu contexto histórico foi a de zelar pelo mais valioso patrimônio espiritual da humanidade: a Doutrina dos Espíritos, e não de homens.

— Sendo assim, por que os benfeitores não o alertaram sobre os perigos da ilusão, chamando-o para as falhas das quais hoje o senhor se lamenta?

— Eles nunca foram omissos. Advertiram com compaixão. Na minha chegada ao mundo espiritual, criei muita queixa a esse respeito, por não entender a natureza compassiva da participação dos amigos espirituais em meu trabalho educativo na unificação. O tempo mostrou-me a inconveniência da postura. Basta falar na obra Paulo e Estêvão, cuja publicação na década de 1940, quando dava meus primeiros passos em tarefas pela coletividade, encerrava uma mensagem completa sobre os riscos da institucionalização do Espiritismo, como ocorreu com a Casa do Caminho. Essa pérola estava sempre sobre a minha mesa, mas distante de minha atenção e interesse.

Percebendo o pouco tempo que restava, o professor, com manifesta humildade, sugeriu que Marcondes fizesse a última indagação, a fim de não interromper o programa de trabalho do servidor.

— Tenho vivido um drama enorme em relação à pureza doutrinária neste plano. Qual a sua orientação?

— Que busque a pureza dos sentimentos, a honestidade emocional. E, se deseja mesmo saber o que penso, creio, por motivos bem fundamentados, adquiridos depois da morte física, que nossa necessidade de fidelidade aos textos doutrinários é mais um problema de consciência que de amor!

— Em que aspecto?

— Já adulteramos demais a palavra do Cristo, e hoje temos "neurose de lealdade filosófica" – respondeu, humorado, o velho tarefeiro.

— Nunca esquecerei nosso encontro. Sua palavra libertou-me de terríveis conflitos.

— Não é minha palavra. É o magnetismo da verdade que se toma conta de seu coração.

A conversa, inesperadamente, teve um instante de suspense. H. olhou pelas janelas, como divisasse ao longe algo muito valoroso. Fechou os olhos por uns segundos, fixou o olhar de Marcondes e assinalou:

— O senhor não tenha dúvidas sobre a história. Tudo tinha de acontecer como aconteceu. Somente entendendo o que significa o transporte da árvore evangélica teremos compaixão em relação os acontecimentos que talharam o Espiritismo em terras brasileiras. Esteja certo, meu confrade querido, de que, para milhões de almas, se não existisse um ambiente com pujante dose de formalidades e institucionalismo, certamente não se interessariam novamente pela mensagem do Cristo. Fora desse contexto, jamais produziriam algo útil em favor da espiritualização de si mesmos. O Mais Alto sabe disso, eis a razão de serem tão compassivos com homens como eu. O Espiritismo, sem dúvida nenhuma, trouxe luz para os caminhos humanos. Painéis que nunca foram descerrados para o homem terreno passaram a fazer parte do imaginário e das ações de milhões de espíritos que aderiram aos seus princípios lógicos e confortadores. Todavia, quaisquer arroubos de vaidade quanto à nossa condição espiritual é mera invigilância e descuido, que pode ser comparado a um vaga-lume crédulo na sua condição de campeão da luz, tão somente porque lampeja aqui e acolá em locais sem luminosidade. Nossa condição, ainda que com a incondicional aceitação da doutrina, é a de aprendizes iniciantes nos temas da vida imortal e da evolução, conquanto devamos assinalar que isso não deve nos exonerar da responsabilidade de ser aquele vaga-lume disposto a oferecer seu contributo sem pretensões e, persistentemente, rumo aos apelos a que todos somos convocados para a vanguarda.

Ao fim do dia, depois do encontro com Jandira, a visita ao segundo andar e o diálogo com H., Marcondes encontrava-se exausto, embora de bom humor. Chegava o instante do repouso. No outro dia, a rotina o esperava com muito a fazer. Naquela noite, ainda sobrou-lhe tempo para a reflexão. Em meio às intensas lições, recordou-se novamente do anseio em conhecer seu mentor. Quem seria ele? Por qual motivo, até aquele instante, não se pronunciara? Bailando nessas indagações, o discípulo adormeceu com o pensamento no bem.

"

É que os verdadeiros vultos do Cristo,
Além de servirem à doutrina, serviram
ao próximo nas linhas do amor
e do sacrifício.

Foram almas que aprenderama sair de
trás das mesas para o abraço caloroso
de afeto ou para estender a solidariedade
com as mãos fraternais.

"

22
Subsolo 2

*"Eu sou a ressurreição e a vida, quem crê em mim,
ainda que esteja morto, viverá."*

João 11:25.

As histórias do segundo andar impressionaram o novo aprendiz. Algumas horas de visitação, seguidas do instrutivo diálogo com H., estimularam sua curiosidade. A vida, no entanto, chamava-o a dilatar concepções sobre suas próprias experiências. Foi, então, convidado por doutor Inácio a visitar o subsolo 2.

— Ninguém pode vir aqui sem um preparo interior.

— Terei condições, doutor Inácio?

— Hora de medir sua resistência. De mais a mais, aqui se encontra boa parcela de sua última viagem carnal.

O ambiente demonstrava a natureza dos casos graves que abrigava. Nos corredores, muitos quartos apresentavam-se como celas carcerárias. Não havia enfermaria coletiva. Luzes baixas e gritos pavorosos. Diversas salas cirúrgicas e alguns salões com enorme número de máquinas parecidas com as incubadoras terrenas. Muitos pacientes monitorados por vasto número de aparelhos. Doutor Inácio e Marcondes vestiram roupagem antisséptica apropriada. Toucas, máscaras, sapatos, camisões e calças de cor azul-claro. Ao entrarem, externou o médico uberabense:

— Venha! Modesta nos espera.

— É aqui que ela trabalha?

— É aqui que ela "mora", eu diria. Apesar de dirigir o pavilhão, passa a maioria de suas horas neste turbilhão de dor.

Ao avistarem dona Modesta em meio a alguns biombos no posto, cumprimentaram-na:

— Como vai dona Modesta?

— Com muita esperança – respondeu, expressando manifesto cansaço. — E você, Marcondes?

— Aprendendo muito.

— Modesta, como foi a noite? – indagou o médico.

— Conseguimos alguns passos significativos. Resgatamos o pivô da história. Agora será menos penoso libertar Marina das garras dos justiceiros.

Mudando o assunto, falou dona Modesta:

— Fico feliz que tenha chegado ao subsolo, Marcondes.

— Modesta, será que... – doutor Inácio apontou para o biombo desejando abri-lo.

— Creio que será uma forma muito trágica de começar suas experiências, mas venha, Marcondes, olhe!

O dirigente olhou a criatura deitada na maca e chocou-se com o que viu. Estarrecido, porém apoiando-se na experiência dos dois servidores, disse:

— Desculpe, dona Modesta, vou vomitar – e saiu para um canto, completamente indisposto.

— Respire fundo, amigo! Pense em Jesus Cristo.

— Doutor Inácio, o que é aquilo? Estou me sentido fraco e...

— Feche os olhos e pense em Jesus, sinta o Cristo. Lembre-se que é seu momento de desenvolver defesas em nome do amor.

— Inácio, não será melhor que Marcondes tenha mais tempo?

— Não. A solução de Marcondes está aqui, lembra-se?

— Ah! – e colocou a mão na testa, num gesto típico. — Sim, recordei! Leve-o, então, à câmara dos ovoides.

— Está melhor? – perguntou dona Modesta, amparando--lhe a testa.

— Dona Modesta, perdoe-me a fraqueza. Uma coisa é ler sobre isso. Outra é vivê-la.

— Não há por que pedir perdão, amigo. Siga com Inácio. Ele vai levá-lo ao seu destino.

— Agradeço-lhe, dona Modesta – e saiu ainda olhando assustado para o biombo.

Caminhando pelos longos corredores, foi o psiquiatra de Uberaba quem puxou assunto:

— Antes que me pergunte, já vou lhe explicar quem é aquela criatura.

— É humano, doutor?

— Completamente, não! Apenas em metamorfose temporária. Na literatura espírita, você deve ter lido algo sobre os dragões.

— É um dragão?

— Exatamente.

— Mas aquela aparência...[51]

— Para que você tenha noção de onde pode chegar a mente! Agora procure se desligar. Vamos visitar um local muito delicado que nos solicita o clima da oração e do sentimento puro.

— Aonde vamos?

— À câmara dos ovoides.

— O senhor captou meu desejo?

— Digamos que estou virando médium.

— Tinha muito desejo de visitar aquele...

— Aquele?

— O ovoide que foi retirado de mim pela cirurgia.

— Ele está lá.

Na entrada, uma enorme placa com os dizeres: "Todo aquele que crer em mim, ainda que esteja morto, viverá".[52] A pedido do médico, Marcondes ficou em uma antessala que funcionava como local de encontro. O ex-dirigente pesquisava os detalhes do local. Quando folheava um pequeno livro de reflexões, teve uma surpresa que mudaria sua vida no plano espiritual:

— Marcondes, veja quem está aqui!

Ainda assentado, foi levantando lentamente o olhar inquieto e desnorteado. O coração disparou, os seus olhos marejados dirigiram-se ao médico, como se solicitasse uma autorização.

---

51 Nota da autora espiritual: Abstemo-nos dos detalhes por não constituir o objetivo deste trabalho.

52 João 11:25.

O doutor disse:

— Não vai abraçá-la?

— Eulália! Minha querida! – abraçaram-se ternamente.

— Marcondes, que saudades! Que saudades! – ela chorou copiosamente.

— Você está mais jovem e bela! – e deslizava a mão pelos cabelos da companheira. — Fui informado de que estava no Hospital, mas aprendi a esperar.

— Acompanho-lhe também os passos. Graças a dona Modesta e a esse médico irreverente – mostrou-se bem íntima do médico, apontando e balançando o indicador por duas vezes. — Tenho sido aconselhada a aguardar este momento com paciência.

— Vou deixá-los a sós por um instante. Apresente sua tarefa a ele, Eulália. Regresso logo. E tenham juízo.

— Pode deixar, doutor. Deixe Marcondes aos meus cuidados.

— Eulália, eu...

Eulália solicitou carinhosamente silêncio.

— Não vamos falar de nós aqui. Teremos tempo e lugar para isso. Venha, quero lhe mostrar o que faço no Hospital – e pegou o companheiro pela mão.

— Veja só!

Marcondes não sabia se olhava para Eulália ou para o que ela lhe mostrava.

— São ovoides. Eu vi no filme de minha cirurgia.

O interesse do aprendiz se dividia entre aqueles espíritos penalizados pela máxima loucura e o olhar de Eulália. Ficavam em pequenas incubadoras do tamanho de uma caixa de sapatos, similares àquela usada na cirurgia de Marcondes. Algumas maiores, outras minúsculas. Ao todo, passavam de três mil histórias. Ninguém poderia supor que aquela antessala desembocaria em um salão que ocupava quase metade do corredor do subsolo 2. Médicos e auxiliares movimentavam-se em intenso trabalho. Nos casos em que as incubadoras eram abertas para análise, ouviam-se alguns sons agudos e prolongados, zunidos estranhos, incomparáveis, emitidos por aquelas criaturas. Marcondes, muito atento a tudo, vivia uma emoção inédita, dividido entre a dor de ver aqueles quadros e a alegria de reencontrar Eulália. De repente, algo muito forte, como se fosse uma energia de atração, fez Marcondes largar a mão de Eulália, virar-se para o lado contrário onde andavam e afirmar:

— Lá estão eles! – apontando para algumas incubadoras perto da parede.

— Quem?

— Nossos filhos!

Eulália não suportou a emoção e deixou as lágrimas rolar espontaneamente, sem dizer nada por alguns instantes.

— Como você sabe?

— Não sei explicar. São eles?

— Sim, são eles. Oito ovoides que carreguei no ventre. Meus filhos amados.

— Por isso você está aqui!

— Pretendo recebê-los novamente na vida física. Antes, porém, trabalho pela recomposição de suas formas. Veja, olhe este aqui. Seu último nome foi Marcel Pyrré. Olhe só como começa a formar uma perninha deste lado.

— Meu Jesus! Quanto tempo leva para isso acontecer?

— Nestas quase duas décadas de serviço, é a primeira forma mais parecida com membros humanos entre todos.

— Qual deles é... Você sabe...

— Este estava com você – apontou para o menor de todos.

— Está diferente da filmagem.

— Com o tempo, perdem a cor arroxeada e a matéria viscosa que os envolve.

— Isso é bom?

— Ótimo!

— Posso?

— Claro! Toque-o assim.

Pegando a mão de Marcondes, Eulália juntou o indicador e o dedo médio, localizando o que seria a cabeça, orientando para passar de muito leve e com carinho os dois dedos.

Depois de alguns toques de ternura, o ovoide parecia ter acordado. Vibrava como o coração humano. Inchava e desinchava. Um zunido forte foi ouvido, e Marcondes assustou-se. Imediatamente, verificou uma intensa dor na região genital, sendo levado, rapidamente, de volta à antessala.

— Sente-se melhor? – perguntou-lhe Eulália.

— O que aconteceu?

— Frequência vibratória.

— Ele sabe quem sou?

— Não. Mas sente.

— Jesus! O que se lê nos livros nem se compara à realidade. São frios e úmidos. E...

— Repugnantes. Não tenha receio de se expressar – interveio Eulália.

— É verdade – confirmou Marcondes.

— Somente sob a luz do amor pode-se amar essas criaturas.

— Apesar disso, sinto-me atraído para eles.

— São nossos compromissos.

— Concordo. Ainda que não saiba o que posso fazer por eles.

— Está passando a dor?

— Está diminuindo.

— Vai passar.

— Você está aqui este tempo todo, desde o desencarne?

— A câmara tornou-se meu lar, Marcondes. Logo depois de socorrida, após a morte, passei por cirurgias complexas até extrair o último ovoide. Chegaram a diagnosticar que, somente regressando à carne, poderia ser feita a desvinculação de dois deles. Entretanto, graças a hábeis servidores do Cristo, do Mais Alto, fui encaminhada à colônia específica de ovoides, onde recebi tratamento adequado.

— Sinto-me refeito!

— Vamos chamar o doutor Inácio e...

— Não. Agora não – interrompeu o cavalheiro, segurando-a pelo braço e olhando-a com firmeza.

— Marcondes, sei de seus sentimentos. Eu também estou como um caldeirão de saudade e alegria. Mas, devido aos nossos impulsos nem sempre dignos, pediria que todo nosso encanto afetivo fosse vivido na companhia de nossos tutores em favor de nós mesmos. Compreende?

— Sim, Eulália! Desculpe-me.

— Não há nada para ser desculpado, meu amor – e apertou as mãos do companheiro com incontido carinho, beijando-lhe a face com respeito.

— É que estou como um menino ao revê-la!

— Eu também! Mas, desta vez, nosso encontro obedece à incomparável ocasião de recomeço e aprendizado. Compete-nos agir como filhos sob guarda dos nossos orientadores no que tange ao futuro. Se nos permitiram o reencontro depois da fuga dos deveres, é para que possamos recompor o passado e construir nossa felicidade eterna.

— Esteja certa de que é meu desejo, Eulália. Custe-me quanto custar! Dou-me por satisfeito em abraçar-te sem culpa. Mesmo amando-a tanto, ainda não havia experimentado tão sublime emoção.

— Ocorre o mesmo comigo.

— Quero pedir-lhe perdão, Eulália.

— Perdão? Pelo quê?

— Por envolvê-la em provas desnecessárias.

— Prova voluntária, seria o termo adequado. Nada é desnecessário, Marcondes. Já adiei em demasia o compromisso que me aguarda a cooperação junto a estes espíritos. Não tenho mais tempo e preciso de seu apoio.

— Chamemos doutor Inácio. Que de sua boca venha o melhor para nós – externou Marcondes, com sinceridade.

O par afetivo mostrava-se disposto a conter seus impulsos amorosos, destinando suas emoções de afinidade para o serviço do amor universal. Consultaram o médico amigo que, em resposta, lhes disse:

— Um momento novo se avizinha para vocês dois. Eulália prepara seu retorno e você, Marcondes, ingressa em vivências indispensáveis ao seu ajustamento. Além disso, temos uma notícia boa para ambos – e fez um suspense.

— Fale logo, doutor, quer nos matar do coração!

— Mortos não morrem, minha filha – caçoou.

— Já tivemos um momento tão belo em nosso reencontro, que boa notícia poderíamos ter?

— Selena está de regresso hoje à tarde, depois do longo curso com Odilon Fernandes.

— Selena?! Minha mãezinha de outrora! Não vejo o instante de abraçá-la. É muito para meu coração em um só dia.

— Faremos, portanto, uma reunião com Modesta, dentro de alguns dias, a fim de traçarmos metas de trabalho e crescimento. Enquanto isso, ambos acompanharão Modesta e a mim nos atendimentos do segundo andar. Existem vários casos que constituirão preciosas lições às suas novas experiências. Vamos ao trabalho!

O encontro entre Selena, Marcondes e Eulália foi coroado de ventura. Os laços se reataram em bases de esperança com os compromissos futuros para o bem de todos.

"

Compete-nos agir como filhos sob guarda dos nossos orientadores no que tange ao futuro. Se nos permitiram o reencontro depois da fuga dos deveres, é para que possamos recompor o passado e construir nossa felicidade eterna.

"

23
Tribuna da Humildade

"O Espiritismo se tornará crença comum, ou ficará sendo partilhado, como crença, apenas por algumas pessoas?

Certamente que se tornará crença geral e marcará nova era na história da humanidade, porque está na natureza e chegou o tempo em que ocupará lugar entre os conhecimentos humanos."

O livro dos espíritos, questão 798.

O aprendizado não cessava. Marcondes e Selena renovavam-se a cada dia. Cada história revelava-lhes um mundo novo de reflexões acerca da imortalidade.

Aproximando o momento no qual traçariam os planos para o futuro sob a proteção de dona Modesta, foram convidados a conhecer uma das mais divulgadas tarefas de recuperação do Hospital Esperança, a Tribuna da Humildade.

Naquela tarde, o grupo compunha-se de 25 participantes. Entre eles, dez evangélicos, cinco espíritas, cinco terapeutas que orientavam a técnica e alguns convidados e cooperadores.

Nos corredores do Pavilhão Judas Iscariotes seguia dona Modesta, acompanhada de Marcondes e Selena, que se dirigiam para a tribuna.

Uma sala pequena para cinquenta pessoas, disposta em círculo, com um pequeno púlpito. A disposição didática era interessante, porque, diferentemente do habitual, o palestrante ficava em posição abaixo do nível da plateia, lembrando mais as construções de teatro ao ar livre que propriamente um ambiente para exposição.

Antes do início, Selena interrogou:

— Qual o objetivo da técnica?

— Uma promoção para trabalhadores que completam algum tempo de labor junto ao Pavilhão Judas Iscariotes. O objetivo é vencer as lutas acumuladas durante a última reencarnação, e que ainda se refletem desfavoravelmente em seus afazeres.

— Quem falará hoje?

— Pastor Jânio.

— É pastor mesmo, ou apenas apelido?

— Um evangélico.

— Mas...

— Selena, estamos na hora do início, depois teremos tempo para o diálogo. Vamos nos assentar – concluiu dona Modesta.

Um terapeuta de nome Carlos fez a abertura da reunião e convidou o nosso irmão para assumir. Jânio era homem de meia-idade. Devoto dos ramos protestantes, fundou e atuou, por décadas, nas Igrejas Evangélicas no Nordeste do Brasil, estado do Ceará. Como não tinha dificuldades com público, assumiu a tribuna, olhou-nos a todos por um instante e pareceu emocionar-se ao olhar para dona Modesta. Então pronunciou:

— Amigos, perdoem-me a emoção. É estranho que um homem acostumado a grandes públicos esteja, literalmente, engasgado ao olhar para esta pequena plateia. Quero dizer, inicialmente, como fui orientado pelo meu terapeuta: consultaram-me, previamente, e aceitei colocar minha vida em aberto. Se estivesse na Terra, teria motivos de sobra para esconder o que vou dizer. Contudo, aqui, na vida espiritual, perdi todas as razões para uma vida de mentiras.

Tive uma juventude detestável, atolada no vício, até conhecer Marisa, a mãe de meus três filhos e a mulher responsável pela minha trilha religiosa. Filha de evangélicos devotos, Marisa conquistou-me o coração e incentivou-me os cuidados cristãos à luz da religião. Fundei uma igreja ligada a um enorme grupo já consagrado do evangelismo social. Quando percebi como era fácil juntar multidões e convencer-lhes, perdi de vez o sentido da minha vinculação ao Evangelho. Planos abomináveis, rotulados por iniciativas louváveis para a causa, incendiaram-me os pensamentos. Pastores experientes induziram-me a crer em um caminho inevitável para quantos servem ao Senhor: a riqueza e a ostentação. Com o argumento de sermos instrumentos poderosos de convencimento, passei ao consumo das ideias estratégicas sem laços com o coração.

Marisa, mãe zelosa e habituada aos argumentos dos seus pais, jamais me questionou as decisões, fazendo parte de tudo com a alma. Eu, no entanto, passei a ter metas de conforto e luxúria.

Somente minha mãe, mulher espírita, dada à assistência aos pobres, preocupava-se com meu destino. No entanto, entre o vício de outros tempos e o homem de agora, minha mãezinha preferia o homem religioso a que me converti.

Nunca me assumi para ninguém. Detestava consultar a Bíblia. Sempre achei os textos enfadonhos. Quando lia algo que me tocava o sentimento, abria um canal para culpas infindáveis; afinal, quem era o Jânio senão um jovem ex-viciado e agora um pastor ganancioso? Sentia-me pequeno, inferior. Apesar de agraciado por multidões, sentia o cérebro congestionado. Os conflitos aumentavam. A ansiedade tomava-me de assalto. Quando tive a coragem de consultar um dos grandes pastores, veio o conselho: "seu problema é um só, Jânio! Mulher! Mulher!". Então o último vestígio de honestidade esvaiu-se de vez.

Preferi o equívoco, pois me agradou a ideia de que uma "autoridade" maior abonasse minha conduta com o seguinte argumento: "pessoas dedicadas como nós têm alguns descontos perante Deus..." A igreja estava abarrotada de fiéis hipnotizados. Mulheres belas e sofridas à procura de homens nobres e atenciosos. Foi fácil, mais uma vez, muito fácil.

Minha mãe, novamente, foi convocada a agir, pois uma das crentes de que abusei passou a frequentar o centro espírita. Sempre tinha um bom argumento, e tudo ficava como estava, a caminho da queda. O prazer durante um bom tempo fez-me sentir melhor, mas depois... Aí sim, veio o pior. A depressão! Não conseguia esconder a tristeza, o enfado, a loucura por dentro. Não tive alternativa ante o volume cruel de obrigações, senão pretextar uma longa viagem com a família. As tramas políticas, por fim, afastaram-me do púlpito. Em uma noite de dor, não suportei e dei cabo da vida.

Vejam esta marca.

E, surpreendendo a todos, abriu a camisa, mostrando o peito com larga marca cicatrizada por todo o tórax, parecendo uma velha casca de maracujá toda enrugada.

— No corpo físico, jamais alguém veria uma cicatriz dessa natureza. Somente na vida espiritual podem-se aferir os efeitos do suicídio no perispírito. Aqui, entretanto, a cada dia que olho no espelho... – ele caiu em pranto convulsivo, sendo auxiliado por seu terapeuta com um lenço. — Olho para mim mesmo e penso na vida, penso em tudo o que fiz, penso na parte boa de toda a minha história que resolvi esquecer: os filhos queridos ainda pequenos, a mulher sincera, a bênção da religião, a mãe bondosa que não sei onde se encontra.

Jânio parou, por um instante, sob o influxo da emoção.

O público presente mantinha-se atento à fala do companheiro. Os mais sensíveis, entre eles dona Modesta, deixavam as lágrimas lavar a face. E o pastor continuou:

— O que fiz para merecer socorro? Não imagino. Mas essa mulher que aqui está – e apontou para dona Modesta – tornou-se minha nova mãe, retirando-me de charcos de dor e loucura. Passados cinco meses nesta casa de amor e misericórdia, ainda carregando o peso da culpa e as dores cruéis no peito, só posso mesmo agradecer e oferecer-me para algo fazer em favor de alguém. Gostaria muito de pedir perdão a algumas pessoas. Como não sei se as verei, peço licença a vocês presentes para me permitirem um ato de amor em favor da minha paz.

Jânio olhou com atenção para a plateia e, como se sondasse o íntimo de cada qual com sua capacidade de percepção magnética, repentinamente, ajoelhou-se em frente a um dos presentes e beijou-lhe os pés. Não conhecia a pessoa, nem sabia seu nome, e disse em voz alta:

— Meu irmão, qual é o seu nome?

— Célio.

— Então, Célio, em nome de Nosso Senhor Jesus Cristo, a quem glorifico, peço-lhe perdão, a ti meu irmão, porque mesmo não o tendo ofendido diretamente, nem o conhecendo, vejo mágoa em seu olhar, vejo tristeza em sua fisionomia. Perdoe-me, Célio, não errei por intenção. Fui um equivocado, um iludido por mim mesmo. Amo a Jesus e quero segui-lo. Perdoe-me, irmão querido – e rompeu, novamente, em prantos, sendo abraçado efusivamente por Célio, que demonstrou aceitar plenamente a atitude do pastor.

Todos estavam emocionados ao extremo com a sinceridade de Jânio. Não resistindo ao ato de perdão, seu terapeuta o recolheu em abraço fraternal e pediu a Célio que assumisse a tribuna para falar o que desejasse. Jânio se acalmara. Sua face se alterou, tornando-se leve, esboçando um sorriso e, de seu peito, uma fraca luminosidade podia agora ser percebida. Do alto, um filete de luz prateada, porém com altíssimo potencial de amor, penetrava seu centro gástrico em profusão de bondade e ternura.

Os trabalhos continuavam. Depois do pronunciamento sensibilizado de Célio, Jânio regressou à tribuna para responder a várias questões dos evangélicos presentes. Em verdade, o tribuno fez uma catarse do grupo, aliviando suas próprias lutas. Terminadas as discussões, que duraram sessenta minutos, os grupos se dispersaram, ficando dona Modesta, Marcondes e Selena.

— Dona Modesta, o que acontecerá com ele agora? – interrogou Selena.

— Estará mais aliviado e com novas amizades. Viram como os evangélicos o cercaram?

— Ainda bem que nós, espíritas, não temos erros tão clamorosos! – expressou Marcondes.

— Só mesmo quem não conhece com profundidade os dramas possíveis poderia afirmar algo assim, meu caro Marcondes!

— Pelo menos suicídio eu nunca ouvi dizer que exista entre os espíritas. Quero dizer, com exceção de Jandira, que está nas alas restritas.

— Meu filho! Meu filho! Não queira saber do sofrimento de muitos amigos de lide em plena sombra. Em nossa ala de suicidas temos inúmeros casos de espíritas.

— Dona Modesta! Será possível? Nem os espíritas escapam? – indagou Selena com curiosidade.

— Nem mesmo os espíritas escapam. Viram a narrativa de Jânio. A depressão é doença sutil que vem assolando muitos amigos de ideal que não reconhecem, com humildade, sua condição enfermiça. Temos casos de suicidas espíritas que jamais admitiram a possibilidade de consultar um psiquiatra.

— O que seria um contrassenso!

— Contrassenso por quê, Marcondes?

— Onde já se viu um espírita necessitar de psiquiatra? Isso seria admitir que não se vive o Evangelho, ou pior, que a doutrina não está sendo suficiente para nosso equilíbrio e orientação.

— Grande engano! A questão não está na doutrina nem no Evangelho, e sim em nós, os espíritas. Somente desconhecendo a natureza de nossas necessidades, ou tentando ignorar a extensão de nossa inferioridade, pode-se exarar uma declaração como esta, pois, em verdade, a superlativa importância pessoal tem sido uma enfermidade comum entre amigos de doutrina. Você lembra das lições obtidas com H. na ala dos unificadores?

— Lembro.

— Pois fique sabendo que muitos daqueles que já se encontram no segundo andar, em melhores condições, optaram pelo suicídio.

— Não consigo imaginar como um espírita, particularmente um líder espírita, pode chegar a tal ponto.

— É mais fácil que você possa imaginar, Marcondes. O caso de Jânio ilustra bem esta trajetória.

— A senhora quer dizer que alguns espíritas fazem o mesmo percurso dele?

— Alguns fazem percurso pior.

— Então não são espíritas!

— Marcondes! Pense em sua experiência pessoal, amigo querido, e diga-me se poderia se considerar espírita.

— Sabe de uma coisa, dona Modesta?

— Diga.

— Estou deixando de acreditar nos espíritas.

— Se me permite a sinceridade, acho que o senhor nunca acreditou.

— Talvez! Talvez!

— E digo mais: por pouco não deixou de acreditar na doutrina.

— Isso também, dona Modesta?

— Pois tenho motivos para acreditar que sim.

— Quais?

— Pelo interesse com o qual você assistiu à preleção de Jânio.

— Não entendi bem. A senhora quer dizer que...

— Quero dizer – interrompeu a matrona – que você adoraria fazer algumas perguntas e não teve coragem, porque diziam respeito às suas crenças mais íntimas. Se estivesse na Terra, uma hora dessas, abandonaria tudo e seguiria outra designação religiosa, envolvido pela sinceridade de Jânio.

— Dona Modesta! Não seja indiscreta, porventura andou lendo meus pensamentos?

— Mais que isso.

— Não fiz as perguntas porque o grupo de evangélicos deve ter lá seus problemas e abafou o homem após a fala. Não queria me envolver em coisas de protestantes.

— Acha mesmo que foi colocado neste grupo por acaso?

— Não existe acaso, não é mesmo, dona Modesta?!

— A Doutrina Espírita é uma bênção de alívio e paz para quem a busca e absorve suas lições. Todavia, para quantos estacionam na superfície de seus ensinos, transforma-se em fardo consciencial. Por essa razão, alguns confrades recorrem a alternativas. Cansam-se do Espiritismo!

— Cansar do Espiritismo? Nunca havia pensado nisso! Confesso-lhe que, se pudesse fazer ou viver algo aqui que não envolvesse a doutrina, seria uma experiência interessante. Quem sabe estudar filosofia?

— Estudar filosofia e continuar se enganando? Este cansaço, Marcondes, é proveniente do descompasso que criamos na interiorização dos princípios doutrinários. O Espiritismo brilha somente para quem lhe oferece um espelho translúcido no coração capaz de refletir-lhe a claridade infinita e benfazeja.

— Dona Modesta, posso perguntar? – indagou Selena.

— Já perguntou.

— Que faz Jânio neste Hospital?

— Prepara-se para trabalhar pelo bem das Igrejas Reformadas. Guarda vínculos estreitos com o Hospital, porque foi um pedido de sua mãe que, ao fim da existência, tornou-se espírita. Ele fará um trabalho específico e árduo de convencimento e mudança de conceitos entre os evangélicos, aqui presentes, para se adaptarem à realidade que querem negar.

— Temos por aqui alas específicas de evangélicos?

— Todos os seguidores e amantes da mensagem cristã encontram asilo nesta casa.

— Como são tratados, considerando que os orientadores do Hospital são espíritas?

— Com carinho e respeito incondicionais. Essa a orientação de Eurípedes e do próprio Cristo, quando asseverou: "Nisto todos conhecerão que sois meus discípulos, se vos amardes uns aos outros".[53] Há espíritos, nesta casa, com saudade das diversões terrenas. Temos um centro cultural que reproduz parte dessas manifestações, com fins de entretenimento educativo, por meio de teatro, música e cinema. Temos, também, uma capela com fins terapêuticos para aqueles que nem sequer encontram motivos para continuar a viver. Carecem de manifestações exteriores. Apesar disso, não é incomum encontrar alguns espíritas frequentando-a em preces sentidas e autênticas. Nosso Hospital é um centro de recuperação que reproduz muitos cenários terrenos com fins motivacionais e restauradores. Claro que, em colônias mais ajustadas às finalidades ascensionais do espírito, certamente tais manifestações são abolidas, objetivando a consciência.

Aqui no Hospital Esperança, apesar de sua feição educacional, não conseguimos, por agora, escapar de sua característica eminentemente socorrista, atrelada ao mundo terreno.

Observando a fisionomia reflexiva de Marcondes, dona Modesta provocou:

---

53 João 13:35.

— Está intrigado com a capela, Marcondes?

— Como lhe disse, dona Modesta, acho que vou parar de ficar surpreso. Não duvido de mais nada. Vou tentar ver tudo com naturalidade.

— Sua fala merece umas palmas – manifestou a orientadora com alegria –, pois esse é o espírito da vida: naturalidade. Vivê-la como ela é. Celebrando a existência com fraternidade ao diverso, ao oposto, ao contrário. Felizes são aqueles que conseguem caminhar dessa forma. Distantes da terrível doença do preconceito e da indiferença.

— Por qual razão a senhora nos trouxe aqui? – intercedeu, novamente, Selena, que estava muito reflexiva sobre as novas informações daquela hora.

— Esta é a Tribuna da Humildade! Já passaram por aqui alguns espíritas conhecidos fazendo de seus mais singelos "pecados" um verdadeiro tributo à autenticidade. Outros, em situações mais graves, tiveram a coragem de revelar desvios clamorosos de sua vida corporal.

— Expondo-se assim, de forma pública?

— Mais cedo ou mais tarde, todos nós teremos de tratar nossas mais secretas amarguras e feridas. É o preço da liberdade. Teremos de apontar nossas chagas para que o Médico Divino possa sará-las. E apontar significa olhá-las no espelho da consciência. Só é capaz de operar dignamente, nesse sentido, aquele que adotar a postura mental da humildade. Humildade é o ato de amarmo-nos como somos. A tribuna, para esses, não passa de uma técnica auxiliar.

— Parece-me muito cruel ter de se expor assim. Como será usada esta informação depois? Não sei quanto ao mundo em que me encontro, mas, no plano físico, se agíssemos assim, certamente seríamos abatidos. Nossas informações seriam usadas contra nós e ai daquele que se expor!

— Não posso discordar de semelhante verdade. Aqui, porém, temos objetivos bem definidos, e só participam da tribuna os pacientes que tiveram suas fichas exaustivamente analisadas. O ato de se expor em nosso plano é sinônimo de alguém que, primeiramente, expôs-se a si mesmo. Assim como a regressão a vidas passadas é recomendável em alguns casos, a "tribuna psicológica" só terá efeitos benéficos para determinados espíritos com traços peculiares de autoconhecimento.

— Em síntese, qual a função da tribuna?

— Sobretudo, encorajar os outros a se assumir. Ampliar seu lento trabalho de desilusão, retirar máscaras. Existe um acompanhamento de especialistas terapêuticos de diversas modalidades, cujas qualidades morais são resultado de longo serviço de amor à dor alheia. Cinco, entre vinte e cinco integrantes do grupo de hoje, são psicólogos e admiráveis estetas das ciências do espírito. Terapeutas psíquicos.

— Somente novatos a frequentam?

— Somente quem deseja vencer a si mesmo. Temos sessões mais profundas em que alguns corações mais conscientes, de posse de muitas informações de suas vidas pretéritas, explicam as falhas da existência recém-finda da ótica de sua trajetória milenar.

Algo maravilhoso e profundo, capaz de fazer nascer a sublime virtude da compaixão quando entendemos que aquilo que parece queda, na maioria dos casos, é avanço e crescimento, considerando as pretéritas existências carnais.

— Meu Deus!

— O que foi, Marcondes?

— Passou uma bobagem pela minha cabeça.

— Não é bobagem. Antes fosse do jeito como você pensou.

— A senhora está lendo meus pensamentos?

— Mais que isso, repito.

— Mais?

— Leio seus sentimentos.

— O que senti?

— Desejo sincero de que esta fosse a realidade dos centros espíritas.

— Será possível que, um dia, venha a ser assim, dona Modesta?

— Não tenha dúvida.

— Quando?

— Quando os espíritas desistirem dos padrões e laborarem pela maioridade. Segundo doutor Bezerra, temos setenta anos para a instauração deste período, o período da maioridade.[54]

---

54 *Seara bendita,* Atitude de Amor, Editora Dufaux

— É muito tempo.

— Um piscar de olhos.

— Permita-me uma pergunta meio rude ante suas colocações. Seria crível admitir que os espíritas estivessem teatralizando a moral?

— Inconscientemente.

— Explique melhor, por favor.

— Não o fazem por deliberação, intencionalmente. Apenas se defendem do que não desejam expor.

— Então teatralizam.

— Teatralizamos.

— Não me incluo nessa postura.

— Não se inclui por pura ausência de lucidez quanto a seu mundo subjetivo.

— O que a senhora quer dizer? – falou, meio irritado, o velho dirigente Marcondes.

— Que dificilmente alguém escapa de encenar virtude em nosso meio, amigo querido. Faz parte das etapas de avanço. Primeiro, os germens da reforma íntima fermentam longamente nos escaldantes caldeirões da intelectualidade. Somente depois, bem depois, é que se inicia uma metamorfose nos esconderijos do coração, no qual, definitivamente, processa-se a reforma autêntica, a conquista do self. Para cada um, esse tempo é diferente. Diante do exposto, poderíamos denominar o irmão Jânio como um protestante espírita!

— Pastor espírita?

— Assusta-lhe a nomenclatura?

— Como?

— É a pureza novamente, não é, Marcondes?

— Para mim, existe um só tipo de espírita.

— E os outros?

— Os outros podem se dizer espíritas, mas não são.

— Qual seu conceito do verdadeiro espírita.

— O de Kardec. Aquele que se esforça para domar suas más tendências.[55]

— E se o pastor Jânio estiver enquadrado nessa condição?

— Mas ele não é um evangélico?

— Evangélico e verdadeiro espírita, segundo a conceituação kardecista. Como ficamos?

— Ainda assim! O que ele acredita ou sabe sobre mediunidade, reencarnação e os fundamentos espíritas?

— Kardec não fala que se reconhece o verdadeiro espírita por acreditar nos fundamentos espíritas.

— Está subentendido na fala do codificador, evidentemente, que ele se refere a quem crê.

— Marcondes, o que você acredita em relação ao futuro? Teremos homens espíritas ou homens de bem?

— O Espiritismo é a revelação da Verdade. O homem terá de adotá-la, inevitavelmente.

---

55 *O Evangelho segundo o Espiritismo*, capítulo 17, item 4, Allan Kardec, Editora FEB.

— Nem por isso todos terão de se tornar espíritas. Concorda?

— Discordo. Mais cedo ou mais tarde, terão de se tornar espíritas.

— Você não acha que seria mais razoável pensar que todos adotarão os fundamentos da doutrina, mas cada qual conforme sua cultura e designação religiosa?

— Isso seria desfigurar o Espiritismo em sua pureza.

— E qual a pureza do Espiritismo?

— A que foi dada por Kardec.

— Kardec fez o Espiritismo possível em seu tempo. Sem retirar-lhe a condição de missionário da Nova Era, o codificador foi um homem de seu tempo, sujeito à cultura de sua nação. Veja que os próprios livros da codificação contêm larga influência da corrente positivista e mesmo da Igreja. Conquanto tenha sido um investigador incomparável, esteve submisso, como não poderia ser diferente, ao "caldo cultural" de sua época. Vindo para o Brasil, a doutrina assimilou, por sua vez, os traços religiosos e sociais do nosso país.

— O que a senhora quer dizer com isso?

— Que o Espiritismo chamado de puro é uma criação da cabeça humana, tomada pelo preconceito, e que os espíritas de hoje são um "novelo cultural católico", um fenômeno social e histórico. As práticas e os conceitos doutrinários foram talhados pelo arcabouço milenar do homem religioso.

— Não, dona Modesta! Desculpe-me a interferência! A senhora está exagerando e misturando as coisas.

Se todos pensarem dessa forma, onde vai parar o Espiritismo?

— Vai parar no lugar que ninguém, em tempo algum, conseguirá detê-lo de chegar.

— Onde?

— No terreno neutro. Vai se tornar uma crença geral, como afirma a sabedoria do Espírito Verdade, mas não uma religião geral.

— Como assim?

— Vamos ler aqui um trecho de *A gênese*, capítulo 17, item 32:

"A fim de chegarem a esta, as religiões terão que encontrar-se em um terreno neutro, se bem que comum a todas; para isso, todas terão que fazer concessões e sacrifícios mais ou menos importantes, conformemente à multiplicidade dos seus dogmas particulares. Mas, em virtude do processo de imutabilidade que todas professam, a iniciativa das concessões não poderá partir do campo oficial; em lugar de tomarem no alto o ponto de partida, tomá-lo-ão em baixo por iniciativa individual. Desde algum tempo, um movimento se vem operando de descentralização, tendente a adquirir irresistível força. O princípio da imutabilidade, que as religiões hão sempre considerado uma égide conservadora, tornar-se-á elemento de destruição, dado que, imobilizando-se, ao passo que a sociedade caminha para a frente, os cultos serão ultrapassados e depois absorvidos pela corrente das ideias de progressão."

— Como interpretar este trecho?

— O Espiritismo não cria a renovação social nem incute espiritualidade no povo. A Terra avança paulatinamente para a maioridade na busca da noção abrangente de civilização. Essa maioridade humana requer uma doutrina tão clara quanto o Espiritismo. As pessoas se espiritualizam com ou sem o Espiritismo.

— Suponhamos que seja como a senhora diz. E se eu quiser continuar espírita conforme o conceito que tenho de verdadeiro Espiritismo?

— É um direito que lhe cabe. Contudo, entenda que não é verdadeiro para todos. Não será o caminho adotado pela maioria ante o irrealizável fenômeno mundial de espiritualização. O seu conceito de pureza é parte nessa diversidade. Merece ser acatado como parte de um todo.

— Falando assim, sinto um enorme desânimo para com o trabalho dos unificadores, do esforço que fazem milhares de homens pelo bem da doutrina.

— Essa é a questão! O bem da doutrina. O homem realiza o que pode de melhor no seu conceito pela causa, pela doutrina. No entanto, esquece que ela defende e prega o amor incondicional ao semelhante. Ama-se a doutrina e não se ama o alvo central dela própria. Uma incoerência que precisa ser corrigida.

— Isso me causa uma terrível insegurança.

— Em relação a quê?

— Aos exageros doutrinários, por exemplo! Nesse enfoque, logo teremos espíritas católicos, espíritas umbandistas.

— Teremos, não! Já temos! Além deles, começam a surgir os espíritas psicólogos, espíritas artistas, espíritas administradores, espíritas ocasionais e outros tantos.

— E como fica essa situação? De espíritas, eles só têm o nome. Como disse a senhora, são ocasionais. São espíritas em parte, ou seja, naquilo que lhes diz respeito.

— Explique melhor.

— O caso do psicólogo que se diz espírita porque usa alguns conceitos espíritas em seu trabalho. Podemos considerá-lo espírita?

— Sem dúvida.

— Ah, dona Modesta! – debochou o dirigente. — Não consigo aceitar isso nunca! Só porque um psicólogo ou um umbandista utiliza alguns conceitos espíritas, dizerem-se espíritas?! É demais!

— Por que demais?

— E onde fica a vivência dos princípios? Quão distantes não estão do que propõe o Espiritismo!

— E o que propõe o Espiritismo?

— A reforma, a melhora, a ética do bem.

— Analisado dessa forma, pode-se fazer uma pergunta: como se encontram os que se dizem verdadeiros espíritas em relação a essa reforma, a essa melhora, a essa ética do bem?

— Fazendo o melhor que podem para honrá-la dentro dos centros espíritas, firmes na tarefa.

— Mas com as mesmas lutas de todo ser humano, concorda?

— Concordo. E o que tem isso a ver?

— Tem a ver que cada qual dará o passo possível em direção a essa melhora, e não se surpreenda de encontrar por aqui alguns homens como o pastor Jânio, que jamais ouviram falar em Espiritismo e oferecem testemunhos como o que você ouviu e que, no entanto, encontram-se melhores que muitos espíritas nesse conceito defendido por você. O maior problema do cristianismo primitivo foi ter banido o amor de suas relações. Se usasse hierarquia e ritual, mas amasse...

— A senhora está pregando um Espiritismo ritualizado em nome do amor?

— Sou a favor do amor acima de quaisquer conotações filosóficas e religiosas.

— E os conceitos doutrinários, como ficarão nesse caso?

— São irretocáveis, desde que os vivamos em espírito e verdade. O amor é o centro de convergência de todos os fundamentos espíritas. Se advogarmos os princípios sem exemplos de amor legítimo, estaremos vivendo o processo chamado institucionalização, isto é, o aprisionamento de sentimentos em detrimento das convicções. Essa atitude conduz ao desamor. E uma das suas mais viris manifestações chama-se indiferença, isto é, a ação emocional de quem não pretende interagir com os diferentes e suas diferenças.

— E o modelo criado pelos unificadores, pelo esforço de Bezerra de Menezes, cuja história se confunde com as nascentes do Espiritismo brasileiro?

— O modelo inicial foi necessário. O problema é torná-lo modelo definitivo. O próprio doutor Bezerra tem visão clara sobre as necessidades do momento, sendo ele próprio o mentor desta nova etapa das ideias espíritas para o mundo. Acordos e iniciativas conjuntas com condutores espirituais de diversas nações são celebrados constantemente. Há um clamor desses corações que amparam as nações da Terra no intuito de que as vertentes filosóficas do Espiritismo alcancem o território sob sua proteção.

— Posso fazer mais uma pergunta atrevida?

— Adoro perguntas atrevidas!

— A senhora acabou de ler um trecho da codificação. Aqui mesmo, no Hospital, já os vi em pleno uso nas diversas mesas de estudo. O que a senhora pensa dos livros de Kardec?

— São como uma boia.

— Uma boia?

— Para que serve uma boia? – indagou dona Modesta, em atitude professoral. — Uma boia é apoio para quem não sabe nadar!

— Nesse caso, sob aspecto espiritual, a humanidade inteira precisa dela.

— Precisa até que aprenda a nadar e a singrar mares desconhecidos com o esforço pessoal.

— Quer dizer...

— Quero dizer que há muito por se desvendar. A codificação abriu o véu da imortalidade para que o homem penetrasse o mundo desconhecido da vida futura. No entanto, o texto de Kardec não disse a última palavra. Ao invés de sermos tão textuais em relação ao codificador, deveríamos estudar sua postura coerente, sua sensatez, sua prudência e sua capacidade investigativa. O próprio codificador já renovou seu foco sobre o trabalho que ele mesmo realizou, acompanhando o progresso.

— O Espiritismo é a terceira revelação. É a Verdade.

— Caminho para a verdade e a vida.

— Caminho?

— Sem dúvida, o mais claro caminho oferecido por Deus ao homem para sua espiritualização na Terra.

— O melhor, eu diria!

— Prefiro não pensar dessa forma.

— Não? Por quê?

— O melhor para cada um tem conotações diversificadas. Voltamos à origem de nossa conversa. É mais interessante tornar-se um homem de bem que um espírita dentro dessa conceituação padronizada. O Espiritismo dissecou a imortalidade. Abriu panoramas para analisar a continuidade da vida. Desvendou a anatomia do céu e orientou como alcançá-lo. Mas não disse tudo. Pequena ponta do imenso véu está aberta pela sabedoria dos ensinos espíritas. O mérito da doutrina é conferir lógica aos princípios religiosos de todos os tempos e conectá-los com a ética da benevolência aplicada. Indiscutivelmente, sem nenhum reducionismo, o triunfo da doutrina não foi somente o de reafirmar a imortalidade, um princípio já consagrado em várias culturas, mas sim dissecar esse tema, esquadrinhando a anatomia da morte, conferindo-lhe caráter comportamental. A lógica adveio da experimentação, e a ética sobressaiu dessa como sendo a alma das ideias espíritas. A lógica ilumina a razão para a conquista de uma fé racional, e a ética impulsiona o ser para a adoção dos caminhos libertadores rumo à consciência divina de nós mesmos.

— Confesso que a argumentação da senhora balança meus conceitos. Todavia, não consigo aceitar, de coração, suas colocações. Para mim, o verdadeiro espírita é só um, e não tem meio-termo. O verdadeiro espírita é aquele que está na comunidade, seguindo os preceitos de Kardec.

—A comunidade espírita, em verdade, é um exemplo no que tange ao esforço sacrificial para vencer a rotina imprimida pelas ilusões mundanas. É uma seara bendita que deve ser interpretada como excelsa enfermaria para a recuperação de nós próprios. Em que somos diferentes dos demais religiosos? Já vivemos a ética da imortalidade? Qual de nós venceu por completo a roda dos interesses pessoais? Quantos já desenvolveram o pensamento reencarnacionista a ponto de iniciar o projeto do futuro retorno? Necessário avaliar que as vitórias e as aquisições, à luz do espírito imortal, não passam de matrizes valorosas, porém embrionárias para germinações na longa peregrinação evolutiva. Não se equivoque! A comunidade espírita brasileira é um centro de recuperação para almas acentuadamente enfermas tanto quanto nós três.

— Perdoe-me a sinceridade que faz bem ao seu gosto, mas não sei se chamo a senhora de louca ou inteligente! – manifestou o dirigente com humor.

— Pouca diferença existe entre loucura e inteligência. Digamos que os inteligentes são loucos educados. De minha parte, creio que nem isso eu seja. Sou uma louca. Louca pelo Cristo!

A vida de qualquer discípulo não é mais a mesma depois de passar pela Tribuna da Humildade. A tarefa criada por dona Modesta, sob aprovação de nosso diretor, alcança índices gloriosos na libertação de espíritos aprisionados às suas próprias mentiras.

Qual de nós não terá de subir a essa tribuna ao longo do espinhoso caminho da desilusão?

"

Mais cedo ou mais tarde, todos nós teremos de tratar nossas mais secretas amarguras e feridas. É o preço da liberdade. Teremos de apontar nossas chagas para que o Médico Divino possa sará-las. E apontar significa olhá-las no espelho da consciência.

"

24
Geração Solidária

"Não se deve entender que por meio dessa emigração de Espíritos sejam expulsos da Terra e relegados para mundos inferiores todos os Espíritos retardatários. Muitos, ao contrário, aí voltarão, porquanto muitos há que o são porque cederam ao arrastamento das circunstâncias e do exemplo."

A *gênese*, capítulo 18,
"A geração nova", item 29.

Após intenso trabalho em dias seguidos de auxílio e socorro, dona Modesta convidou Cícero Pereira, Marcondes e Selena para um instante de entretenimento em sua residência, nas cercanias do Hospital Esperança.

O momento era de intimidade. A anfitriã conservava os velhos traços da mineira hospitaleira. Uma boa xícara de chá refazente era servida enquanto a conversa os absorvia em clima de descontração.

— Quanta dor nessas regiões! – manifestou Selena.

— A vida espiritual tem também suas alegrias, não é mesmo, dona Modesta? – atalhou o professor Cícero.

— É verdade! Muitas alegrias!

— Dona Modesta, fui informada, em conversas de rotina com servidores do Hospital, que a senhora guarda vínculos profundos com algumas criaturas no plano físico! Seria a mentora deles?

— Ah, Selena! A história é longa. Quer mesmo saber?

— Adoraria!

— Estávamos em plena década de 1940. O Sanatório Espírita de Uberaba comemorava conquistas essenciais no trabalho desobsessivo dos pacientes. Inácio, na condição de médico humanitário e investigador, sob tutela de Eurípedes, que se valia de minhas faculdades sensitivas, desenvolvia métodos de recuperação jamais imaginados. Nossas reuniões de intercâmbio obedeciam ao critério da espontaneidade. Que saudade desse tempo inesquecível!

Começaram a aparecer, da parte de doutor Bezerra, a esse tempo, alguns pedidos de socorro para espíritos tratados com desvelado carinho pelo benfeitor. Seu amor era tanto que me penalizava a situação daqueles espíritos. Alguns deles eram justiceiros, assalariados de organizações ligadas aos dragões da maldade.

Doutor Bezerra dizia: "O socorro mediúnico a esses espíritos tombados significa o trabalho paciente de investir no futuro luminoso da humanidade. Um dia, eles usarão a força e a inteligência de que são depositários na implantação do reinado do bem. Falta-lhes direção. Nossa tarefa, portanto, reveste-se de grande importância ante o contingente de medidas levadas a efeito pelos organizadores planetários em favor dos destinos regenerativos de nossa amada Terra. Laços estreitos nos ligam a esses corações na esteira do tempo".

Naquele tempo, nunca vou me esquecer, em um sábado, no início da década de 1950, após desgastantes atividades no sanatório, fui me refazer um pouco em meu quarto. Estava assentada na beira da cama, quando adentrou Eurípedes e falou-me:

— Dona Modesta, devemos ter muito carinho com esses espíritos que estamos assistindo nas reuniões de intercâmbio.

Perguntei-lhe espontaneamente:

— Benfeitor, existe algum motivo especial?

— Nossos irmãos têm muito medo da reencarnação. Querem proteção e temem novos fracassos. Como peregrinaram pelo caminho obscuro da justiça impiedosa, sabem que também podem ser cobrados e castigados.

— Como poderei ajudar, querido benfeitor?

— Eles estão sendo preparados para um glorioso futuro. Sabem que a senhora tem o tempo de vida física traçado. Sabem, também, que é esperada por aqui para assumir graves responsabilidades junto ao Hospital Esperança. Então, muitos deles, especialmente os que guardam vínculos com nosso passado, têm nos pedido tutela e amparo. Regressarão nesta década e na seguinte com tarefas definidas.

— Terei condições de algo realizar?

— Eles esperam que os conforte com a promessa de assisti-los ao longo da tarefa de reerguimento consciencial na carne. Pedem o seu aval, dona Modesta.

— Mas não seria melhor que Inácio, que os doutrina e esclarece, fizesse essa fiança? Ou mesmo você, meu benfeitor, que já se encontra liberto do corpo e dando-lhes todo carinho?

— Eles sentem o seu amor de mãe. Querem a senhora e têm o nosso consentimento.

— E o que preciso fazer para que possam acreditar que vou ampará-los?

— Regressaremos com muitos deles nas reuniões para o diálogo promotor dessas promessas de luz.

— Mas poderei saber a razão de tão carinhosa manifestação de carinho de doutor Bezerra com esses corações?

— Eles retornam como lírios de esperança, colhidos e preparados pelo destemido trabalhador do amor, com missões junto à obra redentora do Cristo.

— Querido benfeitor! Com tantas lutas e sentimentos como podem ser mensageiros do Cristo?

— Trazem o coração encharcado de culpas e dores, entretanto, são criaturas valorosas pelas disposições comunitárias que apresentam em suas inúmeras trajetórias carnais. Dona Modesta, para que possa entender como Deus assiste espíritos desse porte moral, estude o belíssimo texto: A Geração Nova, contido em A gênese, de Allan Kardec.

Foi assim que me vi compelida a fazer infinitas promessas de tutela nos últimos quinze a vinte anos de minha peregrinação terrena,[56] junto a inúmeros espíritos desolados. Fosse nas reuniões mediúnicas, ou mesmo fora do corpo, durante o repouso, envolvia-os em emotivos acordos de sensibilidade e ternura. Acreditavam solenemente em mim. Tornei-lhes mãe em espírito. Eu passaria para cá e eles para o corpo. Com sinceridade, enquanto no corpo, não imaginava

---

56 Maria Modesto Cravo desencarnou em 8 de agosto de 1964.

satisfatoriamente, dentro de meu espírito indagador, sobre como se daria semelhante destino.

Desencarnei, e uma das primeiras iniciativas de doutor Bezerra foi dizer-me que precisava conhecer meus filhos adotivos na Terra, que foram atendidos pelas minhas faculdades mediúnicas. Tinham entre dois a quinze anos de vida física. Lembro-me que a primeira criança visitada era uma menina muito clara. Ao vê-la, chorei copiosamente sem saber exatamente a razão. Visitei-os um a um. Eram quase trinta. Todos médiuns. Espalhados por esse país do Evangelho, passaram a ser parte intensiva de minhas realizações nesta casa de amor. Estão, pouco a pouco, com desafiadoras lutas interiores, buscando sua redenção. Com o tempo, assumirão suas tarefas doutrinárias.

Tenho procurado, com auxílio e orientação do Mais Alto, uni-los pelos laços sacrossantos da fraternidade e da afinidade de propósitos. O cumprimento do compromisso assumido significa a redenção espiritual para muitos deles.

Acompanhar os passos de meus tutelados tornou-se a mais gratificante tarefa. Tenho muitas alegrias quando os vejo ajustados, crescendo. Mas nem tudo tem sido facilidade e pura alegria. Muitos têm sofrido as cruéis lâminas da justiça que um dia aplicaram sem amor. À frente de responsabilidades imensas, sucumbem sob a expiação do orgulho e dos ímpetos de mando. Estão aprisionados às teias do personalismo, esse estado mental de centralização em si mesmo. Outros, conquanto as desafiantes provas, prosseguem destemidos, embora carentes de apoio incondicional.

— E a senhora prossegue assistindo-os? – perguntou Selena.

— Com o tempo, vim a ser mais esclarecida sobre os meus laços com aquelas criaturas. Além de elos do pretérito, eles faziam parte do grupo de escolhidos por doutor Bezerra para compor a geração solidária. O compromisso era mais amplo do que eu mesma podia supor.

A história sensibilizava Selena e Marcondes. Como de costume, o momento de entretenimento entre corações ávidos por aprender tornava-se oportunidade educativa. Curioso com a nova expressão, Marcondes indagou:

— Pode nos explicar o que seja a geração solidária?

— Creio que o professor Cícero seja a pessoa certa para falar do tema – colocou dona Modesta. — Ele, inclusive, depois do desencarne,[57] chegou a cooperar no renascimento de alguns deles.

Sem pestanejar, o professor participou da conversa pela primeira vez.

— Em razão da índole mental dos que organizaram o movimento espírita brasileiro, doutor Bezerra, antecipando medidas preventivas contra o excesso institucional, em plena década de 1940, iniciou os preparativos para reencarnar oitenta líderes com tarefas definidas entre a coletividade doutrinária. A geração solidária tem esse nome porque a solidariedade indistinta, acima de quaisquer preconceitos ou bandeiras, seria o traço moral marcante desse grupo. Somente

---

57 Cícero dos Santos Pereira desencarnou em 4 de novembro de 1948.

os solidários constroem a benevolência efetiva. Se formos apenas tolerantes e bons trabalhadores sem a parcela da solidariedade, corremos o risco de construir obras circunscritas ao raio de nossas necessidades e interesses. A solidariedade é composta do exercício da inteligência, da ação sacrificial e do desprendimento. É transcender o limite da primeira para a segunda milha, conforme o ensino de Jesus. Seriam, portanto, os arejadores, aqueles que fomentam o oxigênio ante os rigores das convenções, capazes de asfixiar os melhores programas de elevação e progresso.

— Seriam, então, preparados diretamente por doutor Bezerra? – manifestou o dirigente.

— Um grupo de educadores, ligados ao coração de Eurípedes Barsanulfo e tendo à frente Commenius – espíritos de elevada estirpe moral, que prepararam os 80 líderes com as mais legítimas noções da educação pelo coração, acendendo a chama da aspiração de um porvir redentor para todos eles. Até hoje, o grupo continua velando pelos passos de nossos irmãos. Devidamente orientados, os oitenta servidores foram incumbidos de romper com os limites, ampliando os horizontes das áreas pelas quais cada qual ficou responsável. Ampliariam conceitos e trabalhariam com intuitos renovadores na comunidade doutrinária.

— Atuariam em quais áreas?

— Com programas na mediunidade, 30 deles teriam a missão de dilatar a noção sobre a interação das sociedades física e espiritual, culminando em uma visão mais realista e com várias faces da vida extrafísica.

Outros 30 seriam os expoentes da cultura, pensadores com a missão de fertilizar a seara com visão pluralista, rica de diversidade, cujos conceitos dilatassem a fé racional, dissolvendo o dogmatismo e o preconceito. E 20 operários para a fundação de institutos com os traços organizacionais de cidadania espírita, uma interação de conhecimentos e um campo de trocas para alavancar o progresso social. A geração solidária tem por missão fortalecer a implantação do período social do Espiritismo previsto por Allan Kardec, na Revista Espírita, em novembro de 1869. A esses 80 corações foi entregue a santificada oportunidade de edificar os pilares para o tempo da maioridade na coletividade doutrinária.

— Conseguirão mudar, sozinhos, a feição do movimento? Apenas 80 pessoas?

— São 80 mentes com grande poder de influência e formação de opinião. Entretanto, em torno deles, estende-se uma cadeia de milhares de corações ligados pelos laços de cooperação e afinidade. Eles serão apenas os detonadores das referências de transição entre um tempo de mutações céleres e necessárias do conhecimento espírita. Esses 80 mensageiros estimularão, em tese, a renovação dos modelos institucionais, das práticas doutrinárias e do perfil moral do verdadeiro homem de bem. Alargarão horizontes e referências éticas para a comunidade no iniciar do milênio, focadas no trabalho em equipe e no compromisso com a causa, e não com a casa.

— Apesar das lutas que carregam, poderíamos considerá-los missionários?

— São almas com experiências sucessivas nas áreas em que assumiram compromisso. Os médiuns são corações que já estagiaram nas furnas da maldade, guardando em seu psiquismo uma clara ideia das movimentações da perversidade. Dotados de larga resistência mental, serão sementes de serviços socorristas complexos na criação de novos modelos de relação espiritual. Os pensadores são os corações que desenvolveram a arte de comunicar ideias novas conectadas à base universalista do Espiritismo, convergindo a ação espírita para uma relação sadia e uma ética de cidadania com a sociedade. O grupo dos dirigentes é composto de almas que dominam larga habilidade para a criação de novos modelos de trabalho e ação cooperativa em rede.

— Quer dizer que reencarnaram na década de 1940? — voltou a participar Selena.

—Alguns no fim de 1940, e a maioria na década de 1950.

— Esses 80 líderes poderão falhar?

— São cartas vivas de esperança a serviço da obra redentora do Cristo. São as sementes férteis de novos tempos. Virão depois os cultivadores, os porta-vozes de uma nova civilização no campo social. Existem chances enormes de se desviarem, entretanto, o contingente de dor e amargura experimentado nos sucessivos fracassos de outras tentativas serão, para eles, o esteio seguro e promissor. Além disso, pela envergadura da tarefa a que se submetem, serão alvo de muito amparo, tendo em vista a natureza árdua de suas missões.

— E como estão hoje?

— Pouco mais de 20% cumprem suas tarefas a contento. 70% estão inseguros sobre os rumos a tomar em suas atividades ante as ameaças do tradicionalismo. E quase 20% já desistiram totalmente. Muitos dirigentes renderam-se ao comodismo. Alguns médiuns se entregaram ao interesse pessoal, e quase todos os pensadores transformaram-se em rigorosos juízes da seara com sua habilidade de enxergar. Em tese, excetuando os que se mantiveram fiéis, os demais se fascinaram com as sugestões do cansaço e da excessiva capacidade de filosofar e questionar sem realizar.

— Meu Deus! Então 20% desistiram? Mas como pode ser? Não foram tão preparados por Bezerra?

— Suas ideias, amigo querido, refletem o espírito de menor esforço, uma ilusão comum à maioria dos seguidores do Cristo. Somente estudando com atenção o capítulo evangélico de Maria de Magdala encontraremos entendimento preciso sobre quem são os trabalhadores da última hora. Esses 20% não desistiram por simples opção. Em verdade, nem sequer chegaram a ter consciência da missão que lhes estava destinada. Não imaginavam o quanto os céus depositaram sobre seus ombros.

— Não foram, então, avisados?

— Diz *O Evangelho segundo o Espiritismo*, no capítulo 21, item 9:

"Outra consideração: os verdadeiros missionários de Deus ignoram-se a si mesmos, em sua maior parte; desempenham a missão a que foram chamados pela força do gênio que possuem, secundado pelo poder oculto que os inspira e dirige a seu mau grado, mas sem desígnio premeditado. Numa palavra: os verdadeiros profetas se revelam por seus atos, são adivinhados, ao passo que os falsos profetas se dão, eles próprios, como enviados de Deus. O primeiro é humilde e modesto; o segundo, orgulhoso e cheio de si, fala com altivez e, como todos os mendazes, parece sempre temeroso de que não lhe deem crédito."

Portanto, uma missão verdadeira nunca é revelada. É descoberta. É construída. Somente agora, depois do esforço sacrificial de quantos se mantêm firmes na empreitada, convém darmos notícias ao mundo físico sobre tal assunto, considerando a extensão das responsabilidades assumidas por esses arautos da diversidade. Esses 80 homens e mulheres estão em plena maturidade das forças físicas. Essa Boa Nova chegar-lhes-á como estímulo renovador e confirmação oportuna aos roteiros luminosos que escolheram para suas existências.

— Não lhes incensará a vaidade?

— Para os decididos a servir, será visto como responsabilidade adicional. Para os indecisos, será um incômodo educativo. Para os desistentes, um alerta recuperativo.

— E... – ficou constrangido o aprendiz.

— Pode indagar à vontade, Marcondes. Não tenha receios da curiosidade inútil.

— Todos estão encarnados?

— Sim.

— E se falharem?

— Os 80 são os chamados. Se não fizerem, vamos às "esquinas", como diz a prédica evangélica das Bodas.[58] Contudo, alguns recursos de proteção e estímulo poderão ser suspensos.

— E qual o objetivo de serem retirados esses recursos?

— Deixar os irmãos na carne colher o fruto amargo da inconsciência com o qual aprenderão a melhor cuidar dos tesouros celestes.

— Não será um ato de covardia e abandono? – interveio Marcondes, um tanto alterado.

— Amigo querido, a misericórdia não pode incentivar a proliferação do joio no campo divino quando chega o instante inevitável da ceifa. Se ela atua incessantemente, ainda que abonando falhas e desajustes humanos, é porque, ao lado do joio nocivo, emergem lentamente as sementes viçosas de trigo. No entanto, se as sementes promissoras, por algum motivo, deixam de ser lançadas na cova fria do sacrifício para oferecerem o fruto desejável, então o "pai de família" deve tomar medidas para não perder sua colheita de esperança e paz.

Tocada pela resposta, Selena questionou:

— As missões de nossos companheiros permanecerão sempre restritas às áreas específicas?

— Nem sempre. Alguns deles, devido ao ímpeto de servir e aprender, poderão estagiar nos três campos distintos,

---

58 Mateus 22:1-14.

sendo que serão mais hábeis, em particular, naquele em que foram mais bem preparados. Encontraremos, por exemplo, médiuns que serão difusores da cultura nova podendo vir a ampliar sua esfera de ação na fundação de institutos de cidadania.

— Quando serão preparadas novas missões para o movimento espírita?

— Minha filha, todos os dias são preparados mentes e corações pelo Espírito Verdade para servirem em sua obra. Não imagine a geração solidária como um acontecimento isolado ou de importância histórica incomparável.

— Doutor Bezerra já preparou outros missionários?

— Não somente ele, mas todos os servidores do amor incondicional não cessam em medidas para a implantação do bem na Terra. A geração solidária foi apenas a primeira leva coletiva de espíritos que fizeram seu projeto reencarnatório a partir de uma missão delineada, integralmente, dentro do Hospital Esperança. Após quase uma década de funcionamento, já que foi criado no início da década de 1930, os trabalhos foram se especializando a ponto de constituir um núcleo avançado de reencarnações, conquanto não seja sua especialidade. Doutor Bezerra solicitou a Eurípedes ajuda para a comunidade espírita nos idos de 1940. Eurípedes resgatou e preparou, pessoalmente, os 80. Depois deles, já tivemos milhares de espíritos com renascimento corpóreo programado nesta casa sob a tutela de nosso diretor.

— Todos no meio espírita?

— A maioria. Alguns servem em comunidades estrangeiras, onde o coração de Eurípedes guarda imensos compromissos.

— Pode me dar uma ideia?

— Na Grécia e na Abissínia.[59]

— Apesar de não serem missionários, creio que os componentes desse grupo têm alguma qualidade em comum para terem sido escolhidos. Concorda, professor? – interveio novamente o ex-dirigente goiano.

— Concordo. São espíritos que trazem em comum uma excelente qualidade: estão cansados de errar. Faliram inúmeras vezes em tarefas coletivas. Guardam extensa bagagem política, intelectual e religiosa. Conhecem bem os atalhos da perdição.

— E essa qualidade lhes bastará?

— Cansados do mal, repudiam, antes de tudo, em si mesmo, o mal que vão combater na leira cristã. Tornam-se, dessa forma, portadores de uma apólice de segurança contra os velhos ímpetos de ver os problemas de fora, e não por dentro. Com essa qualidade, colocarão a missão acima de quaisquer outras realizações de suas vidas. Somente, então, descansarão de si próprios, servindo e amando, aprendendo e sacrificando-se.

— Perdoe-me a insistência, mas o senhor ainda não me respondeu. Somente com essa qualidade terão êxito?

---

59 A Abissínia é atualmente a Etiópia. Como não sabemos do contexto espiritual do uso da antiga designação, optamos por manter o texto conforme os originais. (N.E.)

— Jamais podemos assegurar êxito a quem quer que seja na reencarnação. Tomamos sempre providências cautelares. O Hospital Esperança lhes será abrigo e ninho de refazimento. Todavia, para ser mais claro, posso lhe assegurar que somente esse recurso pode não lhes ser o suficiente contra a lisonja e o personalismo. Confiamos muito mais em outra medida de vigilância adotada em seus projetos reencarnatórios.

— E qual é?

— A condição de parceiros afetivos. Corações que lhes serão arrimo emocional indispensável à tentativa.

— O senhor está falando de proteção espiritual especial?

— Não. A proteção será especial no que tange aos recursos de nosso plano. Nenhum projeto de amor sobrevive sem esse círculo de amparo, as trincheiras de amor ao Cristo. Os ataques sutis dos antipatizantes do bem se renovam a cada dia em inteligência e persistência. Contudo, por mais misericórdia de nossa parte – os que nos achamos fora da matéria densa – não ultrapassaremos o valor dos parceiros afetivos com que o homem pode contar em seu próprio plano de ação.

— Que parceiros são esses, professor?

— Estou falando do lar, o sagrado ambiente das operações de crescimento da alma. Estou falando da família, especialmente a família espiritual, com a qual esses bandeirantes, inexoravelmente, haverão de contar ante tais desafios. Quaisquer grupos ou equipes que lhes devotem amor sem exigências serão alimento e fonte de ânimo para a jornada.

— Família espiritual? Hum! Hum! Velha questão subjetiva para mim, professor! Já tive muita decepção em acreditar que fulano ou beltrano fizesse parte de minha família espiritual. Sempre ouvi a expressão, mas somente agora, estando "morto", começo a me interessar por ela. Como reconhecer a família espiritual?

Dona Modesta, atenta ao diálogo, depois de terminar seu chá, com muita fleuma, dirigiu-se ao professor:

— Permita-me, professor?

— Ninguém melhor para falar do tema que a senhora!

— A família espiritual é constituída pelos corações que, na tessitura do tempo, criaram laços afetivos profundos, sendo que, em muitas ocasiões, esses laços foram desprezados pela desonra moral.

Ainda assim, perante o montante das decepções e das mágoas, o amor é o esteio da família espiritual. Nesse capítulo das obras espirituais, muitos de nós somos colocados, pela reencarnação, no caminho de nossas afinidades. Como a Terra ainda é uma escola de reeducação, tais afinidades, resgatadas pelo esquecimento do passado, surgem nas fileiras dos serviços doutrinários, atraindo-nos para uma proximidade espontânea, um encanto para caminhar juntos no ideal de enobrecimento moral. Entretanto, se descuidarmos de viver os convites da Boa Nova evangélica, podemos reativar as sombras do pretérito. Nessa conjuntura, mesmo os afins serão convocados a intenso esforço de recuperação para se amarem, sendo-lhes exigido tributos de sacrifício e renúncia, abnegação e ternura no intuito de conseguirem manter as obras cristãs que ergueram sob a égide da espiritualização.

— Então nem mesmo as afinidades são garantias de êxito?

— Afinidade, assim como tudo com que a vida nos brinda para celebrar o bem, são responsabilidades pelas quais devemos zelar com a máxima prudência, para que jamais se transformem em pasto de arbitrariedade ou espelho para projetar nossas carências. Afinidade espiritual deve significar arrimo para confiança e estímulo para crescer sem os equívocos da ilusão. Seja como for, esteja certo que, mesmo entre os afins, a construção do reino do Cristo, na intimidade, exigirá tempo e devoção para a construção de relações sadias e duradouras que libertem e edifiquem os valores imortais.

— Pelo que vejo, tinha conceitos muitos superficiais sobre afinidade espiritual.

— Para muitos, afinidade é estar com aquele que pensa da mesma maneira ou que tem os mesmos gostos!

— E não é?

— Os afins, à luz do espírito imortal, são aqueles que constroem juntos, na fieira do tempo, a devoção espontânea e o respeito incondicional, fazendo-se amigos honestos e companheiros leais ao regime da confiança espontânea, ainda mesmo que divirjam sobre os mais variados pontos de vista. Na obra do Cristo, os afins são aqueles que decidem se amar, apesar das diferenças...

A conversa tomava rumos instrutivos sem perder o encanto do momento festivo, um verdadeiro recreio educativo.

Professor Cícero e dona Modesta, que já haviam repetido a mesma história infinitas vezes, contavam-na como se fosse uma novidade, com desvelo.

25
Planos para o Futuro

"Senhor, para quem iremos nós?
Tu tens as palavras de vida eterna?"

João 6:68.

Chegara o dia da reunião com dona Modesta. Seria discutido o destino e traçadas as metas para Selena e Marcondes. Ao todo, haviam passado seis meses de permanência com nossos amigos na "Casa de Eurípedes" – como é chamado, por muitos, o Hospital Esperança.

Marcondes e Selena concluíram uma síntese de sua pregressa reencarnação. Apesar dos percalços naturais, com espantosa rapidez adaptaram-se à rotina dos serviços enobrecedores. Restava-lhes, como era justo, talhar o caráter, rever pontos de vista, educar valores, cooperar. Ninguém se livra de si mesmo. Essa é a grande lição da morte física.

Os dramas conscienciais, os impulsos, as enfermidades morais, persistem além-túmulo. A boa vontade e a alegria de servir – alma das tarefas doutrinárias – atraem proteção e misericórdia. Contudo, a alforria mental é alcançada por quantos se entregam ao intenso trabalho de crescimento interior. Nem sempre a contenção de impulsos conduz à transformação. Nem sempre a atividade doutrinária significa libertação. Assim como nem sempre a experiência do conhecimento adiciona paz e serenidade.

Velhas ilusões de grandeza têm expulsado de corações puros e bem-intencionados a oportunidade da reeducação. Inúmeros companheiros, dominados por prestígio e facilidades, abandonam a essência e encantam-se com a forma, as exterioridades. O resultado inevitável desse trajeto de descuidos impensados é a negligência com deveres primordiais ao equilíbrio do espírito após a morte. A sábia indagação do codificador e a inspirada resposta dos Sábios Guias merecem muita meditação:

> "Para agradar a Deus e assegurar a sua posição futura, bastará que o homem não pratique o mal?
>
> Não. Cumpre-lhe fazer o bem no limite de suas forças, porquanto responderá por todo o mal que haja resultado de não haver praticado o bem."[60]

Imperioso disputar o bem, abolir folgas, renunciar gostos.

> "Ó verdadeiros adeptos do Espiritismo!... Sois os escolhidos de Deus! Ide e pregai a palavra divina. É chegada a hora em que deveis sacrificar à sua propagação os vossos hábitos, os vossos trabalhos, as vossas ocupações fúteis. Ide e pregai."[61]

Marcondes continuava procurando seu mentor.

Selena tinha suas crises intermitentes de angústia em relação ao futuro da casa espírita.

No andar térreo, na hora aprazada, reuniram-se dona Modesta, doutor Inácio e o trio que começava a desenhar um futuro de bênçãos para a extensa família espiritual: Marcondes, Selena e Eulália. A benfeitora, após as saudações afetuosas, especialmente entre Selena e Eulália, coordenou a fala:

> — Meus filhos, sempre chega o instante divino de falarmos sobre o futuro, tecermos planos em favor de nossa paz. Temos inúmeros casos similares nesta casa

---

60 *O livro dos espíritos*, questão 642, Allan Kardec, Editora FEB.

61 *O Evangelho segundo o Espiritismo*, capítulo 20, Allan Kardec, Editora FEB.

de amor, nos quais espíritos queridos arquitetaram o regresso à carne em bases de compromisso e reajustamento, crescimento e cooperação. O retorno de Selena e Marcondes para cá preencheu de esperança o coração de Eulália, que rogou a Bezerra a intercessão benfazeja em favor de suas lutas. Reunimo-nos aqui não só para auxiliá-los a pensar esse futuro, mas também para encaminhar-lhes um apelo de nosso diretor, Eurípedes Barsanulfo.

— Um apelo de Eurípedes para nós? É algo grave assim? – expressou Marcondes.

— Estamos reunindo informações sobre vários casos do Hospital Esperança para enviá-las aos homens. Eurípedes fez um convite aos administradores da casa nesse sentido. Examinando os arquivos do Pavilhão Judas Iscariotes, sob nossa tutela, gostaríamos de destinar a história de vocês, com urgência, ao plano físico, no formato de um livro mediúnico. Vocês nos permitem?

— Dona Modesta! O que há de tão sério em nossa história para ser motivo de livro? – questionou Selena.

— Sua pergunta é muito feliz, Selena. É exatamente por não ter nada de tão extraordinário assim que julgamos ser um relato oportuno aos irmãos de ideal. Lutas e frustrações pertinentes à expressiva maioria de nós, apenas isso! Nada tão sério; apenas os descuidos do caminho, suficientes, como sabemos, para nos causar dor e decepção, angústia e aflição. Imagina-se, entre os confrades de ideal, que se tornam necessárias atitudes trágicas para colher os espinhos da infelicidade nestes planos. Temos catalogado, nas anotações pessoais de Inácio, o "escriba" do pavilhão – caçoou dona Modesta – mais de 700 histórias, entre as quais, pelo menos 400 constituem uma casuística única, ou seja, ainda não revelada ao mundo físico pela literatura mediúnica. Queira Deus que os médiuns tenham fôlego e coragem para suportar as refregas e nos ensejar a bênção de remetê-las aos homens. Inácio prepara o médium de Uberaba para seu primeiro ensaio neste sentido.

— Já sei até o título que darei à obra! – interveio o médico.

— E qual será, doutor? – indagou curioso o ex-dirigente goiano.

— Sob as Cinzas do Tempo.[62]

— De que trata?

— O resgate de Torquemada, quando Modesta e eu nos encontrávamos ainda encarnados no Sanatório Espírita de Uberaba.

— Dessa maneira – continuou dona Modesta –, conto com a colaboração de vocês. Além disso, temos anotações nas fichas de Marcondes e Selena que falam de aspirações novas. O professor relata – e tomou de uma pequena folha de anotações – que Marcondes mostrou sensibilidade com os dramas do segundo andar e interesse em visitar os médiuns no plano físico que passaram por sua direção. Selena, após o ciclo de estudos junto a Odilon Fernandes, está muito empenhada em auxiliar o Centro Espírita Paulo e Estêvão

---

62 O livro foi publicado pela Editora Didier.

na recondução de suas atividades espirituais. Não faltará trabalho. Tomaremos as providências pelo bem de todos. Quanto à Eulália, ela prepara seu retorno ao corpo. Logicamente, por essa razão, precisaremos que alguém ocupe seu labor na câmara dos ovoides.

Sem pestanejar, reagiu Marcondes:

— Dona Modesta, se estiver em minhas condições.

— Muito bem! – interrompeu a matrona — Está escolhido!

— Rápido assim? – e riram todos da forma como foi resolvida a questão.

— Apenas um ponto necessita ser acertado entre nós. Antes que ingressem em tarefas no plano físico, recomendo que arejem suas concepções sobre as novas bússolas que guiarão a mediunidade com Jesus neste século da transição planetária. Eulália! – chamou dona Modesta.

— Sim.

— O que você acha de passarem algumas semanas no subsolo 2 sob orientação do coordenador de ala?

— Excelente!

— Aprenderão sobejamente sobre o leque das forças psíquicas.

— Dona Modesta! – intercedeu Marcondes.

— Pois não!

— Aproveitando nossa conversa, qual a opinião que a senhora tem sobre os livros mediúnicos que estão surgindo na atualidade? Nossas histórias não parecerão aos espíritas, digamos, fantasiosas?

— Por mim, Marcondes, contaria esses 400 casos do arquivo de Inácio, entretanto, obedeço a ordens de Eurípedes. E, de mais a mais, se o fizesse seria tachada de louca, enquanto o médium que fosse o portador dos textos passaria por uma terrível inquisição psicológica. O movimento espírita reclama da qualidade das obras mediúnicas, mas, quando surge algo novo e consistente, estarrecem, recriminam.

— Tem surgido muita fantasia, dona Modesta. É por isso! A pureza doutrinária tem sido muito agredida. Não sei aonde vai parar o Espiritismo...

— O Espiritismo vai para o caminho comum da humanidade: o progresso. Recorda-se de nossa conversa na Tribuna da Humildade? Não é a pureza filosófica que tem sido agredida, e sim o orgulho dos pseudos-sábios que criam resistência em aceitar o que escapa às suas concepções pessoais. Acreditam saber tudo sobre Espiritismo. Pureza doutrinária tornou-se uma questão ético-cultural. Aquilo que o homem não consegue entender é, por essa razão, suspeito, controverso, infundado e anticientífico, sendo assim digno de uma postura de antifraternidade.

— O assunto é complexo!

— Tão complexo, Marcondes, que inúmeros companheiros espíritas, depois do desencarne, mesmo vendo a realidade a olhos nus, ainda suspeitam estar sendo vítimas de uma mistificação no mundo espiritual. Querem pureza doutrinária até mesmo com a obra do Criador. Aqui mesmo no Pavilhão dos Dirigentes, todo dia, aparece esse tipo de ocorrência. Querem fazer pureza doutrinária com a vida. Não aceitam técnicas, ideias e práticas, alegando que não são doutrinárias. E quando nos olham, sentem-se inseguros e nos veem com cara de mistificadores.

— Eu ainda me sinto assim, dona Modesta. E quando ouço colocações enfáticas da senhora fico mais inseguro.

— Enfáticas?

— Você ainda não viu nada! – atalhou doutor Inácio, zombando.

— Posso ser sincero?

— Franqueza é virtude, meu filho. Fale o que pensa – redarguiu dona Modesta.

— Não estaria havendo um problema de filtragem com os médiuns? Uma obsessão coletiva para descaracterizar o Espiritismo?

—Agora sou eu quem diz: esse é um assunto complexo! Os médiuns são depositários de imensa responsabilidade. São canais de esperança dos céus para a Terra. Envergam sobre os ombros a condição lavrada por Paulo: "tesouros em vasos de barro".[63]

— Sendo que a mediunidade é o tesouro e os médiuns são os vasos! – interrompeu, com ironia, Marcondes, que sempre interpretou os médiuns como doentes e devedores.

---

63 2 Coríntios 4:7.

— Sua colocação, apesar de refletir sua indiferença para com a luta dos médiuns, é sábia – retrucou dona Modesta.

— A senhora disse que franqueza é virtude! – emendou Marcondes.

— Os médiuns deveriam ser vistos como pessoas comuns, falíveis. Todavia, são alvos de onerosa expectativa de quantos lhes partilham a caminhada. Os homens emprestam-lhes uma supervalorização injustificável. Nesse clima psíquico, o medianeiro que não consegue construir defesas morais dignas e zelar por uma conduta rica de autonomia poderá perder-se na teia dos reflexos da comunidade onde respira.

— A senhora está confirmando que existe um problema de filtragem?

— Estou confirmando que precisamos rever conceitos sobre médiuns, mediunidades e Espiritismo. Largar essa mania emocional de fidelidade ao texto de Kardec e buscar fidelidade à postura de Kardec, à postura de investigador. Estou falando de abertura mental para o novo. O estilo do Espiritismo brasileiro, conquanto represente o anseio de milhões de mentes, jamais servirá de modelo para ideias que, na verdade, são universais. Os princípios do Espiritismo não lhe pertencem nem a seus adeptos, muito menos a quaisquer entidades doutrinárias. São universais, portanto, cada povo o apropriará à sua cultura, às suas necessidades, criando um campo de diversidade que convergirá para um único ponto: a ética do amor.

— Do jeito que a senhora fala, passam-me pelo pensamento os receios que tinha quando encarnado.

— Quais receios, meu filho?

— Isso que a senhora prega significa uma miscelânea. Para mim, essa concepção levará as pessoas a fazer do Espiritismo o que bem entenderem.

— Foi para isso que o Espiritismo surgiu no mundo. Para que o homem o absorva dentro de suas possibilidades e de conformidade com suas crenças e cultura.

— Então a senhora prega um sincretismo com as ideias espíritas? É isso? Onde fica a unidade doutrinária?

— A unidade deve ser buscada no campo ético do Espiritismo. Quanto à interpretação de seus princípios e práticas, meu caro, não tenha dúvidas, jamais haverá unidade.

— Então de que vale o trabalho da unificação? Para que o trabalho de tantos médiuns e líderes que suaram por uma identidade espírita?

— Nesta diversidade, meu filho, devemos incluir, como ponto desta mesma diversidade, a característica do Espiritismo brasileiro. O problema é querer tomá-lo como modelo universal dos seus fundamentos. No mundo dos espíritos, temos uma opinião partilhada em comum acerca da história do Espiritismo brasileiro. Seu grande mérito foi o de ter conectado princípios universais com ética enobrecedora, isto é, ter criado uma ponte entre fundamentos religiosos e conduta.

— Mas se já temos um modelo endossado pelo Espírito Verdade, por que criar novidades?

— De que endosso você fala? De nossa parte, o único endosso que conhecemos das esferas mais elevadas ao contexto da comunidade espírita refere-se à sua conotação humana, ao valor que se emprega ao seu conteúdo moral.

— Então me explique por qual razão a grande maioria apoia os rumos do Espiritismo brasileiro?

— Pela natureza dos que nele reencarnaram. Esse panorama, todavia, mudará celeremente. Regressam os espíritas de segunda e terceira gerações com concepções mais ampliadas das bases doutrinárias.

— Perdoe-me, dona Modesta, mas não consigo me abrir para essas ideias. Se a visão espírita que me serviu é contemplada nesse contexto de diversidade, então prefiro ficar com ela, por segurança.

— Amigo, abra seus olhos e enxergue mais longe. Se você estivesse encarnado, ainda teria essa opção, diga-se de passagem, lamentavelmente. No entanto, você está na vida da verdade.

— Está difícil crer no que vejo. Mesmo depois de seis meses morto, tenho a impressão de que estou na Terra, e nada mudou. Apesar de saber que mudou, não sinto dessa maneira. Vejo, mas não acredito que exista, compreende?

— Compreendo! E se eu lhe der um presente?

— Um presente?

— Cuidado, Marcondes – intercedeu doutor Inácio com humor –, presente de Modesta costuma ser uma dor de cabeça!

— Você não nutre um intenso desejo de conhecer seu mentor?

— Até que enfim alguém tocou neste assunto! Poderei conhecê-lo?

— Claro! Eulália, explique a Marcondes.

— Meu querido – externou com afeto a companheira – lembra do centro de Umbanda que costumava frequentar em busca de alívio para meus problemas físicos?

— Aquele centrinho de macumba do tal Vovô Zequinha? – ironizou o dirigente.

— Isso!

— Que tem isso a ver com...

— Você perseguiu tanto o Januário, médium de Vovô Zequinha, lembra-se?

— Para mim, o tal Januário é um embusteiro.

— Marcondes! Marcondes! Meu companheiro querido, eis os equívocos da ilusão! Januário é um missionário do Cristo e Vovô Zequinha é o coordenador das alas restritas do Pavilhão Judas Iscariotes.

— É uma piada! – expressou com ironia o ex-dirigente.

— Com a seriedade que todos estamos tratando os assuntos, acredita que seja piada? – respondeu Eulália com firmeza.

— Quer dizer que o tal Vovô Zequinha existe mesmo? E é mentor, ainda por cima?

— Sim, Marcondes – novamente tomou a palavra dona Modesta com determinação. — E tenho uma boa notícia para você.

— Dona Modesta, a senhora está insinuando que...

— Ele é o seu mentor. O seu mentor tão desprezado por você.

— É demais para mim. Eu...

— Você só voltou ao corpo por conta de Vovô Zequinha, meu filho – intercedeu dona Modesta.

— Mas...

— Quando Eulália passou a frequentar a Tenda Umbandista em busca de alívio para seus problemas físicos, Vovô Zequinha, por intermédio de Januário, trouxe-lhe paz interior para os dramas conscienciais do adultério. Tornou-se seu preceptor e amigo. Januário, igualmente, médium de rara sensibilidade afetiva, acolheu Eulália com esmerada atenção. Vovô Zequinha tentou enviar, infinitas vezes, recados pelos médiuns da atividade que você dirigia, mas quase sempre você preferia seu ponto de análise. Lembra-se de Egberto?

— Lembro-me. Era um médium perturbado de nossa atividade. Adorava entidades africanistas com seus chás e ervas suspeitas.

— Pois Egberto foi o médium mais fiel dos recados do benfeitor.

— Dona Modesta, como posso acreditar nessas questões? Tudo me parece história. Permita-me a clareza, história para boi dormir!

— E o boi dormiu mesmo, amigo querido!

— A senhora fala de mim?

— Quem descuidou tanto como você, meu filho, ante os apelos dos bons espíritos?

— Como poderia checar as informações de Egberto e...

— Você não se deu ao trabalho de respeitá-las – interrompeu dona Modesta –, quanto mais checá-las. Em verdade, sua postura foi de desprezo, desconsideração.

— Lamento! Reconheço ser verdade.

— Essa é sua história, meu filho. Não se envergonhe, apenas assuma-a.

— Coisas como essas serão narradas em nossa história pela mediunidade?

— Claro! Mas agora quero saber: terei ou não o aval de vocês? – indagou resoluta a benfeitora.

— De minha parte, está ótimo, conte comigo – externou Selena prontamente.

— Para mim, não vejo problema – pronunciou Marcondes com orgulho. — Apenas uma informação, por caridade: o médium que vai narrar nossa história é um missionário? Será...

— Não! Não é quem você está pensando. Os médiuns consagrados da seara cumprem outro gênero de tarefa para com a causa, razão pela qual, para resguardarem segurança íntima, mantêm-se distantes dos cataclismos de diversidade. O médium do qual me sirvo está enquadrado no ensino do Espírito Verdade, que assevera:

"Nem tudo o que o homem faz resulta de missão a que tenha sido predestinado. Amiudadas vezes é o instrumento de que se serve um espírito para fazer que se execute uma coisa que julga útil. Por exemplo, entende um espírito ser útil que se escreva um livro, que ele próprio escreveria se estivesse encarnado. Procura, então, o escritor mais apto a lhe compreender e executar o pensamento. Transmite-lhe a ideia do livro e o dirige na execução. Ora, esse escritor não veio à Terra com a missão de publicar tal obra. O mesmo ocorre com diversos trabalhos artísticos e muitas descobertas. Devemos acrescentar que, durante o sono corporal, o espírito encarnado se comunica diretamente com o espírito errante, entendendo-se os dois acerca da execução."[64]

— Tenho piedade do medianeiro que se atrever a publicar tais anotações!

— Pois tenho alegria em saber que esses conceitos chegarão ao mundo pelas mãos mediúnicas.

— A maioria nutrirá descrença. Eu mesmo ainda não creio no que vejo!

— Ainda assim, o médium, com sua "louca coragem", será um desafio de amor para o movimento espírita. Muitos homens podem não acreditar. Faz parte da lei da diversidade. Entretanto, continuam com o dever de amá-lo. Será que conseguirão?

— Se eu estivesse na carne, além de não entender, certamente faria o que fiz: denegrir.

---

64 *O livro dos espíritos*, questão 577, Allan Kardec, Editora FEB.

— Ótimo!

— Ótimo?! Por que dona Modesta?

— Melhor essa atitude que a indiferença.

— Melhor?

— Diríamos, menos mal! Quem denigre é porque teve seus interesses ou pontos de vista atingidos. O indiferente é ardiloso, calculista e, em muitas ocasiões, reconhece em sua intimidade o valor das ideias contra as quais se defende por meio da indiferença.

— E quanto o Vovô Zequinha – indagou constrangido. — Quando poderei conhecê-lo nas enfermarias do subsolo?

—Andando pelas alas, você o reconhecerá. Zequinha foi um dos médicos europeus mais renomados da história do século 19. Sua tenda religiosa em Goiás é um dos postos mais avançados de amor fraternal do Hospital Esperança na Terra.

— Quer dizer que os núcleos representantes do Hospital no plano físico não são somente espíritas?

—Não são representantes, Marcondes. São parceiros no amor. São cooperadores ativos do bem. Toda entidade que se ergue em nome do Cristo, independentemente de designação religiosa, tem laços profundos com nossas atividades. O Centro Espírita Paulo e Estêvão, dirigido por Selena, em Minas Gerais, e a agremiação que você conduziu em Goiás seriam frentes avançadas de nossas tarefas. Próximos a vocês, nas cidades em que atuavam, havia excelentes servidores que partiram daqui com tarefas definidas. Contávamos com sua ajuda, Marcondes, pois Egberto é tutelado de Eurípedes. Contávamos com você, Selena, pois Angélica é uma esperança de doutor Bezerra. Nossos irmãos Egberto e Angélica fazem parte da geração solidária. Egberto, médium de excelentes recursos. Angélica seria uma renovadora dos conceitos práticos da doutrina. As oportunidades perdidas se foram e, não fosse a abundância da celeste misericórdia, que seria de nós neste momento? No entanto, o tesouro desta casa é a esperança. Nossa tarefa consiste em fazer renascer, no escrínio dos espíritos tombados, o desejo de recomeçar com determinação e fé. Sem isso, que será de nós? Após nossas falhas sucessivas, quando convidados a retomar os compromissos, ecoa em nossa memória a fala sábia e aflita de Pedro: "Para quem iremos nós, Senhor, se tens a palavra de Vida Eterna?"

Notamos a expressão tristonha dos companheiros. Sentiam um misto de vergonha e frustração. Nada falavam. Dona Modesta, todavia, fustigara-lhes as fibras morais com intuitos nobres. Desprezaram a oportunidade de cooperar com espíritos que carregam sobre os ombros um farto desafio espiritual. Era necessário que divisassem o quanto os aguardava no trabalho de reerguimento de si mesmos. As obras deixadas no plano físico não poderiam ser interrompidas ao acaso. Angélica, Egberto e a própria Eulália, que em breve renasceria no corpo, eram alguns dos muitos laços de continuidade para os destinos dos dois trabalhadores. Imprescindível recomeçarem com acerto. Promoverem-se à condição de servidores espontâneos e amantes da causa do bem. Só um caminho restava-lhes: conhecer de perto a extensão das lutas e dores dos que naufragam entre a culpa e o ódio na erraticidade. Os portais de acesso do Hospital seriam o passo inicial, até que pudessem estender os passos, com mais solidez e segurança, aos terrenos baldios dos abismos e da subcrosta. Consciente disso, recomendou dona Modesta:

— Os planos futuros visam a metas libertadoras. Enquanto Eulália prepara Marcondes nas câmaras dos ovoides, Selena ampliará suas noções de mediunidade. Marcondes despertará a fibra do sentimento altruísta, vindo, posteriormente, a cooperar com as fileiras doutrinárias onde se situa Egberto. Selena, por sua vez, amealhará maior uniformidade interior, por meio da alegria e da flexibilidade nas lutas, ao lado de Angélica. Ambos poderão servir e aprender, desde que se rendam ao espírito da legítima fraternidade sem mesclas. Se vencerem os preconceitos terrenos, farão voos de alteridade. Vamos deixá-los a cargo de Inácio Ferreira por estarem intimamente ligados ao seu coração.

Nessa hora, todos olharam para doutor Inácio que, de pronto, assestou seu humor em tom baixinho:

— Se fosse vocês, não aceitaria esse carma.

— Deixe disso, Inácio. Creio que nossos amigos já não se assustam com seus pitacos.

— Doutor – falou Eulália sensibilizada –, serei eternamente grata pelos seus esforços com Marcondes.

— Não seja por isso, minha filha. Fiz o quanto pude. Nada mais.

— Vocês se transferirão, em definitivo, para as atividades do Pavilhão Judas Iscariotes – continuou dona Modesta. — Marc ficará sob a tutela de Vôvo Zequinha. Selena estará cooperando com Inácio nas alas dos médiuns. Ainda hoje, mais à tarde, teremos uma apresentação de dona Yvonne do Amaral Pereira, que nos brindará com oportunas reflexões. Amanhã, gostaria de tê-los, de madrugada, nos portais de acesso para que iniciem novas lições.

Os dias passavam ricos de labor e desafios. O Hospital só tinha uma rotina: servir e aprender. O crepúsculo daquele dia, no entanto, era esperado por Eurípedes havia algum tempo.

Na sacada da enfermaria, busquei um ar fresco após os diálogos confortadores com nossos pacientes. Percebi nosso diretor nos jardins colhendo lírios, acompanhado por dona Modesta, doutor Inácio, Antuza Ferreira,[65] Odilon Fernandes e mais alguns colaboradores ligados à cidade de Uberaba e região. Observava com atenção a cena. Eurípedes fazia parte daquele canteiro e vice-versa. Colhia as flores com carinho, mas sua mente... Ah! Sua mente estava longe! Não pude registrar seu o pensamento, no entanto, sua fisionomia absorta era um traço indicativo de que refletia com profundidade. Percebendo meu pensamento com sua ilimitada capacidade mental, olhou para cima e, sorrindo com simplicidade, disse-me:

— Veja, minha filha! – e espalmou as mãos sobre o ramalhete. — Você sabe para quem são estes lírios?

---

65 Antuza Ferreira Martins (1902 - 1996). Discípula de Eurípedes Barsanulfo, com quem trabalhou mediunicamente por dois anos, transformou-se em uma das mais excelentes médiuns de cura de sua época.

Fiz um sinal afirmativo com a cabeça e ele completou em francês perfeito:

— Mademoiselle, ele estará de retorno ainda hoje...

Colocou, então, um lírio na mão direita e saiu celeremente, seguido pelo grupo de amigos. Já tinha a quem entregá-lo. Acabara de desencarnar o Lírio Redimido do Evangelho Redivivo... Chico Xavier. Naquela tarde-noite, partiu nos braços de Maria de Nazaré ao encalço do Mestre Jesus.

Olhei para o alto e, recordando velhas cenas de tempos sagrados, recitei em voz alta, pensando nas lutas de quantos anseiam por seguir a Jesus:

"Olhai os lírios do campo, como eles crescem: não trabalham nem fiam;

E eu vos digo que nem mesmo Salomão, em toda a sua glória, se vestiu como qualquer deles.

Pois, se Deus assim veste a erva do campo, que hoje existe e amanhã é lançada no forno, não vos vestirá muito mais a vós, homens de pouca fé?"[66]

66 Mateus 6:28-30.

Ficha Técnica

Título
Lírios de esperança

Autoria
Espírito Ermance Dufaux
psicografado por Wanderley Oliveira

Edição
2ª / 2ª reimpressão

ISBN
978-85-63365-13-2

Capa
Renan Assumpção

Projeto gráfico e diagramação
Renan Assumpção

Revisão da diagramação
Irene Stubber

Ilustração Miolo
Renan Assumpção

Revisão
Mary Ferrarini

Coordenação e preparação de originais
Maria José da Costa

Composição
Adobe Indesign CC
(plataforma Windows 10)

Tamanho do miolo
Miolo 16 x 23 cm
Capa 16 x 23 cm com orelhas

Páginas
433

Tipografia
Texto principal: Arial 13pt
Título: Amaze Normal
Notas de rodapé: Arial 10pt

Margens
22 mm: 25 mm: 28 mm: 22 mm
(superior:inferior:interna;externa)

Papel
Miolo em Polen Soft 80g/m2
Capa em Suzano Supremo 250g/m²

Cores
Miolo: 1 x 1 cores CMYK
Capa em 4 x 0 cores CMYK

Impressão
Printing Solutions & Internet 7 S.A.

Acabamento
Brochura, cadernos de 32 pp
Costurados e colados
Capa com orelhas laminação BOPP fosca

Tiragem
Sob Demanda

Produção
Fevereiro / 2022

Nossas Publicações

SÉRIE REFLEXÕES DIÁRIAS

PARA SENTIR DEUS

Nos momentos atuais da humanidade sentimos extrema necessidade da presença de Deus. Ermance Dufaux resgata, para cada um, múltiplas formas de contato com Ele, de como senti-Lo em nossas vidas, nas circunstâncias que nos cercam e nos semelhantes que dividem conosco a jornada reencarnatória. Ver, ouvir e sentir Deus em tudo e em todos.

Wanderley Oliveira | Ermance Dufaux
11 x 15,5 cm
133 páginas

Somente ebook

LIÇÕES PARA O AUTOAMOR

Mensagens de estímulo na conquista do perdão, da aceitação e do amor a si mesmo. Um convite à maravilhosa jornada do autoconhecimento que nos conduzirá a tomar posse de nossa herança divina.

Wanderley Oliveira | Ermance Dufaux
11 x 15,5 cm
128 páginas

Somente ebook

RECEITAS PARA A ALMA

Mensagens de conforto e esperança, com pequenos lembretes sobre a aplicação do Evangelho para o dia a dia. Um conjunto de propostas que se constituem em verdadeiros remédios para nossas almas.

Wanderley Oliveira | Ermance Dufaux
11 x 15,5 cm
146 páginas

Somente ebook

SÉRIE CULTO NO LAR

VIBRAÇÕES DE PAZ EM FAMÍLIA

Quando a família se reune para orar, ou mesmo um de seus componetes, o ambiente do lar melhora muito. As preces são emissões poderosas de energia que promovem a iluminação interior. A oração em família traz paz e fortalece, protege e ampara a cada um que se prepara para a jornada terrena rumo à superação de todos os desafios.

Wanderley Oliveira | Ermance Dufaux
16 x 23 cm
212 páginas

JESUS - A INSPIRAÇÃO DAS RELAÇÕES LUMINOSAS

Após o sucesso de "Emoções que curam", o espírito Ermance Dufaux retorna com um novo livro baseado nos ensinamentos do Cristo, destacando que o autoamor é a garantia mais sólida para a construção de relacionamentos luminosos.

Wanderley Oliveira | Ermance Dufaux
16 x 23 cm
304 páginas

ebook

REGENERAÇÃO - EM HARMONIA COM O PAI

Nos dias em que a Terra passa por transformações fundamentais, ampliando suas condições na direção de se tornar um mundo regenerado, é necessário desenvolvermos uma harmonia inabalável para aproveitar as lições que esses dias nos proporcionam por meio das nossas decisões e das nossas escolhas, [...].

Samuel Gomes | Diversos Espíritos
14 x 21 cm
223 páginas

ebook

AMOROSIDADE - A CURA DA FERIDA DO ABANDONO

Uma das mais conhecidas prisões emocionais na atualidade é a dor do abandono, a sensação de desamparo. Essa lesão na alma responde por larga soma de aflições em todos os continentes do mundo. Não há quem não esteja carente de ser protegido e acolhido, amado e incentivado nas lutas de cada dia.

Wanderley Oliveira | Ermance Dufaux
16 x 23 cm
300 páginas

ebook

SÉRIE DESAFIOS DA CONVIVÊNCIA

QUEM SABE PODE MUITO. QUEM AMA PODE MAIS

A lição central desta obra é mostrar que o conhecimento nem sempre é suficiente para garantir a presença do amor nas relações. "Estar informado é a primeira etapa. Ser transformado é a etapa da maioridade." - Eurípedes Barsanulfo.

Wanderley Oliveira | José Mário
16 x 23 cm
312 páginas

QUEM PERDOA LIBERTA - ROMPER OS FIOS DA MÁGOA ATRAVÉS DA MISERICÓRDIA

Continuação do livro "QUEM SABE PODE MUITO. QUEM AMA PODE MAIS" dando sequência à trilogia "Desafios da Convivência".

Wanderley Oliveira | José Mário
16 x 23 cm
320 páginas

SERVIDORES DA LUZ NA TRANSIÇÃO PLANETÁRIA

Nesta obra recebemos o convite para nos integrar nas fileiras dos Servidores da Luz, atuando de forma consciente diante dos desafios da transição planetária. Brilhante fechamento da trilogia.

Wanderley Oliveira | José Mário
14x21 cm
298 páginas

 SÉRIE **HARMONIA INTERIOR**

LAÇOS DE AFETO - CAMINHOS DO AMOR NA CONVIVÊNCIA

Uma abordagem sobre a importância do afeto em nossos relacionamentos para o crescimento espiritual. São textos baseados no dia a dia de nossas experiências. Um estímulo ao aprendizado mais proveitoso e harmonioso na convivência humana.

Wanderley Oliveira | Ermance Dufaux
16 x 23 cm
312 páginas

 [ESPANHOL]

MEREÇA SER FELIZ - SUPERANDO AS ILUSÕES DO ORGULHO

Um estudo psicológico sobre o orgulho e sua influência em nossa caminhada espiritual. Ermance Dufaux considera essa doença moral como um dos mais fortes obstáculos à nossa felicidade, porque nos leva à ilusão.

Wanderley Oliveira | Ermance Dufaux
16 x 23 cm
296 páginas

ebook [ESPANHOL]

Livros que transformam vidas!

Acompanhe nossas redes sociais

(lançamentos, conteúdos e promoções)

@editoradufaux

facebook.com/EditoraDufaux

youtube.com/user/EditoraDufaux

Conheça nosso catálogo e mais sobre nossa editora. Acesse os nossos sites

Loja Virtual

www.dufaux.com.br

eBooks, conteúdos gratuitos e muito mais

www.editoradufaux.com.br

Entre em contato com a gente.
Use os nossos canais de atendimento

(31) 99193-2230

(31) 3347-1531

www.dufaux.com.br/contato

sac@editoradufaux.com.br

Rua Contria, 759 | Alto Barroca | CEP 30431-028 | Belo Horizonte | MG